21世纪普通高等院校系列规划教材

企业涉税实务

QIYE SHESHUI SHIWU

主 编 纳 慧
副主编 陈素云 邓天正

西南财经大学出版社

图书在版编目(CIP)数据

企业涉税实务/纳慧主编. —成都:西南财经大学出版社,
2017.10
ISBN 978 - 7 - 5504 - 3244 - 4

Ⅰ.①企… Ⅱ.①纳… Ⅲ.①企业管理—税收管理—中国
Ⅳ.①F812.423

中国版本图书馆 CIP 数据核字(2017)第 251378 号

企业涉税实务

主 编:纳 慧
副主编:陈素云 邓天正

责任编辑:孙 婧
封面设计:墨创文化
责任印制:封俊川

出版发行	西南财经大学出版社(四川省成都市光华村街55号)
网 址	http://www.bookcj.com
电子邮件	bookcj@foxmail.com
邮政编码	610074
电 话	028 - 87353785 87352368
照 排	四川胜翔数码印务设计有限公司
印 刷	郫县犀浦印刷厂
成品尺寸	185mm×260mm
印 张	18.25
字 数	485 千字
版 次	2017 年 10 月第 1 版
印 次	2017 年 10 月第 1 次印刷
印 数	1—2000 册
书 号	ISBN 978 - 7 - 5504 - 3244 - 4
定 价	39.80 元

前言

　　企业涉税实务是经济、财会、投资等专业中一门应用性非常强的课程，是一门以操作为主、理论与实务相结合的课程。为了满足高等院校教学以理论为基础，提升学生实践操作能力的需求，本书依据最新税收法规制度和高校人才培养目标要求编写而成。全书的编写整合了税收制度改革中最新的内容，强化了应用性和实践性，按照企业涉税工作的基本过程，以理论为基础。本书是宁夏回族自治区 2017 年重点专业（群）子项目——"企业涉税实务"实践教学体系的构建与教材编写的终期成果。全书内容以企业财务、会计以及涉税工作人员处理涉税业务所需具备的知识和能力为基础，强调实用性，注重流程操作与能力训练，尤其重视各税种的计算和申报工作。

　　《企业涉税实务》共分为四个部分，第一部分包括前四章，从税收基础内容入手，介绍企业涉税基础、征收管理的基本内容以及税务行政法制；第二部分介绍营改增之后的增值税与消费税，以及关税的理论及实务内容；第三部分介绍所得税的理论与实务内容；第四部分为其他税类。本书以我国税收基本制度为先导，介绍了企业纳税申报的相关准备工作，发票领购、开具与使用的相关知识，现行主要税种的基本计算方法，纳税申报与缴纳的流程和税务部门征收税款的相关措施，税收违法、犯罪行为相应的法律责任以及税务行政处罚的程序，并以部分案例的形式介绍个别税种的申报工作。

　　本书是一本以税收理论、政策、制度、实务为主要内容的税收学教材，通俗易懂，既可以作为高等院校财政、税收、会计等专业学习税务课程的教材，也可以作为指导实务操作的指导书。

　　由于作者水平有限，书中难免存在错误和不足，恳请读者批评指正。

编者

2017 年 10 月

目录

第一章　税收基础内容

🌐 第一节　税收概述

一、税收的概念

税收是一个古老的经济范畴，产生至今，经历了不同的社会形态，已经有几千年的历史。税收是国家为了实现其职能，以政治权力为基础，依法向经济组织和居民无偿课征而取得的一种财政收入。理解税收的概念可以从三个方面把握：征税的目的是履行国家公共职能，国家征税凭借其政治权利，税收属于分配范畴。它的特征主要表现在三个方面。

一是强制性。它主要是指国家以社会管理者身份，用法律、法规等形式对征税加以规定，并依照法律强制征税。

二是无偿性。它主要是指国家征税后，税款即成为财政收入，不再归还纳税人，也不支付任何报酬。

三是固定性。它主要是指在征税之前，以法的形式预先规定了课税对象、课税额度和课税方法等。

随着现代国家治理越来越复杂，税收的作用已逐渐从经济领域扩大到政治领域和社会领域。其作用主要体现在：税收为国家治理提供最基本的财力保障，是确保经济效率、政治稳定、政权稳固、不同层次政府正常运行的重要工具，是促进现代市场体系构建、社会公平的重要手段，是促进依法治国，法治社会、和谐社会建立的重要载体，是维护国家权益的重要手段。

二、税收法律关系

税法是国家制定的用以调整国家与纳税人之间在征纳税方面的权利及义务关系的法律规范的总称。税法构建了国家及纳税人依法征税、依法纳税的行为准则体系，其目的是保障国家利益和纳税人的合法权益，维护正常的税收秩序，保证国家的财政收入。税法与税收之间密不可分，税法是税收的法律表现形式，税收是税法所确定的具体内容。

税收法律关系是税法所确认和调整的国家与纳税人之间、国家与国家之间以及各级政府之间在税收分配过程中形成的权利与义务关系。

（一）税收法律关系的构成

税收法律关系由税收法律关系的主体、客体和内容三个方面构成。

税收法律关系的主体是指法律关系的参加者，即税收法律关系中享有权利和承担义务的当事人。在我国税收法律关系中，权利主体一方是代表国家行使征税职责的国家税务机关，包括国家各级税务机关、海关和财政机关；另一方是履行纳税义务的人，包括法人、自然人（外籍人、无国籍人）和其他组织（在华的外国企业、组织）。

税收法律关系的客体，即税收关系主体的权利、义务所共同指向的对象，也就是征税对象。例如，所得税法律关系客体就是生产经营所得和其他所得。税收法律关系客体是国家利用税收杠杆调整和控制的目标，国家在一定时期根据宏观经济形势发展的需要，通过扩大或缩小征税范围调整征税对象，以达到限制或鼓励国民经济中某些产业、行业发展的目的。

税收法律关系的内容就是税收主体所享有的权利和所应承担的义务，这是税收法律关系中最实质的东西，是税法的灵魂。它规定了权利主体可以做什么，不可以做什么，若违反了这些规定，须承担相应的法律责任。

国家税务主管机关的权利主要表现在依法进行征税、税务检查以及对违章者进行处罚；其义务主要是向纳税人宣传、咨询、辅导税法，及时把征收的税款解缴国库，依法受理纳税人对税收争议的申诉等。

纳税义务人的权利主要有多缴税款申请退还权、延期纳税权、依法申请减免税权、申请复议和提起诉讼权等。其义务主要是按税法规定办理税务登记、进行纳税申报、接受税务检查、依法缴纳税款等。

（二）税收法律关系的产生、变更与消灭

税法是产生税收法律关系的前提条件，但税法本身并不能产生具体的税收法律关系。税收法律关系的产生、变更和消灭必须有能够引起税收法律关系产生、变更和消灭的客观情况，也就是由税收法律事实来决定。这种税收法律事实，一般指税务机关依法征税的行为和纳税人的经济活动行为，发生这种行为才能产生、变更或消灭税收法律关系。

（三）税法在法律体系中的地位及其作用

在我国法律体系中，税法的地位是由税收在国家经济活动中的重要性决定的。税收收入是政府取得财政收入的基本来源，而财政收入是维持国家机器正常运转的经济基础。税收是国家宏观调控的重要手段，因为它是调整国家与企业和公民个人分配关系的最基本、最直接的方式。特别是在市场条件下，税收的上述两项作用表现得非常明显。税收与法密不可分，有税必有法，无法不成税。国家的一切税收活动，均以法定方式表现出来。因此，税法属于国家法律体系中一个重要的部分法，是调整国家与各个经济单位及公民个人分配关系的基本法律规范。

在我国的法律体系中，税法与其他法律在横向或者纵向间都有密切相关性。涉及税收征纳关系的法律规范，除税法本身直接在税收实体法、税收程序法、税收争讼法、税收处罚法中规定外，在某种情况下也需要援引一些其他法律。因此，税法与其他法律或多或少地有着相关性。税法与宪法之间的关系体现在：宪法是我国的根本大法，是制定所有法律、法规的依据和章程，税法是国家法律的组成部分，当然也是依据宪法的原则制定的。《中华人民共和国宪法》第五十六条规定："中华人民共和国公民有依照法律纳税的义务。"这里一是明确了国家可以向公民征税，二是明确了向公民征税要有法律依据。因此，我国宪法的这一条规定是立法机关制定税法并据以向公民征税以及公民必须依照税法纳税的最直接的法律依据。而税法与刑法是有本质区别的。刑法是关于犯罪、刑事责任与刑罚的法律规范的总和。但应该指出的是，违法与犯罪是两个概念，违反了税法，并不一定就是危害税收征管罪。

税法的作用主要体现为经济作用。税法是国家取得财政收入的重要保证，是正确处理税收分配关系的法律依据，是国家宏观调控经济的重要手段，税法是监督管理的有力武器，税法是维护国家权益的重要手段。

三、税收的职能与作用

（一）税收的职能

税收职能是由税收本质所决定的，包含税收作为政府提供公共物品的价值补偿所具有的功能和税收作为政府履行职责的政策工具所具有的功能两个方面，可以概括为财政职能、经济职能和监督管理职能。

1. 财政职能

税收的财政职能是税收具有从社会成员和经济组织手中强制性地取得一部分收入，用以满足国家提供公共物品或服务需要的职责和功能，这是税收最基本的职能。就税收与国家的关系而言，税收分配过程就是国家集中收入的过程，税收奠定了国家存在的经济基础，维持了国家的存在。

2. 经济职能

税收的经济职能是指税收分配对生产经营单位和个人的经济行为会产生影响。税收在执行财政职能的过程中，为国家取得了财政收入，又直接改变了一部分社会产品的所有权和支配权归属，形成了经济单位和个人新的收入格局，从而对经济产生积极或者消极的影响。国家利用税收具有调节经济的职能，通过对税种、税目、税率的设计和调整，通过对征税对象的选择、税收优惠措施的运用等，实现国家的经济政策目标，调节不同主体的经济利益，从而协调社会经济的发展。

3. 监督管理职能

税收的监督管理职能，体现为通过税收的征、纳活动，反映社会经济发展变化状况和社会财富的分配状况，对纳税人的纳税情况和经济活动进行督促检查，保证税收收入任务的完成，促进经济单位改善经营管理，提高经济效益。

税收的三个职能之间是辩证统一的关系，其中起支配作用的是税收的财政职能，经济职能和监督管理职能不可能脱离财政职能而独立存在。同时，经济职能和监督管理职能之间没有直接的关系，它们之间没有像它们对财政职能的那种依存关系。

（二）税收的作用

税收是国家财政的主要来源，是国家实行宏观调控的一个重要经济杠杆。税收的作用是其内在功能的具体表现。税收的作用主要体现在以下几个方面。

1. 税收是国家组织财政收入的主要形式和工具

税收在保证和实现财政收入方面起着重要的作用。由于税收具有强制性、无偿性和固定性，因而能保证收入的稳定；同时，税收的征收范围十分广泛，能从多方筹集财政收入，从而保证国家的经济基础。

2. 税收是国家调控经济的重要杠杆之一

国家通过对税种的设置以及在税目、税率、加成征收或减免税等方面做出规定，可以调节社会生产、交换、分配和消费，促进社会经济的健康发展。

3. 税收具有维护国家政权的作用

国家政权是税收产生和存在的必要条件，而国家政权的存在又依赖于税收的存在。没有税收，国家机器就不可能有效运转。同时，税收分配不是按照等价原则和所有权原则分配的，而是凭借政治权利，对物质利益进行调节，体现国家支持什么、限制什么，从而达到维护和巩固国家政权的目的。

4. 税收具有监督经济活动的作用

国家在征收税款过程中，一方面要查明情况，正确计算并征收税款；另一方面又能发现纳税人在生产经营过程中，或是在缴纳税款过程中存在的问题。国家税务机关对征税过程中发现的问题，可以采取措施予以纠正，也可以通知纳税人或政府有关部门及时解决。

● 第二节　税收目标

在市场经济条件下，国家和纳税人的税收目标是不同的。

一、国家的税收目标

（一）取得财政收入

税收是国家取得财政收入的一种重要工具，其本质是一种分配关系。从国家角度来看，国家要行使职能必须有一定的财政收入作为保障，组织财政收入是税收最基本的目标。取得财政收入的手段有很多，诸如征税、发行货币、发行国债等，但是因为税收能够保证财政收入来源的广泛性，且能够保证财政收入及时、可靠和稳定增长，因此我国自1994年税制改革以来，财政收入九成以上均来源于税收。这是由征税对象的广泛性以及税收的无偿性、强制性、固定性等特征决定的。

（二）促进经济增长

税收是财政政策的重要工具，国家可以运用税收手段来调节经济总量和结构，起到促进经济稳定增长的作用。这主要是通过对不同税种、税目、税率进行设置，对不同的部门、单位、个人以及不同产业、产品、行业的经济利益产生影响实现的。

二、纳税人的税收目标

纳税人作为理性的"经济人"，追求的目标是利润最大化。纳税人是税收义务的承担者。企业作为市场经济的主体，在产权界定清晰的前提下，总是致力于追求自身经济利益的最大化。要实现经济利益的最大化，就是要使得总成本最小化。因此，纳税人的税收目标主要有减轻税收负担、涉税零风险、降低纳税成本等。从依法纳税的角度对权力和权利的失衡进行调整，以实现税收与经济的良性互动，促进经济的长期持续发展。

（一）减轻税收负担

税收负担是指纳税人承担的税收负荷，即纳税人在一定时期应缴纳的税款，简称税负。从绝对额考察，它是指纳税人缴纳的税款额，即税收负担额；从相对额考察，它是指纳税人缴纳的税额占计税依据价值的比重，即税收负担率。

纳税人要减轻税收负担，实现经济利润最大化，一般的途径是避税与纳税筹划，或者是偷逃骗税。随着税收法治化的加强，偷逃骗税等非法手段的风险越来越大，而避税与纳税筹划相互平行。当前，纳税人着眼于减轻税收负担，因此税收筹划作为一种减少税收负担、节约税收支出、实现利润最大化的有效方法，自然成为纳税人的必然选择。

（二）涉税零风险

所谓涉税零风险，是指纳税人账目清楚，纳税申报正确，缴纳税款及时、足额，不会出现任何关于税收方面的处罚，即在税收方面没有任何风险，或风险极小甚至可以忽略不计的一种状态。纳税人纳税，首先要做到合法，在涉税上不出现法律风险，这可以为纳税人避免发生不必要的经济损失，避免发生不必要的名誉损失，以及更有利于进行财务管理。

（三）降低纳税成本

纳税成本一般在以下四种情况下发生：一是在自行申报纳税制度下，纳税人首先要对其在本纳税期限内的应税事项向税务机关提出书面申报，并按期缴纳税款。在这一过程中，纳税人要投入一定的人力、物力、财力等。二是纳税人按税法要求，必须进行税务登记，保持完整的账簿。三是纳税人为了正确地执行比较复杂的税法，要聘请税务顾问；在发生税务纠纷时，还要聘请律师，准备翔实的资料。四是纳税人为了在不违反税法规定的同时，尽量减少纳税义务，需要组织人力进行税务筹划，即节税。这些成本会转化为货币成本，不仅增加了纳税人在纳税过程中的经济成本，而且花费了纳税人大量的时间、精力。作为纳税人，纳税成本的降低意味着收入的增加，因此，降低纳税成本是纳税人纳税过程中的一个重要目的。

● 第三节 纳税人的权利与义务

纳税人的权利与义务是指国家通过法律、法规赋予纳税人应有的权利与应尽的义务，"没有无权利的义务，也没有无义务的权利"。纳税人的权利和义务是均衡的。掌握纳税人的权利与义务，有助于维护纳税人的合法权益，依法承担纳税义务，减少不必要的税收支出，避免承担本不应承担的法律责任。

一、纳税人的权利

（一）知情权

纳税人有权向税务机关了解国家税收法律、行政法规的规定以及与纳税程序有关的情况。它包括：现行税收法律、行政法规和税收政策规定；办理税收事项的时间、方式、步骤以及需要提交的资料；应纳税额核定及其他税务行政处理决定的法律依据、事实依据和计算方法；在纳税、处罚和采取强制执行措施时、发生争议或纠纷时，可以采取的法律救济途径及需要满足的条件。

（二）保密权

纳税人有权要求税务人员对纳税人的商业秘密和个人隐私保守秘密。需要说明的是，纳税人的税收违法行为信息不属于保密范围。

（三）税收监督权

纳税人对税务人员违反税收法律、行政法规的行为，如税务人员索贿受贿、徇私舞弊、玩忽职守，不征或者少征应征税款，滥用职权多征税款或者故意刁难等，可以进行检举和控告。同时，纳税人对其他纳税人的税收违法行为也有权进行检举。

（四）纳税申报方式选择权

纳税人可以直接到办税服务厅办理纳税申报或者报送代扣代缴、代收代缴税款报告表，也可以按照规定采取邮寄、数据电文或者其他方式办理上述申报、报送事项。但采取邮寄或数据电文方式办理上述申报、报送事项的，需经纳税人的主管税务机关批准。

纳税人如采取邮寄方式办理纳税申报，应当使用统一的纳税申报专用信封，并以邮政部门收据作为申报凭据。邮寄申报以寄出的邮戳日期为实际申报日期。

数据电文方式是指税务机关确定的电话语音、电子数据交换和网络传输等电子方式。纳税人如采用电子方式办理纳税申报，应当按照税务机关规定的期限和要求保存有关资料，并定期书面报送给税务机关。

（五）申请延期申报权

纳税人如不能按期办理纳税申报或者报送代扣代缴、代收代缴税款报告表，应当在规定的期限内向税务机关提出书面延期申请，经核准，可在核准的期限内办理。经核准延期办理申报、报送事项的，应当在税法规定的纳税期内按照上期实际缴纳的税额或者税务机关核定的税额预缴税款，并在核准的延期内办理税款结算。

（六）申请延期缴纳税款权

如纳税人因有特殊困难，不能按期缴纳税款的，经省、自治区、直辖市国家税务局、地方税务局批准，可以延期缴纳税款，但是最长不得超过三个月。计划单列市国家税务局、地方税务局可以参照省级税务机关的批准权限，审批纳税人的延期缴纳税款申请。

纳税人满足以下任何一个条件，均可以申请延期缴纳税款：一是不可抗力导致纳税人发生较大损失，正常生产经营活动受到较大影响的；二是当期货币资金在扣除应付职工工资、社会保险费后，不足以缴纳税款的。

（七）申请退还多缴税款权

对纳税人超过应纳税额缴纳的税款，税务机关发现后，将自发现之日起10日内办理退还手续；如纳税人自结算缴纳税款之日起三年内发现的，可以向税务机关要求退还多缴的税款并加算银行同期存款利息。税务机关将自接到纳税人退还申请之日起30日内查实并办理退还手续，涉及从国库中退库的，依照法律、行政法规有关国库管理的规定退还。

（八）依法享受税收优惠权

纳税人可以依照法律、行政法规的规定书面申请减税、免税。减税、免税的申请须经法律、行政法规规定的减税、免税审查批准机关审批。减税、免税期满，应当自期满次日起恢复纳税。减税、免税条件发生变化的，应当自发生变化之日起15日内向税务机关报告；不再符合减税、免税条件的，应当依法履行纳税义务。

如纳税人享受的税收优惠需要备案的，应当按照税收法律、行政法规和有关政策规定，及时办理事前或事后备案。

（九）委托税务代理权

纳税人有权就以下事项委托税务代理人代为办理：办理、变更或者注销税务登记，除增值税专用发票外的发票领购手续，纳税申报或扣缴税款报告，税款缴纳和申请退税，制作涉税文书，审查纳税情况，建账建制，办理财务、税务咨询，申请税务行政复议，提起税务行政诉讼以及国家税务总局规定的其他业务。

（十）陈述与申辩权

纳税人对税务机关做出的决定，享有陈述权、申辩权。如果纳税人有充分的证据证明自己的行为合法，税务机关就不得对纳税人实施行政处罚；即使纳税人的陈述或申辩不充分合理，税务机关也会向纳税人解释实施行政处罚的原因。税务机关不会因纳税人的申辩而加重处罚。

（十一）对未出示税务检查证和税务检查通知书的拒绝检查权

税务机关派出的人员进行税务检查时，应当向纳税人出示税务检查证和税务检查通知书；对未出示税务检查证和税务检查通知书的，纳税人有权拒绝检查。

（十二）税收法律救济权

纳税人对税务机关做出的决定，依法享有申请行政复议、提起行政诉讼、请求国家赔偿等权利。

税收法律救济权分为申请行政复议权、提起行政诉讼权和请求国家赔偿权。此外，如果是我国居民，可以按照我国对外签署的避免双重征税协定（安排）的有关规定就税收歧视、国际双重征税等问题提出启动国际相互协商程序的申请。

（十三）依法要求听证的权利

对纳税人做出规定金额以上罚款的行政处罚之前，税务机关会向纳税人送达"税务行政处罚事项告知书"，告知纳税人已经查明的违法事实、证据、行政处罚的法律依据和拟将给予的行政处罚。对此，纳税人有权要求举行听证，税务机关须组织听证。如纳税人认为税务机关指定的听证主持人与本案有直接利害关系，纳税人有权申请主持人回避。

对应当进行听证的案件，税务机关不组织听证，行政处罚决定不能成立。但纳税人放弃听证权利或者被正当取消听证权利的除外。

（十四）索取有关税收凭证的权利

税务机关征收税款时，必须给纳税人开具完税凭证。扣缴义务人代扣、代收税款时，纳税人若要求扣缴义务人开具代扣、代收税款凭证，扣缴义务人应当开具。

税务机关扣押商品、货物或者其他财产时，必须开付收据；查封商品、货物或者其他财产时，必须开付清单。

二、纳税人的义务

依照宪法、税收法律和行政法规的规定，纳税人在纳税过程中负有以下义务：

（一）依法进行税务登记的义务

纳税人应当自领取营业执照之日起 30 日内，持有关证件，向税务机关申报办理税务登记。税务登记主要包括领取营业执照后的设立登记，税务登记内容发生变化后的变更登记，依法申请停业、复业登记，依法终止纳税义务的注销登记等。

在各类税务登记管理中，纳税人应该根据税务机关的规定分别提交相关资料，及时办理。同时，纳税人应当按照税务机关的规定使用税务登记证件。税务登记证件不得转借、涂改、损毁、买卖或者伪造。

（二）依法设置保管账簿发票的相关义务

纳税人应当按照有关法律、行政法规和国务院财政、税务主管部门的规定设置账簿，根据合法、有效的凭证记账，进行核算；从事生产、经营的，必须按照国务院财政、税务主管部门规定的保管期限保管账簿、记账凭证、完税凭证及其他有关资料；账簿、记账凭证、完税凭证及其他有关资料不得伪造、变造或者擅自损毁。

此外，纳税人在购销商品、提供或者接受经营服务以及从事其他经营活动中，应当依法开具、使用、取得和保管发票。

（三）财务会计制度和会计核算软件备案的义务

纳税人的财务、会计制度或者财务、会计处理办法和会计核算软件，应当报送税务机关备案。纳税人的财务、会计制度或者财务、会计处理办法与国务院或者国务院财政、税务主管部门有关税收的规定相抵触的，应依照国务院或者国务院财政、税务主管部门有关税收的规定计算应纳税款、代扣代缴和代收代缴税款。

（四）按照规定安装、使用税控装置的义务

国家根据税收征收管理的需要，积极推广使用税控装置。纳税人应当按照规定安装、使用税控装置，不得损毁或者擅自改动税控装置。如纳税人未按规定安装、使用税控装置，或者损毁或者擅自改动税控装置的，税务机关将责令纳税人限期改正，并可根据情节轻重处以规定数额内的罚款。

（五）按时、如实申报的义务

纳税人必须依照法律、行政法规规定或者税务机关依照法律、行政法规的规定确定的申报期限、申报内容如实办理纳税申报，报送纳税申报表、财务会计报表以及税务机关根据实际需要要求纳税人报送的其他纳税资料。

扣缴义务人必须依照法律、行政法规规定或者税务机关依照法律、行政法规的规定确定的申报期限、申报内容如实报送代扣代缴、代收代缴税款报告表以及税务机关根据实际需要要求扣缴义务人报送的其他有关资料。

纳税人即使在纳税期内没有应纳税款，也应当按照规定办理纳税申报。享受减税、免税待遇的，在减税、免税期间应当按照规定办理纳税申报。

（六）按时缴纳税款的义务

纳税人应当按照法律、行政法规规定或者税务机关依照法律、行政法规的规定确定的期限，缴纳或者解缴税款。

未按照规定期限缴纳税款或者未按照规定期限解缴税款的，税务机关除责令限期缴纳外，从滞纳税款之日起，按日加收滞纳税款万分之五的滞纳金。

（七）代扣、代收税款的义务

法律、行政法规规定负有代扣代缴、代收代缴税款义务的扣缴义务人，必须依照法律、行政法规的规定履行代扣、代收税款的义务。扣缴义务人依法履行代扣、代收税款义务时，纳税人不得拒绝。纳税人拒绝的，扣缴义务人应当及时报告税务机关处理。

（八）接受依法检查的义务

纳税人、扣缴义务人有接受税务机关依法进行税务检查的义务，应主动配合税务机关按法定程序进行的税务检查，如实地向税务机关反映自己的生产经营情况和执行财务制度的情况，并按有关规定提供报表和资料，不得隐瞒和弄虚作假，不能阻挠、刁难税务机关及其工作人员的检查和监督。

（九）及时提供信息的义务

纳税人除通过税务登记和纳税申报向税务机关提供与纳税有关的信息外，还应及时提供其他信息。如纳税人有歇业、经营情况变化、遭受各种灾害等特殊情况的，应及时向税务机关说明，以便税务机关依法妥善处理。

（十）报告其他涉税信息的义务

为了保障国家税收能够及时、足额征收入库，税收法律还规定了纳税人有义务向税务机关报告如下涉税信息：

（1）纳税人有义务就与关联企业之间的业务往来，向当地税务机关提供有关的价格、费用标准等资料。纳税人有欠税情形而以财产设定抵押、质押的，应当向抵押权人、质权人说明欠税情况。

（2）企业合并、分立的报告义务。纳税人有合并、分立情形的，应当向税务机关报告，并依法缴清税款。合并时未缴清税款的，应当由合并后的纳税人继续履行未履行的纳税义务；分立时未缴清税款的，分立后的纳税人对未履行的纳税义务应当承担连带责任。

（3）报告全部账号的义务。如纳税人从事生产、经营，应当按照国家有关规定，持税务登记证件，在银行或者其他金融机构开立基本存款账户和其他存款账户，并自开立基本存款账户或者其他存款账户之日起15日内，向主管税务机关书面报告全部账号；发生变化的，应当自变化之日起15日内，向主管税务机关书面报告。

（4）处分大额财产报告的义务。如纳税人的欠缴税款数额在5万元以上，处分不动产或者大额资产之前，应当向税务机关报告。

三、纳税人合法权益的保护

纳税人是市场经济的主体，是社会财富的创造者，是社会进步的主要推动者，也是政府财政收入的主要贡献者。保护纳税人合法权益，事关和谐社会建设，事关政府职能转变，事关税收事业科学发展，是贯彻落实科学发展观的本质要求，是促进社会公平正义的现实需要，是建设服务型税务机关的重要内容，是坚持依法行政、营造良好税收环境的具体体现。保护纳税人合法权益，有利于激发经济发展的内生动力，有利于构建和谐征纳关系，有利于维护社会稳定，有利于提高纳税服务能力和践行以人为本的理念，对于进一步深化纳税服务具有重大的战略意义。

保护纳税人的合法权益，可以从以下几个方面入手：

一是加强纳税人权利方面的宣传。广泛告知纳税人其所享有的权利和应当履行的义务，并对相关法律条文作全面、精确的解读，帮助纳税人理解和掌握。

二是深化改革优化税务流程。深化行政审批制度改革，进一步减少和规范行政审批事项，简化税务行政流程，实现从审批型税务机关向服务型税务机关转变。

三是发挥税务代理机构的积极作用。税务机关应当引导税务代理的发展，强调税务代理人在保护纳税人权利中的作用。

四是引导纳税人成立代表其权益的组织。在税收征纳过程中，与行使征税权的税务机关相比，纳税人处于相对劣势的地位。因此，在很多情况下，单靠纳税人个人的力量，还难以有效维护自身的合法权益。可借鉴国外的做法，成立维护纳税人权益的自治组织——纳税人协会。纳税人协会可以为纳税人提供咨询意见，在税收征纳过程中帮助纳税人依法履行纳税义务和行使税收权利，监督税务机关的行政行为，并可以代表纳税人利益参与税收立法过程。需要注意的是，税务机关可以在成立纳税人协会过程中起协助和推动的作用，并在其成立后与之保持平等的沟通和对话，同时应尊重代表纳税人利益的民间自治组织的地位，不得参与或干预其内部管理事务而使之成为附属于税务机关的半官方或官方组织，否则这个组织也就没有存在的必要了。

面对新形势、新任务、新要求，各级税务机关要切实加强对纳税人权益保护工作的领导，进一步推进纳税人权益保护工作，建立健全纳税人权益保护的制度和机制，全面推行依法行政，规范税收执法，强化执法监督，畅通救济渠道，以纳税人需求为导向，有效开展纳税服务，着力优化办税流程，减轻纳税人办税负担，切实保护纳税人的合法权益不受侵犯，营造公平、公正、和谐的税收环境，努力形成依法诚信纳税、共建和谐社会的良好氛围。

第四节　税制要素

税制要素是指构成税收法律制度的共同要素，一般包括总则、纳税义务人、征税对象、税率、纳税环节、纳税期限、纳税地点、税收优惠、罚则、附则等。

一、纳税义务人

纳税义务人或纳税人又称纳税主体，是税法规定的直接负有纳税义务的单位和个人，解决了由谁来纳税的问题。纳税人有两种形式，即自然人和法人。自然人和法人是两个相对称的法律概念。自然人是基于自然规律，有民事权利和义务的主体，包括本国公民，也包括外国人和无国籍人。法人是自然人的对称，是基于法律规定享有权利能力和行为能力，具有独立的财产和经费，依法独立承担民事责任的社会组织。我国的法人主要有四种：机关法人、事业法人、企业法人和社团法人。

与纳税人紧密相关的两个概念是代扣代缴义务人和代收代缴义务人。前者指虽不承担纳税义务，但依照相关规定，有义务从持有的纳税人收入中扣除应纳税款并代为缴纳的企业或单位，如发放工资时代扣代缴个人所得税。代收代缴义务人是指有义务借助经济往来关系向纳税人收取应纳税款并代为缴纳的企业或单位，如办理车辆交强险时，保险公司同时代地税局收取该车辆的车船税。

二、征税对象

征税对象又叫课税对象、征税客体，在实际工作中也笼统地称之为征税范围。它是指税收法律关系中权利义务所指向的对象，即对什么征税。征税对象包括物或行为，不同的征税对象是区别不同税种的主要标志。如消费税的征税对象是特定消费品。征税对象按其性质的不同，通常可划分为流转额、所得额、财产、资源、特定行为五大类，也因此将税收分为相应的五大类即流转税或称商品和劳务税、所得税、财产税、资源税和特定行为税。与课税对象相关的有如下两个基本概念：

（一）税目

税目是在税法中对征税对象分类规定的具体的征税项目，反映具体的征税范围，是对课税对象质的界定。设置税目的首要目的是明确具体的征税范围，凡列入税目的即为应税项目，未列入税目的，则不属于应税项目。其次，划分税目也是贯彻国家税收调节政策的需要，国家可以根据不同项目的利润水平以及相关经济政策制定不同的税率，以体现不同的税收政策。

（二）计税依据

计税依据是征税对象的数量化，是应纳税额计算的基础。不同的税率形式与相应的计税依据相对应。从价计征的税收，一般采用比例税率或者累进税率，以计税金额为计税依据。从量计征的税收，采用定额税率，以征税对象的重量、容积、体积、数量等实物量为计税依据。

三、税率

税率是应纳税额与征税对象数量之间的比例关系，是计算税收负担的尺度，体现了课税的深度。我国现行的税率主要有：

（一）比例税率

比例税率，即对同一征税对象，不分数额大小，规定相同的征税比例。中国的增值税、城市维护建设税、企业所得税等采用的是比例税率。比例税率在适用中又可分为三种具体形式：单一比例税率、差别比例税率、幅度比例税率。

1. 单一比例税率

它是指对同一征税对象的所有纳税人都适用同一比例税率，体现了税负的公平性。

2. 差别比例税率

它是指对同一征税对象的不同纳税人适用不同的比例征税。具体又分为下面三种形式。产品差别比例税率，即对不同产品分别适用不同的比例税率，同一产品采用同一比例税率，如消费税、关税等。行业差别比例税率，即按不同行业分别适用不同的比例税率，同一行业采用同一比例税率，如营业税等。地区差别比例税率，即区分不同的地区，分别适用不同的比例税率，同一地区采用同一比例税率，如城市维护建设税等。

3. 幅度比例税率

它是指对同一征税对象，税法只规定最低税率和最高税率，各地区在该幅度内确定具体的使用税率。

（二）累进税率

累进税率指按征税对象数额的大小，划分若干等级，每个等级由低到高规定相应的税率。征税对象数额越大税率越高，数额越小税率越低。累进税率因计算方法和依据的不同，又分为以下几种：

1. 全额累进税率

它是指对征税对象的金额按照与之相适应等级的税率计算税额。在征税对象提高到一个级距时，对征税对象金额都按高一级的税率征税。

2. 全率累进税率

它与全额累进税率的原理相同，只是税率累进的依据不同。全额累进税率的依据是征税对象的数额，而全率累进税率的依据是征税对象的某种比率，如销售利润率、资金利润率等。

3. 超额累进税率

它是指把征税对象按数额大小划分为若干等级，每个等级由低到高规定相应的税率，每个等级分别按该级的税率计税。

4. 超率累进税率

它与超额累进税率的原理相同，只是税率累进的依据不是征税对象的数额而是征税对象的某种比率。

在以上几种不同形式的税率中，全额累进税率和全率累进税率的优点是计算简便，但在两个级距的临界点税负不合理。超额累进税率和超率累进税率的计算比较复杂，但累进程度缓和，税收负担较为合理。

（三）定额税率

定额税率是税率的一种特殊形式。它不是按照课税对象规定征收比例，而是按照征税对象的计量单位规定固定税额，一般适用于从量计征的税种。其优点是：从量计征，不是从价计征，有利于鼓励纳税人提高产品质量和改进包装，计算简便。但是，由于税额的规定同价格的变化情况脱离，在价格提高时，不能使国家财政收入随国民收入的增长而同步增长，在价格下降时，则会限制纳税人的生产经营积极性。

四、纳税环节

纳税环节指税法规定的征税对象在从生产到消费的流转过程中应当缴纳税款的环节。纳税环节的存在，取决于课税客体即征税对象的运动属性，如流转税在生产和流通环节纳税、所得税在分配环节纳税等。纳税环节有广义和狭义之分。广义的纳税环节指全部征税对象在再生产过程中的分布，如资源税分布在生产环节，所得税分布在分配环节等。它制约着税制结构，对取得财政收入和调节经济有重大影响。狭义的纳税环节指应税商品在流转过程中应纳税的环节，是商品流转课税中的特殊概念。商品经济条件下，商品从生产到消费通常经过产制、商业批发、商业零售等环节。商品课税的纳税环节，应当选择在商品流转的必经环节。合理选择纳税环节，对加强税收征管，有效控制税源，保证国家财政收入的及时、稳定、可靠，方便纳税人生产经营活动和财务核算，灵活机动地发挥税收调节经济的作用，具有十分重要的理论和实践意义。

五、纳税期限

纳税期限是负有纳税义务的纳税人向国家缴纳税款的最后时间限制。它是税收强制性、固定性在时间上的体现。任何纳税人都必须如期纳税，否则就是违反税法，要受到法律制裁。

纳税期限要根据课税对象和国民经济各部门生产经营的不同特点来确定。如流转课税，当纳税人取得货款后就应将税款缴入国库，但为了简化手续，便于纳税人经营管理和缴纳税款（降低税收征收成本和纳税成本），可以根据情况将纳税期限确定为1天、3天、5天、10天、15天或1个月。

确定纳税期限，包含两方面的含义：一是确定结算应纳税款的期限，即多长时间纳一次税，一般有1天、3天、5天、10天、15天、1个月等几种；二是确定缴纳税款的期限，即纳税期满后税款多长时间必须入库。

六、纳税地点

纳税地点是指纳税人申报缴纳税款的地点，主要是指根据各个税种纳税对象的纳税环节和有利于对税款的源泉控制而规定的纳税人（包括代征、代扣、代缴义务人）的具体纳税地点。规定纳税人申报纳税的地点，既有利于税务机关实施税源控管，防止税收流失，又便利纳税人缴纳税款。

七、税收优惠

税收优惠，就是指为了配合国家在一定时期的政治、经济和社会发展总目标，政府利用税收制度，按预定目的，在税收方面相应采取的激励和照顾措施，以减轻某些纳税人应履行的纳税义务。它是国家干预经济的重要手段之一。税收优惠按优惠方式的不同，可以分为税基式优惠、税率式优惠、税额式优惠三类。

（一）税基式优惠

税基式优惠是通过直接缩小计税依据的方式来实现的减税免税。它具体包括起征点、免征额、项目扣除以及跨期结转等。

起征点是征税对象达到一定数额开始征税的起点，征税对象数额未达到起征点的不征税，达到起征点的就全部数额征税。

免征额是在征税对象的全部数额中免予征税的数额，免征额的部分不征税，仅就超过免征额的部分征税。

项目扣除则是指在征税对象中扣除一定项目的数额，以其余额作为依据计算税额。

跨期结转是将以前纳税年度的经营亏损从本纳税年度经营利润中扣除。

（二）税率式优惠

税率式优惠是通过直接降低税率的方式实现的减税免税。它具体又包括重新确定税率、选用其他税率、零税率。比如企业所得税中，对于符合小型微利条件的企业可以适用20%的税率，而对于国家重点扶持的高新技术企业，则给予15%的企业所得税税率，因此，20%和15%的企业所得税税率相对于25%的基本税率就是税率式减免。

（三）税额式优惠

税额式优惠是指通过直接减少应纳税额的方式实现的减税免税。它具体包括全部免征、减半征收、核定减免率以及另定减征额等。

● 第五节 税收分类

由于研究的目的不同，对税收分类可以采用各种不同的标准，从而形成不同的分类方法。通过对税收进行科学的分类，不仅能够揭示各类税收的性质、特点、功能以及各类税收之间的区别与联系，有利于建立合理的税收结构，充分发挥各类税收的功能与作用，而且对于研究税收发展的历史过程、税源的分布、税收负担的归宿以及中央与地方政府之间税收管理和支配权限的划分都具有重要的意义。

一、按征税对象分类

按征税对象不同，可将全部税收划分为流转税、所得税、财产税、资源税和行为目的税五种类型。

流转税是以商品或劳务的流转额为课税对象的一类税。这类税种以商品、劳务交换为前提，只要纳税人销售货物或提供劳务，取得了销售收入、营业收入或发生了支付金额就依法纳税。流转税是我国现行税制中最大的一类税收，主要有增值税、消费税和关税等。流转税有利于国家及时足额地取得财政收入，有利于调节价差收入，促进产业结构的优化。

所得税是以各种所得额为课税对象而征收的一类税。所得是指全部收入减除为取得收入所耗费的各项成本费用后的余额。对所得额课税可以有效地调节积累和消费的比例，从而控制投资规模。在发达国家，所得税多作为主体税种，我国现行的所得税主要有企业所得税、个人所得税。

财产税指以纳税人所拥有或支配的财产数量或者财产价值为课税对象的一类税。财产税以财产为课税对象，随着财产私有制度的确立，对财产征税逐渐成为可能。财产税属于地方税，在我国主要有房产税、契税、车船税、船舶吨税等。

资源税是以自然资源和某些社会资源为征税对象而征收的一类税。资源税通过对级差收入的调节，促使企业在大体同等条件下开展竞争，有利于保护和合理开发、使用资源。我国目前属于资源税类的税种主要有资源税、土地增值税、城镇土地使用税等。

行为目的税是指国家为达到某种目的，以纳税人的某些特定行为为课税对象而征收的一类税，如我国当前的城市维护建设税、印花税、车辆购置税等。

二、按照计税依据不同分类

税收按照计税依据不同，可分为从价税、从量税和复合税。

从价税以征税对象价格为计税依据，其应纳税额随商品价格的变化而变化，是能充分体现合理负担的税收政策，因而大部分税种均采用这一计税方法，如我国现行的增值税、房产税等税种。

从量税是以征税对象的数量、重量、体积等作为计税依据，其课税数额与征税对象数量相关而与价格无关。从量税实行定额税率，不受征税对象价格变动的影响，税负水平较为固定，计算简便，如资源税、车船税、城镇土地使用税等。

复合税是对某一进出口货物或物品既征收从价税，又征收从量税，即采用从量税和从价税同时征收的一种方法，如对卷烟和白酒征税，就是采用的复合税。

三、以税收负担是否转嫁为标准的分类

以税收负担是否转嫁为标准，税收可以分为直接税和间接税。

所谓直接税，是指纳税义务人是税收的实际负担人，纳税人不能或不便于把税收负担转嫁给别人的税种。属于直接税的这类纳税人，不仅在表面上有纳税义务，而且实际上也是税收承担者，即纳税人与负税人一致。直接税的税负一般无法转嫁，由纳税人直接负担，如我国现行的所得税、土地使用税等。

间接税，是指纳税义务人不是税收的实际负担人，纳税义务人能够用提高价格或提高收费标准等方法把税收负担转嫁给别人的税种。属于间接税的纳税人，虽然表面上负有纳税义务，但是实际上已将自己的税款加于所销售商品的价格上由消费者负担或用其他方式转嫁给别人，即纳税人与负税人不一致。间接税一般是那些纳税人能够将税负转嫁给他人负担的那一类税收，比如我国当前的消费税、关税等。

四、按税收征收权限和收入支配权限分类

按照税收征收权限和收入支配权限分类，税收可分为中央税、地方税和中央地方共享税。

中央税，属于中央政府的财政收入，由国家税务局负责征收管理，如关税。

地方税，属于地方各级政府的财政收入，由地方税务局负责征收管理，如房产税、车船税、土地增值税、城镇土地使用税、契税等。

中央地方共享税，属于中央政府和地方政府财政的共同收入，由中央、地方政府按一定的比例分享税收收入，目前由国家税务局负责征收管理，如增值税、印花税、资源税等。

五、按税收与价格的关系分类

税收按税收与价格的关系可分为价内税和价外税。价内税是指税金是价格的组成部分，必须按含税价计税；价外税是指税金是价格的一个附加额或附加比例，必须按不含税价计税。

　　价内税的优点在于，流转税包含在价格之内，由于价格已定，国家可以通过调整价格内税收的比例来调控经济。其缺点在于，在实行自由价格的条件下，由于价格要灵活，而税收则在一定时期内应保持稳定，把相对固定的流转税含在价格内，会使价格与税收产生相互牵制的作用，双方难以灵活调节。所以实行自由价格的国家一般不选择价内税的模式，而选择价外税模式。

　　价外税不像价内税那样可以通过变动税收来直接"挤利"或"让利"，从而调节生产，但可以用税收变动来影响消费，间接地配合价格发挥调节作用。价外税，有利于全面推行增值税，简化计征手续，计税时只要依据购货发票上注明的已纳税额，按照规定的扣除项目扣除已征税额就行了。价外税也使企业核算成本大大简化，企业只管计算成本和应得利润，税收另在价外考虑。

第二章 税务登记

税务登记又称纳税登记，是指税务机关根据税法规定，对纳税人的生产、经营活动进行登记管理的一项法定制度，也是纳税人依法履行纳税义务的法定手续。它是税务机关对纳税人实施税收管理的首要环节和基础工作，是征纳双方法律关系成立的依据和证明，也是纳税人必须依法履行的义务。它的意义在于：有利于税务机关了解纳税人的基本情况，掌握税源，加强征收与管理，防止漏管漏征，建立税务机关与纳税人之间正常的工作联系，强化税收政策和法规的宣传，增强纳税意识等。

根据《中华人民共和国税收征收管理法》和国家税务总局印发的《税务登记管理办法》，税务登记内容包括设立（开业）税务登记，变更税务登记，停业、复业登记，外出经营报验登记和注销税务登记等。

● 第一节 设立税务登记

一、设立税务登记的对象

根据有关规定，设立的纳税人分为两类，即领取营业执照从事生产、经营的纳税人和其他纳税人。

（一）领取营业执照从事生产、经营的纳税人

领取营业执照从事生产、经营的纳税人包括企业，企业在外地设立的分支机构，从事生产、经营的场所，个体工商户，从事生产、经营的事业单位。

（二）其他纳税人

上述规定以外的纳税人，除国家机关，个人和无固定生产、经营场所的流动性农村小商贩外，也应该按规定办理税务登记。

二、设立税务登记的时间和地点

（一）办理设立税务登记的地点

纳税人到生产、经营所在地或者纳税义务发生地的主管税务机关申报办理税务登记。非独立核算的分支机构也应当按照规定向生产经营所在地税务机关办理税务登记。

（二）设立税务登记的时间

（1）从事生产、经营的纳税人领取工商营业执照的，应当自领取工商营业执照之日起 30 日内申报办理税务登记，税务机关发放税务登记证及副本。

（2）从事生产、经营的纳税人未办理工商营业执照但经有关部门批准设立的，应当自有关部门批准设立之日起 30 日内申报办理税务登记，税务机关发放税务登记证及副本。

（3）从事生产、经营的纳税人未办理工商营业执照也未经有关部门批准设立的，应当自纳税义务发生之日起 30 日内申报办理税务登记，税务机关发放临时税务登记证及副本。

（4）有独立的生产经营权、在财务上独立核算并定期向发包人或者出租人上交承包费或租金的承包承租人，应当自承包承租合同签订之日起 30 日内，向其承包承租业务发生地税务机关申报办理税务登记，税务机关发放临时税务登记证及副本。

（5）境外企业在中国境内承包建筑、安装、装配勘探工程和提供劳务的，应当自项目合同或协议签订之日起 30 日内，向项目所在地税务机关申报办理税务登记，税务机关发放临时税务登记证及副本。

上述规定以外的其他纳税人，除国家机关，个人和无固定生产、经营场所的流动性农村小商贩外，均应当自纳税义务发生之日起 30 日内，向纳税义务发生地税务机关申报办理税务登记，税务机关发放税务登记证及副本。

三、设立税务登记的内容及应提供的资料

（一）设立税务登记的内容

（1）单位名称，法定代表人或业主姓名及其居民身份证、护照或者其他证明身份的合法证件。

（2）住所、经营地点。

（3）登记注册类型及所属主管单位。

（4）核算方式。

（5）行业、经营范围、经营方式。

（6）注册资金（资本）、投资总额、开户银行及账号。

（7）经营期限、从业人数、营业执照号码。

（8）财务负责人、办税人员。

（9）其他有关事项。

企业在外地的分支机构或者从事生产、经营的场所，还应当登记总机构名称、地址、法人代表、主要业务范围、财务负责人。

（二）纳税人办理税务登记时应提供的资料

（1）营业执照或其他核准执业证件及其复印件。

（2）有关合同、章程、协议书。

（3）银行账户证明。

（4）组织机构统一代码证书。

（5）法定代表人或负责人或业主的居民身份证、护照或其他合法证件。

（6）税务机关要求的其他需要提供的资料。

四、设立税务登记程序

设立税务登记程序如图 2-1 所示。

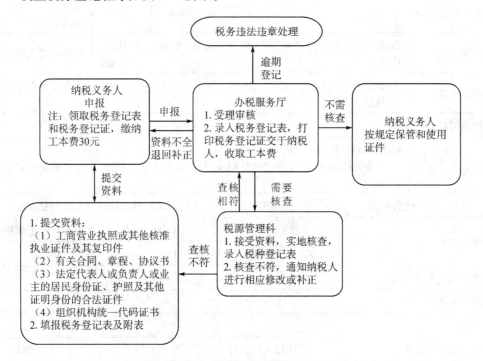

图 2-1 设立税务登记流程图

（一）税务登记的申请

办理税务登记是为了建立正常的征纳秩序，是纳税人履行纳税义务的第一步。为此，纳税人必须严格按照规定的期限，向当地主管税务机关及时申报办理税务登记手续，实事求是地填报登记项目，并如实回答税务机关提出的问题。纳税人所属的本县（市）以外的非独立经济核算的分支机构，除由总机构申报办理税务登记外，还应当自设立之日起30日内，向分支机构所在地税务机关申报办理注册税务登记。在申报办理税务登记时，纳税人应认真填写税务登记表（见表2-1）。

表2-1　　　　　　　　　　　　税务登记表及表单说明
（适用单位纳税人）

填表日期：

纳税人名称			纳税人识别号				
登记注册类型			批准设立机关				
组织机构代码			批准设立证明或文件号				
开业（设立）日期		生产经营期限	证照名称			证照号码	
注册地址			邮政编码			联系电话	
生产经营地址			邮政编码			联系电话	
核算方式	请选择对应项目打"√" □ 独立核算□ 非独立核算				从业人数	其中外籍人数__	
单位性质	请选择对应项目打"√" □ 企业□ 事业单位 □ 社会团体□ 民办非企业单位 □ 其他						
网站网址				国标行业	□□□□□□□□		
适用会计制度	请选择对应项目打"√" □ 企业会计制度 □ 小企业会计制度□ 金融企业会计制度□ 行政事业单位会计制度						
经营范围			请将法定代表人（负责人）身份证件复印件粘贴在此处				
项目内容	姓名	身份证件		固定电话	移动电话	电子邮箱	
		种类	号码				
法定代表人（负责人）							
财务负责人							
办税人							
税务代理人名称		纳税人识别号		联系电话		电子邮箱	
注册资本或投资总额	币种	金额	币种	金额	币种	金额	

表2-1（续）

投资方名称		投资方经济性质	投资比例	证件种类	证件号码	国籍或地址

自然人投资比例		外资投资比例		国有投资比例	
分支机构名称		注册地址		纳税人识别号	

总机构名称		纳税人识别号	
注册地址		经营范围	
法定代表人姓名		联系电话		注册地址邮政编码	

代扣代缴代收代缴税款业务情况	代扣代缴、代收代缴税款业务内容	代扣代缴、代收代缴税种

附报资料：		
经办人签章： ___年___月___日	法定代表人（负责人）签章： ___年___月___日	纳税人公章： ___年___月___日

以下由税务机关填写：

纳税人所处街乡		隶属关系	
国税主管税务局		国税主管税务所（科）		是否属于国税、地税共管户	
地税主管税务局		地税主管税务所（科）			

23

表2-1（续）

经办人（签章）： 国税经办人：_____ 地税经办人：_____ 受理日期： ____年____月____日	国家税务登记机关（税务登记专用章）： 核准日期： ____年____月____日 国税主管税务机关：	地方税务登记机关（税务登记专用章）： 核准日期： ____年____月____日 地税主管税务机关：
国税核发税务登记证副本数量：本　发证日期：____年____月____日		
地税核发税务登记证副本数量：本　发证日期：____年____月____日		

国家税务总局监制

表单说明

一、本表适用于各类单位纳税人填用。

二、从事生产、经营的纳税人应当自领取营业执照，或者自有关部门批准设立之日起30日内，或者自纳税义务发生之日起30日内，到税务机关领取税务登记表，填写完整后提交税务机关，办理税务登记。

三、办理税务登记应当出示、提供以下证件资料（所提供资料原件用于税务机关审核，复印件留存税务机关）：

1. 营业执照副本或其他核准执业证件原件及其复印件。

2. 组织机构代码证书副本原件及其复印件。

3. 注册地址及生产、经营地址证明（产权证、租赁协议）原件及其复印件；如为自有房产，请提供产权证或买卖契约等合法的产权证明原件及其复印件；如为租赁的场所，请提供租赁协议原件及其复印件，出租人为自然人的还须提供产权证明的复印件；如生产、经营地址与注册地址不一致，请分别提供相应证明。

4. 公司章程复印件。

5. 有权机关出具的验资报告或评估报告原件及其复印件。

6. 法定代表人（负责人）居民身份证、护照或其他证明身份的合法证件原件及其复印件；复印件分别粘贴在税务登记表的相应位置上。

7. 纳税人跨县（市）设立的分支机构办理税务登记时，还须提供总机构的税务登记证（国、地税）副本复印件。

8. 改组改制企业还须提供有关改组改制的批文原件及其复印件。

9. 税务机关要求提供的其他证件资料。

四、纳税人应向税务机关申报办理税务登记。完整、真实、准确、按时地填写此表。

五、使用碳素或蓝墨水的钢笔填写本表。

六、本表一式二份（国地税联办税务登记的本表一式三份）。税务机关留存一份，退回纳税人一份（纳税人应妥善保管，验换证时需携带查验）。

七、纳税人在新办或者换发税务登记时应报送房产、土地和车船有关证件，包括房屋产权证、土地使用证、机动车行驶证等证件的复印件。

八、表中有关栏目的填写说明：

1. "纳税人名称"栏：指企业法人营业执照或营业执照或有关核准执业证书上的"名称"；

2. "身份证件名称"栏：一般填写"居民身份证"，如无身份证，则填写"军官证""士兵证""护照"等有效身份证件；

3. "注册地址"栏：指工商营业执照或其他有关核准开业证照上的地址。

4. "生产经营地址"栏：指办理税务登记的机构生产经营地的地址。

5. "国籍或地址"栏：外国投资者填国籍，中国投资者填地址。

6. "登记注册类型"栏：指经济类型，按营业执照的内容填写；不需要领取营业执照的，选择"非企业单位"或者"港、澳、台商企业常驻代表机构及其他""外国企业"；如为分支机构，按总机构的经济类型填写。

分类标准：

110 国有企业	120 集体企业
130 股份合作企业	141 国有联营企业
142 集体联营企业	143 国有与集体联营企业
149 其他联营企业	151 国有独资公司
159 其他有限责任公司	160 股份有限公司
171 私营独资企业	172 私营合伙企业
173 私营有限责任公司	174 私营股份有限公司
90 其他企业	210 合资经营企业（港、澳、台资）
220 合作经营企业（港、澳、台资）	230 港、澳、台商独资经营企业
240 港、澳、台商独资股份有限公司	310 中外合资经营企业
320 中外合作经营企业	330 外资企业
340 外商投资股份有限公司	400 港、澳、台商企业常驻代表机构及其他
500 外国企业	600 非企业单位

7. "投资方经济性质"栏：单位投资的，按其登记注册类型填写；个人投资的，填写自然人。

8. "证件种类"栏：单位投资的，填写其组织机构代码证；个人投资的，填写其身份证件名称。

9. "国标行业"栏：按纳税人从事生产经营行业的主次顺序填写，其中第一个行业填写纳税人的主行业。

国民经济行业分类标准（GB/T 4754-2002）

A 农、林、牧、渔业

01 农业	02 林业
03 畜牧业	04 渔业
05 农、林、牧、渔服务业	

B 采矿业

06 煤炭开采和洗选业	07 石油和天然气开采业
08 黑色金属矿采选业	09 有色金属矿采选业
10 非金属矿采选业	11 其他采矿业

C 制造业

13 农副食品加工业	14 食品制造业

15 饮料制造业　　　　　　　　16 烟草制品业

17 纺织业　　　　　　　　　　18 纺织服装、鞋、帽制造业

19 皮革、毛皮、羽毛（绒）及其制品业

20 木材加工及木、竹、藤、棕、草制品业

21 家具制造业　　　　　　　　22 造纸及纸制品业

23 印刷业和记录媒介的复制　　24 文教体育用品制造业

25 石油加工、炼焦及核燃料加工业　　26 化学原料及化学制品制造业

27 医药制造业　　　　　　　　28 化学纤维制造业

29 橡胶制品业　　　　　　　　30 塑料制品业

31 非金属矿物制品业　　　　　32 黑色金属冶炼及压延加工业

33 有色金属冶炼及压延加工业　34 金属制品业

35 普通机械制造业　　　　　　36 专用设备制造业

37 交通运输设备制造业　　　　39 电气机械及器材制造业

40 通信设备、计算机及其他电子设备制造业

41 仪器仪表及文化、办公用机械制造业

42 工艺品及其他制造业　　　　43 废弃资源和废旧材料回收加工业

D 电力、燃气及水的生产和供应业

44 电力、燃气及水的生产和供应业

45 燃气生产和供应业　　　　　46 水的生产和供应业

E 建筑业

47 房屋和土木工程建筑业　　　48 建筑安装业

49 建筑装饰业　　　　　　　　50 其他建筑业

F 交通运输、仓储和邮政业

51 铁路运输业　　　　　　　　52 道路运输业

53 城市公共交通业　　　　　　54 水上运输业

55 航空运输业　　　　　　　　56 管道运输业

57 装卸搬运及其他运输服务业　58 仓储业

59 邮政业

G 信息传输、计算机服务和软件业

60 电信和其他信息传输服务业　61 计算机服务业

62 软件业

H 批发和零售业

63 批发业　　　　　　　　　　65 零售业

I 住宿和餐饮业

66 住宿业　　　　　　　　　　67 餐饮业

J 金融业

68 银行业　　　　　　　　　　69 证券业

70 保险业　　　　　　　　　　71 其他金融活动

K 房地产业

72 房地产业

L 租赁和商务服务业

73 租赁业　　　　　　　　　　74 商务服务业

M 科学研究、技术服务和地质勘查业

75 研究与试验发展　　　　　　76 专业技术服务业

77 科技交流和推广服务业　　　78 地质勘查业

N 水利、环境和公共设施管理业

79 水利管理业　　　　　　　　80 环境管理业

81 公共设施管理业

O 居民服务和其他服务业

82 居民服务业　　　　　　　　83 其他服务业

P 教育

84 教育

Q 卫生、社会保障和社会福利业

85 卫生　　　　　　　　　　　86 社会保障业

87 社会福利业

R 文化、体育和娱乐业

88 新闻出版业　　　　　　　　89 广播、电视、电影和音像业

90 文化艺术业　　　　　　　　91 体育

92 娱乐业

S 公共管理与社会组织

93 中国共产党机关　　　　　　94 国家机构

95 人民政协和民主党派

96 群众社团、社会团体和宗教组织

97 基层群众自治组织

T 国际组织

98 国际组织

（二）税务登记的受理、审核

1. 受理

税务机关对申请办理税务登记的单位和个人提供的申请税务登记报告书，及要求报送的各种附列资料、证件进行查验，只有手续完备、符合要求的，方可受理登记，并根据其经济类型发给相应的税务登记表。

2. 审核

税务登记审核，是税务登记管理的关键工作。通过对税务登记申请的审核，能够发现应申报办理税务登记户数、实际办理税务登记户数，以便掌握申报办理税务登记户的相关税务管理信息。

因此，税务机关对纳税人填报的税务登记表，提供的相关证件、资料，应当在收到申报的当日审核完毕。

（三）税务登记证的核发

若纳税人提交的证件和资料齐全且税务登记表的填写内容符合规定，税务机关应当日办理并发放税务登记证件。纳税人提交的证件和资料不齐全或税务登记表的填写内容不符合规定的，税务机关应当场通知其补正或重新填报。

五、税务登记证的使用及管理

（一）税务登记证的使用

从事生产、经营的纳税人向生产、经营地或者纳税义务发生地的主管税务机关申报办理税务登记时，所颁发的登记凭证，也叫税务登记证件。除按照规定不需要发给税务登记证件的外，纳税人办理下列事项时，必须持税务登记证件：

（1）开立银行账户；

（2）申请减税、免税、退税；

（3）申请办理延期申报、延期缴纳税款；

（4）领购发票；

（5）申请开具外出经营活动税收管理证明；

（6）办理停业、歇业；

（7）其他有关税务事项。

（二）税务登记证的管理

（1）税务机关对税务登记证件实行定期验证和换证制度。纳税人应当在规定的期限内持有关证件到主管税务机关办理验证或者换证手续。

（2）纳税人应当将税务登记证件正本在其生产、经营场所或者办公场所公开悬挂，接受税务机关检查。

（3）纳税人遗失税务登记证件的，应当在15日内书面报告主管税务机关，并登报声明作废；同时，凭报刊上刊登的遗失声明向主管税务机关申请补办税务登记证件。

● 第二节 变更税务登记

变更税务登记是指纳税人办理设立税务登记后，因税务登记内容发生变化，向税务机关申请将税务登记内容重新调整为与实际情况一致的一种税务登记管理制度。它分为工商登记变更和非工商登记变更两个内容。注销税务登记是指纳税人发生解散、破产、撤销以及其他情形，不能继续履行纳税义务时，向税务机关申请办理终止纳税义务的税务登记管理制度。办理注销税务登记后，该当事人不再接受原税务机关的管理。

一、变更税务登记

（一）变更税务登记的范围及时间要求

1. 变更税务登记的范围

纳税人办理税务登记后，如税务登记内容发生变化的，应当办理变更税务登记。如：改变名称、改变法定代表人、改变经济性质或经济类型、改变住所和经营地点（不涉及主管税务机关变动的）、改变生产经营方式、增减注册资金（资本）、改变隶属关系、改变生产经营期限、改变或增减银行账号、改变生产经营权属以及改变其他税务登记内容的。

2. 时间要求

纳税人税务登记内容发生变化的，应当自工商行政管理机关或者其他机关办理变更税务登记之日起 30 日内，持有关证件向原税务登记机关申报办理变更税务登记。

纳税人税务登记内容发生变化，不需要到工商行政管理机关或者其他机关办理变更登记的，应当自发生变化之日起 30 日内，持有关证件向原税务登记机关申报办理变更税务登记。

（二）变更税务登记的程序及方法

变更税务登记的业务流程如图 2-2 所示。

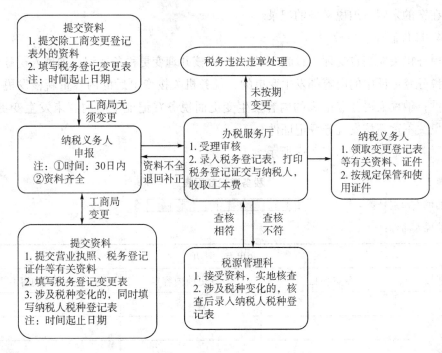

图 2-2 变更税务登记业务流程图

1. 申请

纳税人税务登记项目发生变更时，在发生变更后 30 日内，到主管税务机关税务登记管理岗位领取填写和提交如下申请资料：

纳税人因变更工商登记而需要变更税务登记的：变更登记申请书，工商变更登记表、工商执照（注册登记执照）及复印件，纳税人变更税务登记内容的决议及有关证明资料，税务机关发放的原税务登记资料（登记证正、副本和登记表等），税务登记变更表、纳税人税种登记表（涉及税种变更的），其他有关资料。

非工商登记变更因素而变更税务登记内容的：变更登记申请书，纳税人变更税务登记内容的决议及有关证明资料，税务机关发放的原税务登记资料（登记证正、副本和登记表等），税务登记变更表、纳税人税种登记表（涉及税种变更的），其他有关资料。

2. 受理

税务登记管理岗位审阅纳税人填报的表格是否符合要求，附送的资料是否齐全，符合条件的，予以受理。

3. 审核

对纳税人报送的变更登记表及附列资料进行核对，检查填写内容是否准确，有无漏缺项目。

对变更法定代表人的，利用法定代表人居民身份证号码进行审核比对，检查是否有在案的未履行纳税义务的记录。

4. 证件制作、发放

税务机关应当自受理之日起 30 日内，审核办理变更税务登记。纳税人税务登记表和税务登记证中的内容都发生变更的，税务机关按变更后的内容重新核发税务登记证件；纳税人税务登记表的内容发生变更而税务登记证中的内容未发生变更的，税务机关不重新核发税务登记证件。

税务登记变更表如表 2-2 所示。

表 2-2　　　　　　　　　　税务登记变更表

纳税人识别号：□□□□□□□□□□□□□□□□

纳税人名称：

变更登记事项			
序号	变更项目	变更前内容	变更后内容

表2-2(续)

送缴证件情况			
			纳税人（签章）
法定代表人（负责人）	办税人员		年　月　日
主管税务机关审批意见			
			（公章）
负责人：	经办人：		年　月　日

二、注销税务登记

（一）注销税务登记的范围及时间要求

1. 适用范围

纳税人因经营期限届满而自动解散，企业由于改组、分立、合并等原因而被撤销，企业资不抵债而破产，纳税人住所、经营地址迁移而涉及改变原主管税务机关，纳税人被工商行政管理部门吊销营业执照，纳税人依法终止履行纳税义务的其他情形。

2. 时间要求

纳税人发生解散、破产、撤销以及其他情形，依法终止纳税义务的，应当在向工商行政管理机关办理注销登记前，持有关证件向原税务登记管理机关申报办理注销税务登记；按照规定不需要在工商管理机关办理注销登记的，应当自有关机关批准或者宣告终止之日起15日内，持有关证件向原税务登记管理机关申报办理注销税务登记。

纳税人因住所、生产、经营场所变动而涉及改变主管税务登记机关的，应当在向工商行政管理机关申请办理变更或注销登记前，或者住所、生产、经营场所变动前，向原税务登记机关申报办理注销税务登记，并在30日内向迁入地主管税务登记机关申报办理税务登记。

纳税人被工商行政管理机关吊销营业执照的，应当自营业执照被吊销之日起15日内，向原税务登记机关申报办理注销税务登记。

境外企业在中国境内承包建筑、安装、装配、勘探工程和提供劳务的，应当在项目完工、离开中国前15日内，持有关证件和资料，向原税务登记机关申报办理注销税务登记。

（二）注销税务登记的程序及方法

（1）纳税人在办理注销税务登记之前，首先应向税务机关结清应纳税款、滞纳金、罚款，缴销发票、税务登记证件和其他税务证件。

（2）纳税人办理注销税务登记时应提交如下资料：注销税务登记申请书，上级主管部门批文或董事会、职代会的决议和其他有关资料。经税务机关审核后符合注销登记条件的，可领取并填写注销税务登记申请审批表。

（3）税务管理部门经稽查、审核后办理注销税务登记手续。

纳税人因住所、经营地点发生变化需改变税务登记机关而办理注销税务登记的，原税务登记机关应在对其办理注销手续后，向迁达地税务机关递交纳税人迁移通知书，并附纳税人档案资料移交清单，由迁达地税务登记机关为纳税人重新办理税务登记。

注销税务登记申请审批表如表2-3所示。

表2-3　　　　注销税务登记申请审批表

纳税人名称		纳税人识别号	
注销原因			
附送资料			
纳税人 经办人： 年　月　日	法定代表人（负责人）： 年　月　日		纳税人（签章） 年　月　日
以下由税务机关填写			
受理时间	经办人： 年　月　日	负责人： 年　月　日	
清缴税款、滞纳金、罚款情况	经办人： 年　月　日	负责人： 年　月　日	
缴销发票情况	经办人： 年　月　日	负责人： 年　月　日	

表2-3（续）

税务检查意见	检查人员：　　　　　　　负责人：　　　年　月　日　　　　　　　　　年　月　日			
收缴税务证件情况	种类	税务登记证正本	税务登记证副本	临时税务登记证正本	临时税务登记证副本
	收缴数量				
	经办人：　　　　　　　　负责人：　　　年　月　日　　　　　　　　　年　月　日				
批准意见	部门负责人：　　　　　　　　　　　　　　税务机关（签章）　　　年　月　日　　　　　　　　　　　　　年　月　日				

表单说明：

1. 本表依据《征管法实施细则》第十五条设置。

2. 适用范围：纳税人发生解散、破产、撤销、被吊销营业执照及其他情形而依法终止纳税义务，或者因住所、经营地点变动而涉及改变税务登记机关的，向原税务登记机关申报办理注销税务登记时使用。

3. 填表说明：

（1）附送资料：填写附报的有关注销的文件和证明资料；

（2）清缴税款、滞纳金、罚款情况：填写纳税人应纳税款、滞纳金、罚款缴纳情况；

（3）缴销发票情况：纳税人发票领购簿及发票缴销情况；

（4）税务检查意见：检查人员对需要清查的纳税人，在纳税人缴清查补的税款、滞纳金、罚款后签署意见；

（5）收缴税务证件情况：在相应的栏内填写收缴数量并签字确认，收缴的证件如果为"临时税务登记证"，添加"临时"字样。

4. 本表为A4型竖式，一式二份，税务机关一份，纳税人一份。

 ## 第三节　停业、复业登记

一、停业登记

实行定期定额征收方式的纳税人，在营业执照核准的经营期限内需要停业的，应当向税务机关提出停业登记申请，说明停业的理由、时间，停业前的纳税情况和发票的领、用、存情况，并如实填写申请停业登记表。纳税人的停业期限不得超过一年。税务机关经过审核（必要时可实地审查），应当责成申请停业的纳税人结清税款并收回税务登记证件、发票领购簿和发票，办理停业登记。纳税人停业期间发生纳税义务，应当及时向主管税务机关申报，依法补缴应纳税款。

二、复业登记

纳税人应当与恢复生产、经营之前，向税务机关提出复业登记申请，经确认后，办理复业登记，领回或启用税务登记证件、发票领购簿和领购的发票，纳入正常管理。

纳税人停业期满不能及时恢复生产、经营的，应当在停业期满前到税务机关办理延长停业登记，并如实填写停业复业报告书。纳税人停业期满未按期复业又不申请延长停业的，税务机关应当视为已恢复营业，实施正常的税收征收管理。

停业复业报告书发表2-4所示。

表 2-4 　　　　　　　　　　　停业复业（提前复业）报告书

填表日期：　　年　月　日

纳税人基本情况	纳税人名称			纳税人识别号			经营地点		
停业期限				复业时间					
缴回发票情况	种类	号码	本数	领回发票情况			种类	号码	本数
缴存税务资料情况	发票领购簿	税务登记证	其他资料	领用税务资料情况			发票领购簿	税务登记证	其他资料
	是（否）	是（否）	是（否）				是（否）	是（否）	是（否）
结清税款情况	应纳税款	滞纳金	罚款	停业期是（否）纳税			已缴应纳税款	已缴滞纳金	已缴罚款
	是（否）	是（否）	是（否）				是（否）	是（否）	是（否）

纳税人（签章）：
年　月　日

表2-4(续)

税务机关复核	经办人： 　　年 月 日	负责人： 　　年 月 日	税务机关（签章） 　　年 月 日

1. 申请提前复业的纳税人在表头"提前复业"字样上划钩。

2. 已缴还或领用税务资料的纳税人，在"是"字上划钩，未缴还或未领用税务资料的纳税人，在"否"字上划钩。

3. 纳税人在停业期间有义务缴纳税款的，在"停业期是（否）纳税"项目的"是"字上划钩，然后填写后面内容；没有纳税义务的，在"停业期是（否）纳税"项目的"否"字上划钩，后面内容不用填写。

● 第四节　外出经营报检登记和非正常户管理

一、外出经营报检登记

纳税人到外县（市）临时从事生产经营活动的，应当在外出生产经营以前，持税务登记证向主管税务机关申请开具外出经营活动税收管理证明。

税务机关按照一地一证原则，发放外出经营活动税收管理证明，其有效期一般为30日，最长不得超过180天。

纳税人应当在外出经营活动税收管理证明注明地进行生产经营前向当地税务机关报验登记，并提交税务登记证件副本、外出经营活动税收管理证明。纳税人在外出经营活动税收管理证明注明地销售货物的，还应如实填写外出经营货物报验单，申报查验货物。

纳税人外出经营活动结束，应当向经营地税务机关填报外出经营活动情况申报表，并结清税款，缴销发票。

纳税人应当在外出经营活动税收管理证明有效期届满10日内，持外出经营活动税收管理证明回原税务登记地税务机关办理外出经营活动税收管理证明撤销手续。

外出经营活动税收管理证明如表2-5所示。

表2-5　　　　　　　　　外出经营活动税收管理证明

纳税人名称		纳税人识别号	
法定代表人 （负责人）		身份证件名称	身份证件号码
税务登记地		外出经营地	
登记注册类型		经营方式	

表2-5(续)

外出经营活动情况			
应税劳务	劳务地点	有效期限	合同金额
		年 月 日至 年 月 日	
		年 月 日至 年 月 日	
货物名称	数量	销售地点	有效期限	货物总值
			年 月 日至 年 月 日	
			年 月 日至 年 月 日	

合同总金额	
税务登记地税务机关意见:	
经办人:　　　　　　负责人:　　　　　　税务机关(签章) 　年　月　日　　　　　年　月　日　　　　　年　月　日	
有效日期	自　　年　月　日起至　　年　月　日
以下由外出经营地税务机关填写	

应税劳务	营业额	缴纳税款	使用发票名称	发票份数	发票号码
合计金额		……			

货物名称	销售数量	销售额	缴纳税款	使用发票名称	发票份数	发票号码
合计金额	……		……			

外出经营地税务机关意见:
经办人:　　　　　　负责人:　　　　　　　　　税务机关(签章) 　年　月　日　　　　　年　月　日　　　　年　月　日

使用说明

1. 本表依据《征管法实施细则》第二十一条、《税务登记管理办法》第三十二条设置。

2. 适用范围:纳税人需要临时到外埠从事生产经营活动时使用。

3. 表中主要内容填写说明:

经营方式:填批发零售、工业加工、修理修配、建筑安装、服务、其他。

劳务地点:填劳务实际发生的地点。

4. 本表由纳税人在外出经营前向税务登记地税务机关领取并填写有关内容;到达外出经营地

在开始经营前向外出经营地税务机关报验登记；外出经营活动结束后，经外出经营地税务机关签章，由纳税人持本表返税务登记地税务机关办理有关事项。

二、非正常户处理

已办理税务登记的纳税人未按照规定的期限申报纳税，在税务机关责令其限期改正后，逾期不改正的，税务机关应当派员实地检查，查无下落并且无法强制其履行纳税义务的，由检查人员制作非正常户认定书，存入纳税人档案，税务机关暂停其税务登记证件、发票领购簿和发票的使用。

纳税人被列入非正常户超过 3 个月的，税务机关可以宣布其税务登记证件失效，其应纳税款的追征仍按《中华人民共和国税收征收管理法》及其实施细则的规定执行。

第三章　税收征管与法律责任

在社会主义市场经济条件下，税收作为国家参与社会分配、组织财政收入和调节社会再生产各个环节的经济杠杆，不仅其地位和作用是任何行政手段和经济杠杆所无法取代的，而且在社会主义市场经济中将担负更为重要的使命。但是也应当看到，由于人们受旧的传统观念影响，社会上对税收的认识还存在较大的片面性，税收观念淡薄，以权代法、以言代法的现象时有发生，偷税、骗税案件也不断出现，这与依法治税是根本不相容的。同时，也说明我们现行的分配制度不规范、杠杆配合不协调、征收管理不严格、宣传工作不深入。加强税收管理已成为税收工作的当务之急。因此，加强对税收征管及其法律责任的了解，具有重要的意义和作用。

● 第一节　税收征收管理

《中华人民共和国税收征收管理法》（以下简称《税收征管法》）于1992年9月4日经第七届全国人民代表大会常务委员会第二十七次会议通过，自1993年1月1日起施行，后又经过数次修订。《税收征管法》只适用于由税务机关征收的各种税收的征收管理。其作用在于，加强税收征收管理，规范税收征收和缴纳行为，保障国家税收收入，保护纳税人的合法权益，促进经济发展和社会进步。

一、税收征管法的适用范围

《税收征管法》规定，凡依法由税务机关征收的各种税收的征收管理，均适用本法。我国征税的税务机关包括税务、海关、财政等部门，税务机关征收各种工商税收，海关征收关税。《税收征管法》只适用于由税务机关征收的各种税收的征收管理。

二、税收征管权利与义务的设定

（一）税务机关与税务人员的权利和义务

税务机关和税务人员的权利：负责税收征收管理工作；依法执行职务，任何单位和个人不能阻挠。

税务机关和税务人员的义务：广泛宣传税法，无偿提供咨询；加强队伍建设，提高政治业务素质；秉公执法，忠于职守，清正廉洁，尊重和保护相对人的权利；不得索贿受贿、徇私舞弊、玩忽职守，不得不征或者少征应征税款，不得滥用职权多征或者故意刁难纳税人和扣缴义务人；应当建立、健全内部制约和监督管理制度；上级应当对下级的执法活动依法进行监督；应当对其工作人员执行法律、行政法规和廉洁自律准则的情况进行监督检查；负责征收、管理、稽查、行政复议的人员的职责应当明确，并相互分离，相互制约；为检举人保密，并按照规定给予奖励；税务人员在核定应纳税额、调整税收定额时，与扣缴义务人或者其法定代表人、直接责任人有关系的，应当回避。

（二）地方各级人民政府、有关部门和单位的权利和义务

地方各级人民政府、有关部门和单位拥有如下权利：地方各级人民政府应当依法加强对本行政区域内税收征收管理工作的领导和协调，支持税务机关依法执行职务，依照法定税率计算税额，依法征收税款；各有关部门和单位应当支持、协助税务机关依法执行职务；任何单位和个人都有权检举违反税收法律、行政法规的行为。

地方各级人民政府、有关部门和单位的义务：不得违反法律、法规的规定，擅自做出税收开征、停征以及减税、免税、补税和其他与税收法律、法规相抵触的决定；收到违反税收法律、法规行为检举的机关和负责查处的机关应当为检举人保密。

● 第二节　税款征收与税务检查

一、税款征收

税款征收是税收征管管理工作中的中心环节，是全部税收征管工作的目的和归宿，在整个税收工作中占据着极其重要的地位。

（一）税款征收原则

税务机关是征税的唯一行政主体，税务机关只能依据法律、行政法规的规定征税。税务机关不能违反法律、法规的规定开征，停征，多征，少征，提前、延缓征收或者摊派税款。

税务机关征收税款必须遵守法定权限和程序。税务机关征收税款或扣押、查封商品、货物或者其他财产时，必须开具完税凭证或开付扣押、查封的收据或清单。

税款、滞纳金、罚款统一由税务机关上缴国库。税款征收必须依据税收优先原则（优先于无担保债权，优先于抵押权、职权、留置权执行，优先于罚款、没收违法所得）。

（二）税款征收方式

1. 查账征收

查账征收是由纳税人依据账簿记载，先自行计算缴纳，事后经税务机关查账核定，如有不符合税法规定的情况，多退少补。这种方式一般适用于财务会计制度较为健全、能够认真履行纳税义务的纳税单位。

2. 查定征收

查定征收是指税务机关根据纳税人的从业人员、生产设备、采用原材料等因素，对其产制的应税产品查实核定产量、销售额并据以征收税款的方式。这种方式一般适用于账册不够健全，但是能够控制原材料或进销货的纳税单位。

3. 查验征收

查验征收是税务机关对纳税人应税商品，通过查验数量，按市场一般销售单价计算其销售收入并据以征税的方式。这种方式一般适用于经营品种比较单一，经营地点、时间和商品来源不固定的纳税单位。

4. 定期定额征收

定期定额征收是税务机关通过典型调查，逐户确定营业额和所得额并据以征税的方式。这种方式一般适用于无完整考核依据的小型纳税单位。

5. 委托代征

委托代征是指税务机关委托代征人以税务机关的名义征收税款，并将税款缴入国库的方式。这种方式一般适用于小额、零散税源的征收。

6. 邮寄纳税

邮寄纳税是一种新的纳税方式，只适用于那些有能力按期纳税，但又不方便采用其他方式纳税的纳税人。

7. 其他方式

它主要是指利用网络申报、IC卡纳税等方式。

（三）税款征收制度

税款征收制度，是指税务机关按照税法规定将纳税人应纳的税款收缴入库的法定制度。它是税收征收管理的中心环节，直接关系到国家税收的及时、足额入库。

1. 代扣代缴、代收代缴税款制度

对法律、行政法规没有规定负有代扣、代收税款义务的单位和个人，税务机关不得要求其履行代扣、代收税款义务。税法规定的扣缴义务人必须依法履行代扣、代收税款义务，如果不履行，将要承担法律责任。扣缴义务人依法履行代扣代缴义务时，纳税人不得拒绝。扣缴义务人代扣、代收税款，只限于法律、行政法规规定的范围，并依照法律、行政法规规定的征收标准执行，对法律、法规没有规定代扣、代收的，扣缴义务人不得超越范围或者降低标准代扣、代收。税务机关按照规定付给扣缴义务人代扣、代收手续费，且此手续费只能由县（市）以上税务机关统一办理退库手续，不得在征收税款过程中坐支。

2. 延期缴纳税款制度

纳税人和扣缴义务人必须在税法规定的期限内缴纳、解缴税款。但考虑到纳税人在履行纳税义务的过程中，可能会遇到诸如不可抗力导致的重大损失，当期货币工资扣除应付职工工资、社会保险费之后不足缴税的特殊困难。为保护纳税人的合法权益，《税收征管法》规定，纳税人申请经省、自治区、直辖市国家税务局、地方税务局批准后，可延期缴纳税款，但最长不得超过三个月。

3. 税收滞纳金征收制度

纳税人未按照规定期限缴纳税款的，扣缴义务人未按照规定期限解缴税款的，税务机关除责令限期缴纳外，从滞纳税款之日起，按日加收滞纳税款万分之五的滞纳金。

4. 税收强制执行措施

从事生产经营的纳税人、扣缴义务人在规定的期限没有缴纳或者解缴税款，纳税担保人未按照规定的期限缴纳所担保的税款，由税务机关责令限期缴纳或者解缴税款，逾期仍未缴纳的，经县以上税务局局长批准，税务机关可以采取措施强制执行。如书面通知其开户银行或者其他金融机构从其存款中扣缴税款，扣押、查封、依法拍卖或者变卖其价值相当于应纳税款的商品、货物或者其他财产，以拍卖或者变卖所得抵缴税款。个人及其所抚养家属维持生活必需的住房及用品，不在强制执行措施的范围之内。

5. 欠税清缴制度

欠税指纳税人未按规定期限缴纳税款，扣缴义务人未按照规定期限解缴税款的行为。欠税清缴制度包括：

（1）阻止出境。欠缴税款的纳税人及其法定代表人需要出境的，应当在出境前向税务机关结清应纳税款或者提供担保。未结清税款，又不提供担保的，税务机关可以通知出境管理机关阻止其出境。

（2）改制纳税人欠税的清缴。纳税人有合并、分立情形的，应当向税务机关报告，并依法缴清税款。纳税人合并时未缴清税款的，应当由合并后的纳税人继续履行未履行的纳税义务；纳税人分立时未缴清税款的，分立后的纳税人对未履行的纳税义务应当承担连带责任。

（3）大额欠税处分财产报告。欠缴税款数额在 5 万元以上的纳税人，在处分其不动产或者大额资产之前，应当向税务机关报告。这一规定有利于税务机关及时掌握欠税企业处置不动产和大额资产的动向。税务机关可以根据其是否侵害了国家税收，是否有转移资产、逃避纳税义务的情形，决定是否行使税收优先权，是否采取税收保全措施或者强制执行措施。

（4）行使代位权、撤销权。税务机关可以对欠缴税款的纳税人行使代位权、撤销权，即对纳税人的到期债权等财产权利，税务机关可以依法向第三者追索以抵缴税款。《税收征管法》第五十条规定了在哪些情况下税务机关可以依据《中华人民共和国合同法》行使代位权、撤销权。

（5）欠税公告。税务机关应当对纳税人欠缴税款的情况，在办税场所或者广播、电视、报纸、期刊、网络等新闻媒体上定期予以公告。定期公告是指税务机关定期向社会公告纳税人的欠税情况。同时税务机关还可以根据实际情况和实际需要，制定纳税人的纳税信用等级评比制度。

6. 税款退还和追征制度

（1）税款退还。纳税人超过应纳税额缴纳的税款，税务机关发现后应当立即退还。纳税人自结算应纳税款之日起3年内发现的，可以向税务机关要求退还多缴的税款并加算银行同期存款利息，税务机关及时查实后应当立即退还。

（2）税款补缴。因税务机关的责任，致使纳税人、扣缴义务人未缴或者少缴税款的，税务机关在3年内可以要求纳税人、扣缴义务人补缴税款，但是不得加收滞纳金。

（3）税款的追征。因纳税人、扣缴义务人计算错误等失误造成的未缴或者少缴的税款，税务机关在3年内可以追征税款、滞纳金；有特殊情况的，追征期可以延长到5年。对偷税、抗税、骗税的，税务机关追征其未缴或者少缴的税款、滞纳金或者所骗取的税款，不受期限的限制。

二、税务检查

税务检查是税收征收管理的一个重要环节。它是指税务机关依法对纳税人履行缴纳税款义务和扣缴义务人履行代扣、代收税款义务所进行的监督检查。纳税人、扣缴义务人必须接受税务机关依法进行的税务检查，如实反映情况，提供有关资料，不得拒绝、隐瞒。税务机关依法进行税务检查时，有关部门和单位应当支持、协助。税务检查，既有利于全面贯彻国家的税收政策，严肃税收法纪，加强纳税监督，查处偷税、漏税和逃骗税等违法行为，确保税收收入足额入库，也有利于帮助纳税人明确经营方向，促使其加强经济核算，提高经济效益。

（一）税务检查的方法

税务机关进行税务检查，一般采用以下三种方法：

1. 税务查账

税务查账是对纳税人的会计凭证、账簿、会计报表以及银行存款账户等核算资料所反映的纳税情况所进行的检查。这是税务检查中最常用的方法。

2. 实地调查

实地调查是对纳税人账务情况进行的现场调查。

3. 税务稽查

税务稽查是对纳税人的应税货物进行的检查。

税务机关对从事生产、经营的纳税人以前纳税期的纳税情况依法进行税务检查时，发现纳税人有逃避纳税义务行为，并有明显的转移、隐匿其纳税的商品、货物以及其他财产或者应纳税的收入迹象的，可以按照《税收征管法》规定的批准权限采取税收保全措施或者强制执行措施。

税务机关依法进行上述税务检查时，纳税人、扣缴义务人必须接受检查，如实反映情况，提供有关资料，不得拒绝、隐瞒；税务机关有权向有关单位和个人调查纳税人、扣缴义务人和其他当事人与纳税或者代扣代缴、代收代缴税款有关的情况，有关部门和个人有义务向税务机关如实提供有关材料及证明材料。税务机关调查税务违法案件时，对与案件有关的情况和资料，可以进行记录和复制。但是，税务人员在进行税务检查时，必须出示税务检查证，并有责任为被检查人保守秘密；未出示税务检查证和税务检查通知书的，纳税人、扣缴义务人及其他当事人有权拒绝检查。

（二）税务检查的范围

检查纳税人的账簿、记账凭证、报表和有关资料，检查扣缴义务人代扣代缴、代收代缴税款账簿、记账凭证和有关资料。

到纳税人的生产、经营场所和货物存放地检查纳税人应纳税的商品、货物或者其他财产，检查扣缴义务人与代扣代缴、代收代缴税款有关的经营情况。

责成纳税人、扣缴义务人提供与纳税或者代扣代缴、代收代缴税款有关的文件、证明材料和有关资料。

询问纳税人、扣缴义务人与纳税或者代扣代缴、代收代缴税款有关的问题和情况。

到车站、码头、机场、邮政企业及其分支机构检查纳税人托运、邮寄应纳税商品、货物或者其他财产的有关单据、凭证和有关资料。

经县以上税务局（分局）局长批准，凭全国统一格式的检查存款账户许可证明，查询从事生产、经营的纳税人、扣缴义务人在银行或者其他金融机构的存款账户。税务机关调查税收违法案件时，经设区的市、自治州以上税务局（分局）局长批准，可以查询案件涉嫌人员的储蓄存款。

 第三节　法律责任

所谓税收法律责任，是指税收法律关系的主体因违反税收法律规范所应承担的法律后果。税收法律责任依其性质和形式的不同，可分为经济责任、行政责任和刑事责任；依承担法律责任主体的不同，可分为纳税人的责任、扣缴义务人的责任、税务机关及其工作人员的责任。

一、违反税务管理基本规定行为的处罚

根据《税收征管法》第六十条和《税收征管法实施细则》第九十条规定：纳税人有下列行为之一的，由税务机关责令限期改正，可以处 2 000 元以下的罚款；情节严重的，处 2 000 元以上 1 万元以下的罚款。

（1）未按照规定的期限申报办理税务登记、变更或者注销登记的；

（2）未按照规定设置、保管账簿或者记账凭证和有关资料的；

（3）未按照规定将财务、会计制度或者财务、会计处理办法和会计核算软件报送税务机关备查的；

（4）未按照规定将其全部银行账号向税务机关报告的；

（5）未按照规定安装、使用税控装置，或者损毁或擅自改动税控装置的；

（6）纳税人未按照规定办理税务登记证件验证或者换证手续的。

纳税人不办理税务登记的，由税务机关责令限期改正；逾期不改正的，由工商行政管理机关吊销其营业执照。

纳税人未按照规定使用税务登记证件，或者转借、涂改、损毁、买卖、伪造税务登记证件的，处 2 000 元以上 1 万元以下的罚款；情节严重的，处 1 万元以上 5 万元以下的罚款。

二、扣缴义务人违反账簿、凭证管理的处罚

扣缴义务人未按照规定设置、保管代扣代缴、代收代缴税款账簿，或者未按照规定保管代扣代缴、代收代缴税款记账凭证及有关资料的，由税务机关责令限期改正，可以处 2 000 元以下的罚款；情节严重的，处 2 000 元以上 5 000 元以下的罚款。

三、纳税人、扣缴义务人未按规定进行纳税申报的法律责任

纳税人未按照规定的期限办理纳税申报和报送纳税资料的，或者扣缴义务人未按照规定的期限向税务机关报送代扣代缴、代收代缴税款报告表和有关资料的，由税务机关责令限期改正，可以处 2 000 元以下的罚款；情节严重的，可以处 2 000 元以上 1 万元以下的罚款。

四、对偷税的认定及其法律责任

《税收征管法》第六十三条规定：纳税人伪造、变造、隐匿、擅自销毁账簿、

记账凭证，或者在账簿上多列支出或者不列、少列收入，或者经税务机关通知申报而拒不申报，或者进行虚假的纳税申报，不缴或者少缴应纳税款的，属于偷税。

偷税行为产生的原因有两个方面。一方面，企业会计人员业务能力和职业操守较低，没有遵从会计准则记录企业经济事项，不能正确记录企业经济业务而导致的偷税行为；或者企业出于追求高利润的目的和侥幸心理而产生偷税行为。另一方面，我国的税收征管体系不健全，我国税负比重不高，"费"负担却很重，导致纳税人铤而走险，以此减轻企业负担。同时税收征管体系的税务干部业务素质偏低，造成偷税查不出来。甚至，有些税务人员不认真负责，拿国税作交易，企业交多少算多少，收"人情税"。

对纳税人有偷税行为的，由税务机关追缴其不缴或者少缴的税款、滞纳金，并处不缴或者少缴的税款50%以上5倍以下的罚款；构成犯罪的，依法追究刑事责任。

五、骗取出口退税的法律责任

骗取出口退税罪在客观方面表现为采取以假报出口等欺骗手段，骗取国家出口退税款。由税务机关追缴其骗取的退税款，并处骗取税款1倍以上5倍以下的罚款；构成犯罪的，依法追究刑事责任。

对骗取国家出口退税款的，税务机关可以在规定期间内停止为其办理出口退税。

以假报出口或者其他欺骗手段，骗取国家出口退税款，数额较大的，处5年以下有期徒刑或者拘役，并处骗取税款1倍以上5倍以下罚金；数额巨大或者有其他严重情节的，处5年以上10年以下有期徒刑，并处骗取税款1倍以上5倍以下罚金；数额特别巨大或者有其他特别严重情节的，处10年以上有期徒刑或者无期徒刑，并处骗取税款1倍以上5倍以下罚金或者没收财产。

六、抗税的法律责任

以暴力、威胁方法拒不缴纳税款的，是抗税。除由税务机关追缴其拒缴的税款、滞纳金外，还要依法追究其刑事责任。情节轻微，未构成犯罪的，由税务机关追缴其拒缴的税款、滞纳金，并处拒缴税款1倍以上5倍以下罚款。

对于抗税的处理，《中华人民共和国刑法》第二百零二条规定：以暴力、威胁方法拒不缴纳税款的，处三年以下有期徒刑或者拘役，并处拒缴税款1倍以上5倍以下罚金；情节严重的，处三年以上七年以下有期徒刑，并处拒缴税款1倍以上5倍以下罚金。

根据《最高人民法院关于审理偷税抗税刑事案件具体应用法律若干问题的解释》第五条的规定，实施抗税行为具有下列情形之一的，属于刑法第二百零二条规定的"情节严重"：聚众抗税的首要分子，抗税数额在十万元以上的，多次抗税的，故意伤害致人轻伤的，具有其他严重情节的。

第四章 税收行政法制

第一节 税务行政处罚

为了保障和监督行政机关有效实施行政管理，保护公民、法人和其他组织的合法权益，1996 年 3 月 17 日第八届全国人民代表大会第四次会议通过了《中华人民共和国行政处罚法》（以下简称《行政处罚法》），并于 1996 年 10 月 1 日实施。它的颁布实施，进一步完善了我国的社会主义民主法治制度。

税务行政处罚是行政处罚的重要组成部分，是指公民、法人或者其他组织有违反税收征收管理秩序的违法行为，尚未构成犯罪，依法应当承担行政责任的，由税务机关给予行政处罚。各类罚款以及税收法律、法规、规章规定的其他行政处罚，都属于税务行政处罚的范围。根据税法的规定，现行税务行政处罚只有罚款、没收财务非法所得、停止出口退税权。

一、税务行政处罚的原则

（一）法定原则

法定原则包括四个方面的内容。

（1）对公民和组织实施税务行政处罚必须有法定依据，无明文规定不得处罚。

（2）税务行政处罚必须由法定的国家机关在其职权范围内设定。

（3）税务行政处罚必须由法定的税务机关在其职权范围内实施。

（4）税务行政处罚必须由税务机关按照法定程序实施。

（二）公正、公开原则

公正就是要防止偏听偏信，要使当事人了解其违法行为的性质，并给予其申辩的机会。公开，一是税务行政处罚的规定要公开，凡是需要公开的法律规范都要事先公布；二是处罚程序要公开。

（三）以事实为依据原则

任何法律规范的适用必然基于一定的法律行为和事件，法律事实不清或者脱离了法律事实，法律的适用就不可能准确，法律对各种社会关系的调整功能就不可能有效发挥。因此，税务行政处罚必须以事实为依据，以法律为准绳。

（四）过罚相当原则

过罚相当是指在税务行政处罚的设定和实施方面，都要根据税务违法行为的性质、情节、社会危害性而定，防止畸轻畸重或者"一刀切"的行政处罚现象。

（五）处罚与教育相结合原则

税务行政处罚的目的是纠正违法行为，教育公民自觉守法，处罚只是手段。因此，税务机关在实施行政处罚时，要责令当事人改正或者限期改正违法行为，对情节轻微的违法行为也不一定都实施处罚。

（六）监督、制约原则

对税务机关实施行政处罚实行两方面的监督制约。一是内部的，如对违法行为的调查与处罚决定的分开，决定罚款的机关与收缴的机构分离，当场做出的处罚决定向所属行政机关备案等。二是外部的，包括税务系统上下级之间的监督制约和司法监督，具体体现主要是税务行政复议和诉讼。

二、税务行政处罚的主体与管辖

（一）主体

税务行政处罚的实施主体主要是县以上的税务机关。税务机关是指能够独立行使税收征收管理职权，具有法人资格的行政机关。我国税务机关的组织构成包括国家税务总局，省、自治区、直辖市国家税务局和地方税务局，地（市、州、盟）国家税务局和地方税务局，县（市、旗）国家税务局和地方税务局四级。这些税务机关都具有税务行政处罚主体资格。

各级税务机关的内设机构、派出机构不具有处罚主体资格，不能以自己的名义实施税务行政处罚。但《税收征管法》对税务所特别授权，税务所可以实施罚款额在2 000元以下的税务行政处罚。

（二）管辖

根据《行政处罚法》和《税收征管法》的规定，税务行政处罚由当事人税收违法行为发生的县（市、旗）以上税务机关管辖。这一管辖原则有以下含义：

（1）从税务行政处罚的地域管辖来看，税务行政处罚实行行为发生地原则。只有当事人违法行为发生地的税务机关才有权对当事人实施处罚，其他地方的税务机关无权实施。

（2）从税务行政处罚的级别管辖来看，必须是县（市、旗）以上的税务机关。法律特别授权的税务所除外。

（3）从税务行政处罚的管辖主体的要求来看，必须有税务行政处罚权。

三、税务行政处罚的简易程序

税务行政处罚的简易程序，是指税务机关及其执法人员对公民、法人或者其他组织违反税收征收管理秩序的行为，当场做出税务行政处罚决定的行政处罚程序。简易程序的使用条件：一是案情简单、事实清楚、违反后果比较轻微且有法定依据应当给予处罚的违法行为；二是给予的处罚较轻，仅适用于对公民处于50元以下和对法人或者其他组织处以1 000元以下罚款的违法案件。

符合上述条件，税务行政执法人员应当按照下列程序当场做出税务行政处罚决定。

（1）出示证件，说明处罚理由。税务人员当场做出行政处罚时，应当向当事人出示税务检查证；同时，税务执法人员在做出当场处罚决定前，还须向被处罚者指出其违反行政义务行为的事实和给予处罚的法律、法规依据。

（2）告知税务管理相对人有陈述和申辩的权利，并认真听取税务管理相对人的陈述和申辩。税务管理相对人陈述和申辩可以采用口头形式，税务执法人员要认真仔细地听取，并要答辩。税务执法人员的答辩应当能够对税务管理相对人的申辩意见给予正确、全面的回答，使税务管理相对人心服口服。整个过程应当扼要地制成笔录备查。

（3）出具处罚证明。税务人员当场做出行政处罚时，应当填写税务行政处罚决定书并当场交付当事人，税务行政处罚决定书应当载明当事人的违法行为、处罚依据、罚款数额、时间、地点以及税务机关名称，并由执法人员签名或者盖章。

（4）执法人员当场做出的税务行政处罚决定，必须及时报所属税务机关备案。

四、税务行政处罚的一般程序

行政处罚的一般程序，是指除法律特别规定应当适用简易程序和听证程序的以外，行政处罚通常所应适用的程序。简易程序适用于案情简单、处罚轻微的处罚案件，听证程序适用于案情复杂、争议较大、处罚可能较重的案件，一般程序则适用于介乎两者之间的案件。一般程序和听证程序在适用范围上的区分的关键不是案件是否重大、复杂，而在于当事人或行政机关认为是否有必要适用听证程序，而必要的标准是当事人和处罚机关在认定事实上有重大分歧。如果当事人并不要求听证，则不管多么重大的案件，行政机关原则上都可以适用一般程序。

（一）立案

行政处罚程序中的立案，是指行政机关对于公民、法人或者其他组织的控告、检举或本机关在例行检查工作中发现的违法情况或重大违法嫌疑情况，认为有调查处理必要的，决定进行查处的活动。行政机关对于控告、检举材料或来访的接受还不是立案活动，只有在对这些材料审查以后做出的进行调查的决定才是立案。

《行政处罚法》对立案程序未作统一的明确规定，但立案是行政处罚程序的开始，执法实践中大多案件需要经过立案程序。

（二）调查取证

调查取证是行政机关发现违法行为后，在进行调查、收集证据活动中所应当遵循的程序。要证明公民、法人或者其他组织是否存在违法行为，必须要有证据。证据就是能够证明违法行为存在的客观事实。

1. 证据的特点

证据具有客观性、关联性和合法性三个重要特点。所谓客观性，就是证据必须是客观存在的事实，而不是人们主观想象或者臆造的东西。所谓关联性，就是证据必须是与案件有关联并能够证明案件真实情况的事实材料，与案件无关的材料不能作为证据。所谓合法性，就是证据必须是符合法律规定的形式，按照法律规定的程序和方式收集来的事实材料。不符合法律规定的形式，或者不是按照法律规定的程序和方式收集的材料，不能作为证据。

2. 证据的种类

《行政处罚法》对哪些材料可以作为证据，没有规定。公民、法人或者其他组织如果对行政处罚决定不服可以向法院提起行政诉讼，在行政诉讼中，行政机关对做出的行政处罚负有举证责任。因此，行政处罚所依据的证据必须符合行政诉讼法规定的要求，否则就可能在行政诉讼中败诉。根据行政诉讼法的规定，证据包括书证、物证、视听资料、证人证言、当事人的陈述、鉴定结论、勘验笔录和现场笔录等。

3. 证据的收集方式

根据《行政处罚法》和其他有关法律的规定，证据的收集方式主要有以下几种：

第一，访问证人，收集证人证言。

第二，对涉嫌违法的场所、物品依法进行检查。

第三，抽样取证。抽样取证是在证据较多的情况下，执法人员可以按照科学的抽样方法，抽取一部分物品作为证据。

第四，先行登记保存。先行登记保存是在证据可能灭失或者以后难以取得的情况下所采取的一种证据保全措施。根据《行政处罚法》第三十七条第二款的规定，先行登记保存必须经行政机关负责人批准，执法人员不能擅自采取。对采取了先行登记保存后，行政机关应当在 7 日内做出处理决定。

第五，查封、冻结、扣押。行政处罚法没有规定行政机关可以采取查封、冻结、扣押措施，但其他有关法律规定某些行政机关可以采取查封、冻结、扣押措施。因此，它们也是收集证据的三种重要形式。

为了保证行政机关做到依法行政，正确行使调查权和检查权，保证所收集的证据具有客观性，行政处罚法明确规定，行政机关在进行调查或者检查时，执法人员不得少于两人，并应当向当事人或者有关被调查的人员出示证件。同时规定，执法人员与当事人有直接利害关系的，应当回避。当事人和有关人员必须如实回答执法人员的询问，并协助调查或者检查，不得阻挠。

（三）说明理由，当事人陈述和申辩

略。

（四）行政机关负责人审查调查结果，做出决定

执法人员对违法行为调查终结后，应当将调查结果和处理意见报行政机关负责人，由行政机关负责人对调查结果进行审查，然后根据不同情况，分别做出决定。

（1）违法事实确凿，根据有关法律、法规或者规章规定应当处以行政处罚的，根据情节轻重和具体情况，依照法律、法规或者规章规定的处罚种类和幅度做出行政处罚决定。

（2）违法事实确凿，但比较轻微，依照法律、法规或者规章规定可以不给予行政处罚的，做出不予行政处罚决定。

（3）违法事实不能成立的，不得给予行政处罚，做出不构成违法的决定。

（4）违法行为已构成犯罪的，做出移送司法机关处理的决定。为了保证行政处罚决定的公正、合法，《行政处罚法》规定对情节复杂或者重大违法行为给予较重的行政处罚的，行政机关负责人应当集体讨论决定。

（五）制作行政处罚决定书

行政机关负责人做出行政处罚决定后，应当制作行政处罚决定书。行政处罚决定书应当载明以下事项：

（1）当事人的姓名或者名称、地址，以便处罚决定书的送达和执行。

（2）当事人违反法律、法规或者规章有关规定的事实和证据，以证明处罚的依据和便于当事人了解自己的违法所在。

（3）行政处罚的种类和依据。

（4）行政处罚的履行方式和期限。

（5）当事人不服行政处罚决定，可以申请复议或者提起行政诉讼的途径和期限。

（6）做出行政处罚决定的行政机关名称和做出决定的日期。

（7）行政处罚决定书必须加盖做出行政处罚决定的行政机关的印章。

（六）送达行政处罚决定书

行政处罚决定书应当在向当事人宣告后当场交付当事人，如果当事人不在场，

行政机关应当在 7 日内依照民事诉讼法的有关规定，即民事诉讼法第七章第二节和第二十六关于送达的规定，将行政处罚决定书送达当事人。根据民事诉讼法的规定，送达文书即送达行政处罚决定书必须有送达回证，由受送达人即被处罚当事人在送达回证上记明收到日期，签名或者盖章。送达方式有直接送达、留置送达、委托送达、邮寄送达、转交送达、公告送达、涉外送达几种。需要说明的是，适用一般程序时仍然应当适用共同程序，特别是告知程序、陈述和申辩程序。为此《行政处罚法》在一般程序的最后一条特别规定："行政机关及其执法人员在做出行政处罚决定之前，不依照本法第三十一条、第三十二条的规定向当事人告知给予行政处罚的事实、理由和依据，或者拒绝听取当事人的陈述、申辩，行政处罚决定不能成立；当事人放弃陈述或者申辩权利的除外。"

五、税务行政处罚的执行

税务机关做出行政处罚决定后，应当依法送达当事人执行。

税务行政处罚的执行，指履行税务机关依法做出的行政处罚决定的活动。税务机关依法做出行政处罚决定后，当事人应当在行使处罚决定规定的期限内，予以履行。当事人在法定期限内不申请复议又不起诉，并且在规定期限内又不履行的，税务机关可以依法强制执行或者申请法院强制执行。

税务机关对当事人做出罚款行政处罚决定的，当事人应当在收到行政处罚决定书之日起 15 日内缴纳罚款；到期不缴纳的，税务机关可以对当事人每日按罚款数额的 3%加处罚款。

第二节　税务行政复议

为了防止和纠正违法或不当的税务具体行政行为，保护纳税人及其他税务当事人的合法权益，保障和监督税务机关依法行使职权，国家税务总局根据《中华人民共和国行政复议法》和其他有关法律、法规的规定，制定了《税务行政复议规则》。2015 年 12 月 28 日国家税务总局对该规则进行了修正。

税务行政复议是指当事人不服税务机关及其工作人员做出的税务具体行政行为，依法向上一级税务机关（复议机关）提出申请，复议机关经审理对原税务机关具体行政行为依法做出维持、变更、撤销等决定的活动。税务行政复议是我国行政复议制度的重要组成部分。我国税务行政复议具有以下特点：税务行政复议以当事人不服税务机关及其工作人员做出的税务具体行政行为为前提，税务行政复议因当事人的申请而产生，税务行政复议案件的审理一般由原处理税务机关的上一级税务机关进行，税务行政复议与行政诉讼相衔接。

一、税务行政复议机构和人员

（1）各级行政复议机关负责法制工作的机构依法办理行政复议事项，履行下列职责。

①受理行政复议申请。

②向有关组织和人员调查取证，查阅文件和资料。

③审查申请行政复议的具体行政行为是否合法和适当，起草行政复议决定。

④处理或者转送对本规则第十五条所列有关规定的审查申请。

⑤对被申请人违反行政复议法及其实施条例和本规则规定的行为，依照规定的权限和程序向相关部门提出处理建议。

⑥研究行政复议工作中发现的问题，及时向有关机关或者部门提出改进建议，重大问题及时向行政复议机关报告。

⑦指导和监督下级税务机关的行政复议工作。

⑧办理或者组织办理行政诉讼案件的赔偿事项。

⑨办理行政复议案件的赔偿事项。

⑩办理行政复议、诉讼、赔偿等案件的统计、报告、归档工作和重大行政复议决定备案事项。

⑪其他与行政复议工作有关的事项。

（2）各级行政复议机关可以成立行政复议委员会，研究重大、疑难案件，提出处理建议。行政复议委员会可以邀请本机关以外的具有相关专业知识的人员参加。

（3）行政复议工作人员应当具备与履行行政复议职责相适应的品行、专业知识和业务能力，并取得行政复议法实施条例规定的资格。

二、税务行政复议范围

（一）行政复议机关受案范围

（1）征税行为，包括确认纳税主体，征税对象，征税范围，减税、免税及退税，适用税率，计税依据，纳税环节，纳税期限，纳税地点及税款征收方式等具体行为和征收、加收滞纳金及扣缴义务人、受税机关委托征收的单位做出的代扣代缴、代收代缴的行为。

（2）行政许可、行政审批行为。

（3）发票管理行为，包括发票的发售、收缴以及代收代缴等行为。

（4）税收保全措施、强制执行措施。

（5）行政处罚行为，包括罚款、没收财物和违法所得、停止出口退税权。

（6）税收机关做出的税收保全措施：

①书面通知银行或者其他金融机构从其存款中扣缴税款；

②变卖、拍卖、扣押、查封商品、货物或者其他财产。

（7）税务机关未能及时解除保全措施，致使纳税人以及其他当事人的合法权益遭受损失的行为。

（8）税务机关不予依法办理或者答复的行为：

①不予审批减免税或者出口退税行为；

②不予抵扣税款；

③不予退还税款；

④不予颁发税务登记证、发售发票；

⑤不予开具完税凭证和出具票据；

⑥不予认定为增值税一般纳税人；

⑦不予核准延期申报、批准延期缴纳税款。

（9）税收机关责令纳税人提供纳税担保或者不依法确认纳税担保有效的行为。

（10）税务机关不依法给予举报奖励的行为。

（11）税务机关做出的通知出境管理机关阻止其出境行为。

（12）纳税信用等级评定行为。

（13）其他具体行为。

（二）申请人申请复议

申请人认为税务机关的具体行政行为所依据的下列规定不合法，随具体行政行为申请行政复议时，可以一并向行政复议机关提出对有关规定的审查申请；申请人对具体行政行为提出行政复议申请时不知道该具体行政行为所依据的规定的，可以在行政复议机关做出行政复议决定以前提出对该规定的审查申请。

（1）国家税务总局和国务院其他部门的规定。

（2）其他各级税务机关的规定。

（3）地方各级人民政府的规定。

（4）地方人民政府工作部门的规定。

前款中的规定不包括规章。

三、税务行政复议管辖

（一）一般管辖

1. 上级管辖

对各级国家税务局的具体行政行为不服的，向上一级国家税务局申请行政复议。

2. 选择管辖

对各级地方税务局的具体行政行为不服的，可以选择向其上一级地方税务局或者该税务局的本级人民政府申请行政复议。省级人大及其常委会、人民政府对复议管辖另有规定的，从其规定。

3. 本级管辖

对国家税务总局的具体行政行为不服的，向国家税务总局申请行政复议；对行政复议决定不服的，申请人可以向人民法院提起行政诉讼，也可以向国务院申请裁决；国务院的裁决为最终裁决。

（二）特殊管辖

（1）对计划单列市税务局的具体行政行为不服的，向省税务局申请行政复议。

（2）对税务所（分局）、各级税务局的稽查局的具体行政行为不服的，向其所属税务局申请行政复议。

（3）对两个以上税务机关共同做出的具体行政行为不服的，向共同上一级税务机关申请行政复议；对税务机关与其他行政机关共同做出的具体行政行为不服的，向其共同上一级行政机关申请行政复议。

（4）对被撤销的税务机关在撤销以前所做出的具体行政行为不服的，向继续行使其职权的税务机关的上一级税务机关申请行政复议。

（5）对税务机关做出的逾期不缴纳罚款加处罚款决定不服的，向做出行政处罚决定的税务机关申请行政复议。

（6）对已处罚款和加处罚款"都不服"的，一并向做出行政处罚决定的税务机关的上一级税务机关申请行政复议。

（三）统一受理与转送管辖

除对计划单列市税务局的具体行政行为不服的，向省税务局申请行政复议的情形外，申请人也可以向具体行政行为发生地的县级地方人民政府提交行政复议申请，由接受申请的县级地方人民政府依法转送。

四、税务行政复议申请人和被申请人

（一）申请人

依法提起行政复议的纳税人或其他税务当事人为税务行政复议申请人，具体指纳税人、扣缴义务人、纳税担保人和其他税务当事人。

有权申请行政复议的公民死亡的，其近亲属可以申请行政复议；

有权申请行政复议的公民为无行为能力人或者限制行为能力人，其法定代理人可以代理申请行政复议；

有权申请行政复议的法人或者其组织发生合并、分立或终止的，承受其权利的法人或其他组织可以申请行政复议；

非具体行政行为的行政管理人，但其权利直接被该具体行政行为所剥夺、限制或者被赋予义务的公民、法人或者其他组织，在行政管理相对人没有申请行政复议时，可以单独申请行政复议。

（二）被申请人

1. 原则性规定

申请人对具体行政行为不服申请行政复议的，做出该具体行政行为的税务机关为被申请人。

2. 具体规定

（1）申请人对扣缴义务人的扣缴税款行为不服的，主管该扣缴义务人的税务机关为被申请人。

（2）对税务机关委托的单位和个人的代征行为不服的，委托税务机关为被申请人。

（3）对税务机关与法律、法规授权的组织以共同的名义做出具体行政行为不服的，税务机关和法律、法规授权的组织为共同被申请人。

（4）对税务机关与其他组织以共同名义做出具体行政行为不服的，税务机关为被申请人。

（5）对税务机关依照法律、法规和规章规定，经上级税务机关批准做出具体行政行为不服的，批准机关为被申请人。

（6）对经重大税务案件审理程序做出的决定不服的，审理委员会所在税务机关为被申请人。

（7）对税务机关设立的派出机构、内设机构或者其他组织，未经法律、法规授权，以自己名义对外做出具体行政行为不服的，税务机关为被申请人。（种类越权）

（三）第三人

在税务行政复议中，申请人以外的公民、法人或者其他组织与被审查的税务具体行政行为有利害关系的，也可以依申请或经税务行政复议机关通知，作为第三人参加行政复议；第三人不参加行政复议，不影响行政复议案件的审理。

（四）委托代理人

申请人、第三人可以委托（书面或口头）1~2名代理人参加行政复议，被申请人不得委托本机关以外的人员参加行政复议。

五、税收行政复议申请

对纳税人而言，为维护自己的合法权益，行使法律赋予自己的要求税务机关对其行政行为进行复议的权利，首先要依照法律、法规的规定提出复议申请。现行的税务行政复议规则对此专门做出了规定。申请的期限为税务机关做出具体行政行为之日起60日内。

（1）纳税人及其他税务当事人对税务机关做出的征税行为不服，应当先向复议机关申请行政复议，对复议决定不服，再向人民法院起诉。

申请人按前款规定申请行政复议的，必须先依照税务机关的纳税决定，缴纳或者解缴税款及滞纳金或者提供相应的担保,然后可以依法提出行政复议申请。

(2) 申请人对税务机关做出的征税以外的其他税务具体行政行为不服,可以申请行政复议,也可以直接向人民法院提起行政诉讼。

(3) 申请人可以在得知税务机关做出具体行政行为之日起 60 日内提出行政复议申请。

因不可抗力或者被申请人设置障碍等其他正当理由耽误法定申请期限的,申请期限自障碍消除之日起继续计算。

(4) 申请人申请行政复议,可以书面申请,也可以口头申请。口头申请的,复议机关应当当场记录申请人的基本情况,行政复议请求,申请行政复议的主要事实、理由和时间。

(5) 依法提起行政复议的纳税人或其他税务当事人为税务行政复议申请人,具体是指纳税义务人、扣缴义务人、纳税担保人和其他税务当事人。

有权申请行政复议的公民死亡的,其近亲属可以申请行政复议;有权申请行政复议的公民为无行为能力人或者限制行为能力人,其法定代理人可以代理申请行政复议。

有权申请行政复议的法人或者其他组织发生合并、分立或终止的,承受其权利的法人或其他组织可以申请行政复议。

与申请行政复议的具体行政行为有利害关系的其他公民、法人或者其他组织,可以作为第三人参加行政复议。

申请人、第三人可以委托代理人代为参加行政复议,被申请人不得委托代理人代为参加行政复议。

(6) 纳税人或其他税务当事人对税务机关的具体行政行为不服申请行政复议的,做出具体行政行为的税务机关是被申请人。

(7) 申请人向复议机关申请行政复议,复议机关已经受理的,在法定行政复议期限内申请人不得再向人民法院起诉;申请人向人民法院提起行政诉讼,人民法院已经依法受理的,不得申请行政复议。

六、税务行政复议的受理

(1) 复议机关收到行政复议申请后,应当在 5 日内进行审查,对不符合规定的行政复议申请,决定不予受理,并书面告知申请人;对符合规定,但是不属于本机关受理的行政复议申请,应当告知申请人向有关行政复议机关提出申请。

(2) 对符合规定的行政复议申请,自复议机关法制工作机构收到之日起即为受理;受理行政复议申请,应书面告知申请人。

(3) 对应当先向复议机关申请行政复议,对行政复议决定不服再向人民法院提起行政诉讼的具体行政行为,复议机关决定不予受理或者受理后超过复议期限不作答复的，纳税人和其他税务当事人可以自收到不予受理决定书之日起，或者行政复议期满之日起15日内，依法向人民法院提起行政诉讼。

（4）纳税人及其他税务当事人依法提出行政复议申请，复议机关无正当理由不予受理且申请人没有向人民法院提起行政诉讼的，上级税务机关应当责令其受理；必要时，上级税务机关也可以直接受理。

（5）行政复议期间税务具体行政行为不停止执行。但是，有下列情形之一的，可以停止执行：

①被申请人认为需要停止执行的。

②复议机关认为需要停止执行的。

③申请人申请停止执行，复议机关认为其要求合理，决定停止执行的。

④法律、法规规定停止执行的。

七、税务行政复议证据

行政复议证据包括：书证、物证、视听资料、电子数据、证人证言、当事人陈述、鉴定意见、勘验笔录、现场笔录。

在行政复议中，被申请人对其做出的具体行政行为负有举证责任。

（1）在行政复议过程中，被申请人不得自行向申请人和其他有关组织或者个人收集证据。

（2）行政复议机构认为必要时，可以调查取证。调查取证时，行政复议工作人员不得少于2人。

（3）下列证据不得作为定案依据：

①违反法定程序收集的证据材料。

②以偷拍、偷录等手段获取侵害他人合法权益的证据材料。

③以利诱、欺诈、胁迫和暴力等不当手段获取的证据材料。

④无正当事由超出举证期限提供的证据材料。

⑤无正当理由拒不提供原件、原物，又无其他证据印证，且对方不予认可的证据的复印件、复制品。

⑥无法辨别真伪的证据材料。

⑦不能正确表达意志的证人提供的证言。

⑧不具备合法性、真实性的其他证据材料。

行政复议机构依据《税务行政复议规则》第十一条第（二）项规定的职责所取得的有关材料（即：向有关组织和人员调查取证，查阅文件和资料），不得作为支持被申请人具体行政行为的证据。

（4）在行政复议过程中，被申请人不得自行向申请人和其他有关组织或者个人收集证据。

（5）行政复议机构认为必要时，可以调查取证。

行政复议工作人员向有关组织和人员调查取证时，可以查阅、复制和调取有关文件和资料，向有关人员询问。调查取证时，行政复议工作人员不得少于 2 人，并应当向当事人和有关人员出示证件。被调查单位和人员应当配合行政复议人员的工作，不得拒绝、阻挠。

需要现场勘查的，现场勘查所用时间不计入行政复议审理期限。

（6）申请人和第三人可以查阅被申请人提出的书面答复，做出具体行政行为的证据、依据和其他有关材料，除涉及国家秘密、商业秘密或者个人隐私外，行政复议机关不得拒绝。

八、税务行政复议审查和决定

行政复议机构应当自受理行政复议申请之日起 7 日内，将行政复议申请书副本或者行政复议申请笔录复印件发送被申请人。被申请人应当自收到申请书副本或者申请笔录复印件之日起 10 日内提出书面答复，并提出当初做出具体行政行为的证据、依据和其他有关材料。

对国家税务总局的具体行政行为不服申请行政复议的案件，由原承办具体行政行为的相关机构向行政复议机构提出书面答复，并提出当初做出具体行政行为的证据、依据和其他有关材料。

● 第三节　税务行政诉讼

一、税务行政诉讼的概念

税务行政诉讼指公民、法人和其他组织认为税务机关及其工作人员的具体税务行政行为违法或者不当，侵犯了其合法权益，依法向人民法院提起行政诉讼，由人民法院对具体税务行政行为的合法性和适当性进行审理并做出裁决的司法活动。其目的是保证人民法院正确、及时审理税务行政案件，保护纳税人、扣缴义务人等当事人的合法权益，维护和监督税务机关依法行使行政职权。

二、税务行政的原则

1. 人民法院特定主管原则

即人民法院对税务行政案件只有部分管辖权，人民法院只能受理因具体行政行为引起的税务行政争议案。

2. 合法性审查原则

除审查税务机关是否滥用权力、税务行政处罚是否显失公正外，只对具体税务行为是否合法予以审查，人民法院原则上不直接判决变更。

3. 不适用调解原则

税收行政管理权是国家权力的重要组成部分，税务机关无权依自己意愿进行处置，法院不能对税务行政诉讼法律关系的双方当事人进行调解。

4. 起诉不停止执行原则

即当事人不能以起诉为理由而停止执行税务机关所做出的具体行政行为，如税收保全措施和税收强制措施。

5. 税务机关负责举证责任原则

由于税务行政行为是税务机关单方依一定事实和法律做出的，只有税务机关最了解做出该行为的证据，如果税务机关不提供或不能提供证据，就可能败诉。

6. 由税务机关负责赔偿的原则

税务机关及其工作人员因执行职务不当，给当事人造成人身及财产损害的，应当赔偿责任。

三、税务行政诉讼的管辖

税务行政诉讼管辖，是指人民法院受理第一审税务案件的职权分工。具体来说，税务行政诉讼的管辖分为级别管辖、地域管辖和裁定管辖。

（一）级别管辖

级别管辖是上下级人民法院之间受理第一审税务案件的分工和权限。基层人民法院管辖一般的税务行政诉讼案件，中、高级人民法院管辖本辖区内重大、复杂的税务行政诉讼案件，最高人民法院管辖全国范围内重大、复杂的税务行政诉讼案件。

（二）地域管辖

地域管辖是同级人民法院之间受理第一审行政案件的分工和权限，分一般地域管辖和特殊地域管辖两种。

1. 一般地域管辖

一般地域管辖指按照最初做出具体行政行为的机关所在地来确定管辖法院。凡是未经复议直接向人民法院提起诉讼的，或者经过复议，复议裁决维持原具体行政行为，当事人不服向人民法院提起诉讼的，均由最初做出具体行政行为的税务机关所在地人民法院管辖。

2. 特殊地域管辖

特殊地域管辖指根据特殊行政法律关系或特殊行政法律所指的对象来确定管辖法院。税务行政案件的特殊地域管辖主要是指：经过复议的案件，复议机关改变原具体行政行为的，由原告选择最初做出具体行政行为的税务机关所在地的人民法院，或者复议机关所在地人民法院管辖。原告可以向任何一个有管辖权的人民法院起诉，最先收到起诉状的人民法院为第一审法院。

（三）裁定管辖

裁定管辖指人民法院依法自行裁定的管辖，包括移送管辖、指定管辖及管辖权的转移三种情况。

1. 移送管辖

移送管辖指人民法院将已经受理的案件，移送给有管辖权的人民法院审理。移送管辖必须具备三个条件：一是移送人民法院已经受理了该案件，二是移送法院发现自己对该案件没有管辖权，三是接受移送的人民法院必须对该案件确有管辖权。

2. 指定管辖

指定管辖指上级人民法院以裁定的方式，指定某下一级人民法院管辖某一案件。有管辖权的人民法院因特殊原因不能行使对行政诉讼的管辖权的，由其上级人民法院指定管辖；人民法院对管辖权发生争议且协商不成的，由它们共同的上级人民法院制定管辖。

3. 管辖权的转移

上级人民法院有权审理下级人民法院管辖的第一审税务行政案件，也可以将自己管辖的第一审行政案件移交下级人民法院审判；下级人民法院对其管辖的第一审税务行政案件，认为需要由上级人民法院审判的，也可以请上级人民法院决定。

四、税务行政诉讼的受案范围

税务行政诉讼的受案范围，是指人民法院对税务机关的哪些行为拥有司法审查权。换言之，公民、法人或者其他组织对税务机关的哪些行为不服可以向人民法院提起税务行政诉讼。在实际生活中，税务行政争议种类多、涉及面广，不可能也没有必要都诉诸人民法院通过诉讼程序解决。界定税务行政诉讼的受案范围，便于明确人民法院、税务机关及其他国家机关间在解决税务行政争议方面的分工和权限。

税务行政诉讼案件的受案范围除受《中华人民共和国行政诉讼法》（以下简称《行政诉讼法》）有关规定的限制外，也受《税收征管法》及其他相关法律、法规的调整和制约。具体来说，税务行政诉讼的受案范围与税务行政复议的受案范围基本一致，包括：

（1）税务机关做出的征税行为：一是征收税款、加收滞纳金，二是扣缴义务人、受税务机关委托的单位做出代扣代缴、代收代缴行为及代征行为。

（2）税务机关做出的责令纳税人提交纳税保证金或者纳税担保行为。

（3）税务机关做出的行政处罚行为：一是罚款，二是没收违法所得，三是停止出口退税权，四是收缴发票和暂停供应发票。

（4）税务机关做出的通知出境管理机关阻止出境行为。

（5）税务机关做出的税收保全措施：一是书面通知银行或者其他金融机构冻结存款，二是扣押、查封商品、货物或者其他财产。

（6）税务机关做出的税收强制执行措施：一是书面通知银行或者其他金融机构扣缴税款，二是拍卖所扣押、查封的商品、货物或者其他财产抵缴税款。

（7）认为符合法定条件申请税务机关颁发税务登记证和发售发票，税务机关拒绝颁发、发售或者不予答复的行为。

（8）税务机关的复议行为：一是复议机关改变了原具体行政行为，二是期限届满，税务机关不予答复。

五、税务行政诉讼的起诉和受理

（一）税务行政诉讼的起诉

税务行政诉讼起诉，是指公民、法人或者其他组织认为自己的合法权益受到税务机关具体行政行为的侵害，而向人民法院提出诉讼请求，要求人民法院行使审判权，依法予以保护的诉讼行为。起诉，是法律赋予税务行政管理相对人，用以保护其合法权益的权利和手段。在税务行政诉讼等行政诉讼中，起诉权是单向性的权利，税务机关不享有起诉权，只有应诉权，即税务机关只能作为被告；与民事诉讼不同，作为被告的税务机关不能反诉。

纳税人、扣缴义务人等税务管理相对人在提起税务行政诉讼时，必须符合下列条件：

（1）原告是认为具体税务行为侵犯其合法权益的公民、法人或者其他组织。

（2）有明确的被告。

（3）有具体的诉讼请求和事实、法律根据。

（4）属于人民法院的受案范围和受诉人民法院管辖。

此外，提起税务行政诉讼，还必须符合法定的期限和必经的程序。根据《税收征管法》第八十八条及其他相关规定，对税务机关的征税行为提起诉讼，必须先经过复议；对复议决定不服的，可以在接到复议决定书之日起 15 日内向人民法院起诉；对其他具体行政行为不服的，当事人可以在接到通知或者知道之日起 15 日内直接向人民法院起诉。

税务机关做出具体行政行为时，未告知当事人诉权和起诉期限，致使当事人逾期向人民法院起诉的，其起诉期限从当事人实际知道诉权或者起诉期限时计算，但最长不得超过 2 年。

（二）税务行政诉讼的受理

原告起诉，经人民法院审查，认为符合起诉条件并立案审理的行为，称为受理。对当事人的起诉，人民法院一般从以下几方面进行审查并做出是否受理的决定：一是审查是否属于法定的诉讼受案范围，二是审查是否具备法定的起诉条件，三是审查是否已经受理或者正在受理，四是审查是否有管辖权，五是审查是否符合法定的期限，六是审查是否经过必经复议程序。

根据法律规定，人民法院接到诉状，经过审查，应当在 7 日内立案或者做出裁定不予受理。原告对不予受理的裁定不服的，可以提起上诉。

六、税务行政诉讼的审理和判决

（一）税务行政诉讼的审理

人民法院审理行政案件实行合议、回避、公开审判和两审终审的审判制度。审理的核心是审查被诉具体行政行为是否合法，即做出该行为的税务机关是否依法享有该税务行政管理权，该行为是否依据一定的事实和法律做出，税务机关做出该行为是否遵照必备的程序等。

根据《行政诉讼法》第五十二条、第五十三条的规定，人民法院审查具体行政行为是否合法，依据法律、行政法规和地方性法规（民族自治地方的自治条例和单行条例），参照部门规章和地方性规章。

（二）税务行政诉讼的判决

人民法院对受理的税务行政案件，经过调查、收集证据、开庭审理之后，分别做出如下判决：

1. 维持判决

它适用于具体行政行为证据确凿，适用法律、法规正确，符合法定程序的案件。

2. 撤销判决

被诉的具体行政行为主要证据不足，适用法律、法规错误，违反法定程序，或者超越职权、滥用职权，人民法院应判决撤销或部分撤销，同时可判决税务机关重新做出具体行政行为。

3. 履行判决

税务机关不履行或拖延履行法定职责的，判决其在一定期限内履行。

4. 变更判决

税务行政处罚显失公正的，可以判决变更。

对一审人民法院的判决不服，当事人可以上诉。对发生法律效力的判决，当事人必须执行，否则人民法院有权依对方当事人的申请予以强制执行。

第五章　增值税

🌑 第一节　增值税概述

增值税是以商品（含应税劳务和应税服务）在流转过程中产生的增值额作为征税对象而征收的一种流转税。按我国增值税法的规定，增值税是对在我国境内销售货物或者提供加工、修理修配劳务，交通运输业、邮政业、电信业、部分现代服务业，以及进口货物的单位和个人，就其应税销售额计算税款，并实行税款抵扣制的一种流转税。

增值税具有如下特点：①以增值额为课税对象。从征税对象看，增值税是以增值额而不是以销售全额为课税对象。以增值额为课税对象是增值税最基本的特点。②实行普遍征税。无论是从横向看还是从纵向看，都有着广阔的税基。从生产经营的横向关系看，无论工业、商业或者劳务服务活动，只要有增值收入就要纳税；从生产经营的纵向关系看，每一货物无论经过多少生产经营环节，都要按各道环节上发生的增值额逐次征税。③实行多环节征税。从纳税环节看，增值税实行多环节征税，即在生产、批发、零售、劳务提供和进口等各个经营环节分别课税，而不是只在某一环节征税。

当前，增值税作为我国第一大流转税，能够平衡税负，促进公平竞争；既便于对出口商品退税，又可避免对进口商品征税不足；在组织财政收入上具有稳定性和及时性；在税收征管上可以相互制约，交叉审计，避免发生偷税现象；真正体现了税负公平。

一、增值税的纳税义务人和扣缴义务人

（一）纳税义务人的一般规定

按照《中华人民共和国增值税暂行条例》（以下简称《增值税暂行条例》）和"营改增"的规定，凡在中华人民共和国境内销售货物，提供应税劳务、应税服务以及进口货物的单位和个人，为增值税的纳税人。

"境内"是指销售货物的起运地或者所在地在境内，提供的应税劳务、应税服务发生在境内。

"单位"是指企业、行政单位、事业单位、军事单位、社会团体及其他单位。"个人"是指个体工商户和其他个人。

在境内销售或进口货物、提供应税劳务的单位租赁或者承包给其他单位或者个人经营的，以承租人或者承包人为纳税人。

（二）小规模纳税人和一般纳税人的划分

为了便于增值税的征收管理并简化计税，我国将增值税纳税人划分为小规模纳税人与一般纳税人。

1. 小规模纳税人

小规模纳税人是指年销售额在规定标准以下，并且会计核算不健全，不能按规定报送有关税务资料的增值税纳税人。所称会计核算不健全，是指不能正确核算增值税的销项税额、进项税额和应纳税额。

根据《增值税暂行条例》和"营改增"的相关文件规定，小规模纳税人的认定标准是：

（1）从事货物生产或者提供应税劳务的纳税人，以及以从事货物生产或者提供应税劳务为主，兼营货物批发或者零售的纳税人，年应征增值税销售额（以下简称应税销售额）在 50 万元以下（含本数，下同）的。"以从事货物生产或者提供应税劳务为主"是指纳税人的年货物生产或者提供应税劳务的销售额占年应税销售额的比重在 50% 以上。上述情况以外（不含销售服务）的纳税人，年应税销售额在 80 万元以下的。

（2）销售服务、不动产和无形资产的纳税人，年应税销售额在 500 万元以下的。

（3）年应税销售额超过小规模纳税人标准的其他个人，不经常发生应税行为的行政事业单位。

2. 一般纳税人

一般纳税人是指年应纳增值税销售额超过增值税法规定的小规模纳税人标准的企业和企业性单位。一般纳税人应按规定办理资格登记。

年应税销售额未超过规定标准以及新开业的纳税人，若符合规定条件（有固定

经营场所，能够准确提供税务核算资料），也可以向主管税务机关申请办理一般纳税人资格登记。小规模纳税人会计核算健全的（按照国家统一会计制度规定设置账簿，根据合法、有效会计凭证进行会计核算），也可以向主管税务机关申请办理一般纳税人资格登记。一经认定为一般纳税人后，不得再转为小规模纳税人。

纳税人兼有销售货物、提供修理修配劳务和应税行为的，应税货物及劳务销售额与应税行为销售额分别计算，分别适用增值税一般纳税人资格登记标准。

增值税一般纳税人必须按规定向税务机关办理认定手续，以取得法定资格。

（三）扣缴义务人

中华人民共和国境外的单位或个人在境内销售货物或提供应税劳务、服务，在境内未设经营机构的，其应纳税款以代理人为扣缴义务人；没有代理人的，以购买者为扣缴义务人。

二、增值税的征税范围

按照税法规定，增值税的征税范围是在中华人民共和国境内销售货物或者提供加工、修理修配劳务以及进口货物。

（一）销售货物

1. 一般销售行为

所谓销售货物，是指有偿转让货物的所有权。"有偿"是指从购买方取得货币、货物或者其他经济利益。"货物"是指有形动产，包括电力、热力、气体在内。

2. 视同销售行为

单位或者个体工商户的下列行为，视同销售货物或提供应税劳务：

（1）将货物交付其他单位或个人代销；

（2）销售代销货物；

（3）设有两个以上机构并实行统一核算的纳税人，将货物从一个机构移送至其他机构用于销售，但相关机构设在同一县（市）的除外；

（4）将自产、委托加工的货物用于非增值税应税项目，用于集体福利或个人消费；

（5）将自产、委托加工或购进的货物作为投资，分配给股东或投资者，无偿赠送他人；

（6）企业将资产用于市场推广、交际应酬、职工奖励、对外捐赠以及其他改变资产所有权权属的情况。

（二）提供加工、修理修配劳务

应税劳务是指纳税人提供的加工、修理修配劳务。加工是指受托加工货物，即委托方提供原料及主要材料，受托方按照委托方的要求制造货物并收取加工费的业务；修理修配是指受托对损伤和丧失功能的货物进行修复，使其恢复原状和功能的业务。提供应税劳务，是指有偿提供加工、修理修配劳务。单位或者个体工商户聘用的员工为本单位或者雇主提供加工、修理修配劳务，不包括在内。

（三）提供应税服务

应税服务，是指陆路运输服务、水路运输服务、航空运输服务、管道运输服务、邮政普遍服务、邮政特殊服务、其他邮政服务、基础电信服务、增值电信服务、研发和技术服务、信息技术服务、文化创意服务、物流辅助服务、有形动产租赁服务、签证咨询服务、广播影视服务。提供应税服务，是指有偿提供应税服务，但不包括非营业活动中提供的应税服务。在境内提供应税服务，是指应税服务提供方在境内。

（四）特殊规定

1. 混合销售

一项销售行为如果既涉及服务又涉及货物，为混合销售。从事货物生产、批发或零售的单位和个体工商户的混合销售行为，按照销售货物缴纳增值税；其他单位和个体工商户的混合销售行为，按照销售服务缴纳增值税。如企业销售自产产品并送货上门，若发生在 2016 年 4 月 30 日前，不属于混合销售，产品销售额和运费分别按 17% 和 11% 计税；若发生在 2016 年 5 月 1 日后，则属于混合销售，销售额和运费按 17% 合并计税。

2. 兼营非增值税应税项目

纳税人兼营销售货物、加工修理修配劳务、服务、无形资产、不动产适用不同税率或者征收率的，应当分别核算适用不同税率或征收率的销售额，未分别核算销售额的，由主管税务机关核定货物或者应税劳务的销售额。

3. 特殊项目

（1）货物期货（包括商品期货和贵金属期货），应当缴纳增值税。纳税人应在期货的实物交割环节纳税。

（2）银行销售金银的业务，应当缴纳增值税。

（3）典当业的死当物品销售业务和寄售业代委托人销售寄售物品的业务，均应缴纳增值税。

（4）电力公司向发电企业收取的过网费，应当缴纳增值税。

（5）对从事热力、电力、燃气、自来水等公用事业的增值税纳税人收取的一次性费用，凡与货物的销售数量有直接关系的，缴纳增值税；凡与货物的销售数量无直接关系的，不缴纳增值税。

（6）印刷企业接受出版单位委托，自行购买纸张，印刷有统一刊号（CN）以及采用国际标准书号编序的图书、报纸和杂志，按货物销售缴纳增值税。

三、增值税的税率及征收率

我国增值税采用比例税率形式。为了发挥增值税的中性作用，原则上增值税的税率应该对不同行业、不同企业实行单一税率，称为基本税率。实践中为照顾一些特殊行业或产品也增设了低税率档次，对出口产品实行零税率。

（一）基本税率

增值税一般纳税人销售或进口货物，提供应税劳务、应税服务，除低税率使用范围外，税率一律为17%。

（二）低税率

1. 13%

增值税一般纳税人销售或者进口下列货物，按13%的低税率计征增值税：农产品、食用植物油、食用盐；自来水、暖气、冷气、热水、煤气、石油液化气、天然气、沼气、居民用煤炭制品；图书、报纸、杂志、音像制品、电子出版物；饲料、化肥、农药、农机、农膜等。

2. 11%

对提供交通运输服务、邮政服务、基础电信服务和建筑服务，转让土地使用权，销售不动产和提供不动产租赁服务的，按11%的低税率计征增值税。

3. 6%

对销售或转让土地使用权之外的其他无形资产，提供增值电信服务、金融服务、生活服务的以及除租赁服务之外的各项现代服务业，按6%的低税率计征增值税。

（三）零税率

纳税人出口货物和财政部、国家税务总局规定的应税服务，税率为零，但是，国务院另有规定的除外。

根据"营改增"的规定，境内单位和个人提供的国际运输、航天运输、向境外单位提供的研发服务和设计服务，境内单位和个人提供的往返我国香港、澳门、台湾的交通运输服务以及在我国香港、澳门、台湾提供的交通运输服务，适用增值税零税率；国际服务外包，实行增值税零税率或免税。境内单位和个人提供期租、承租和湿租服务，如果租赁的交通运输工具用于国际运输服务和我国港澳台运输服务，不适用增值税零税率，由承租方按规定申请适用零税率。

（四）增值税的征收率、预征率

1. 3%

根据"营改增"规定，交通运输业、邮政业、电信业和部分现代服务业营业税改征增值税中的小规模纳税人适用3%的征收率。

2. 5%

小规模纳税人销售其取得（不含自建）的不动产（不含个体户销售购买的住房和其他个人销售不动产），应以取得的全部价款和价外费用减去该项不动产购置原价或取得不动产时的作价后的余额为销售额，按5%的征收率计算应纳税额（差额计税）。

小规模纳税人销售其自建的不动产，应以取得的全部价款和价外费用为销售额，按 5% 的征收率计算应纳税额。

房地产开发企业中的小规模纳税人，销售或出租自行开发的房地产项目，按 5% 的征收率计税；房地产开发企业中的一般纳税人，销售或出租自行开发的房地产老项目，可选择简易计税方法，按 5% 的征收率计税。

3. 2%、3%、5%

一般纳税人跨县（市）提供建筑服务，适用一般计税方法的，以取得的全部价款和价外费用扣除分包款后的余额，在服务发生地，按 2% 的预征率预缴税款。

房地产开发企业采取预收款方式销售所开发的房地产项目，收到预收款时按 3% 的预征率预缴增值税。

房地产开发企业中的一般纳税人销售老项目，适用一般计税方法的，以取得的全部价款和价外费用，在不动产所在地，按 3% 的预征率预缴税款。

房地产开发企业中的一般纳税人，出租其 2016 年 5 月 1 日后自行开发的与机构所在地不在同一县（市）的房地产项目，应按 3% 的预征率在所在地预缴税款。

一般纳税人转让其 2016 年 4 月 30 日前取得的不动产，选择适用简易计税方法计税时，征收率为 5%；选择适用一般计税方法计税时，按预征率 5% 预缴税款。一般纳税人转让其 2016 年 5 月 1 日后取得的不动产，适用一般计税方法，按预征率 5% 预缴税款。

● 第二节　增值税的计算

一、一般纳税人应纳税额的计算

我国目前对一般纳税人采用的一般计税方法是国际上通行的购进扣税法即以当期销项税额抵扣当期进项税额后的余额为应纳税额。其计算公式如下：

应纳税额 = 当期销项税额 - 当期进项税额 = 销售额 × 适用税率 - 当期进项税额

公式中的"应纳税额"是纳税人实际应缴纳的增值税税额，即纳税人当期销项税额抵扣进项税额后的余额。结果为正数时，为纳税人当期应纳税额；结果为负数时，也就是当期销项税额小于当期进项税额而发生不足抵扣时，其不足部分可以结转下期继续抵扣。

可见，当期增值税应纳税额取决于当期销项税额和当期进项税这两个因素。只要确定了当期销项税额和当期可以抵扣的进项税额，就不难计算出应纳税额。

（一）销项税额的计算

销项税额，是指纳税人销售货物、提供应税劳务或应税服务，按照销售额或提供应税劳务和应税服务收入与规定的增值税税率，计算并向购买方收取的增值税税额。其计算公式如下：

$$销项税额＝销售额×适用税率$$

1. 销售额

销售额为纳税人销售货物、提供应税劳务或应税服务向购买方或接受方收取的全部价款和价外费用，但是不包括收取的销项税额。价外费用是指价外向购买方收取的手续费、补贴、基金、集资费、返还利润、奖励费、违约金、滞纳金、延期付款利息、赔偿金、代收款项、代垫款项、包装费、包装物租金、储备费、优质费、运输装卸费以及其他各种性质的价外收费。但是，下列项目不包括在价外费用之内：

（1）受托加工应征消费税的消费品所代收代缴的消费税；

（2）同时符合以下条件的代垫运输费用：承运部门的运输费用发票开具给购买方的，纳税人将该项发票转交给购买方的。

（3）同时符合以下条件代为收取的政府性基金或者行政事业性收费：由国务院或者财政部批准设立的政府性基金，由国务院或者省级人民政府及其财政、价格主管部门批准设立的行政事业性收费；收取时开具省级以上财政部门印制的财政票据；所收款项全额上缴财政。

（4）销售货物的同时代办保险等而向购买方收取的保险费，以及向购买方收取的代购买方缴纳的车辆购置税、车辆牌照费。

（5）以委托方名义开具发票代委托方收取的款项。

如果纳税人在销售货物、提供应税劳务以及销售服务、销售无形资产或者不动产时采用销售额和销项税额合并定价方法，则应将含税销售额换算为不含税销售额。具体计算公式如下：

$$销售额＝含税销售额÷（1＋税率）$$

另外，对增值税一般纳税人向购买方收取的价外费用和逾期包装物押金，应视为含税收入，在征税时也应该按照上述公式换算成不含税收入并入销售额计算增值税销项税额。

纳税人销售货物或提供应税劳务价格明显偏低并无正当理由或者有视同销售货物行为而无销售额的，按下列顺序确定销售额：

第一，按纳税人最近时期同类货物的平均销售价格确定。

第二，按其他纳税人最近时期同类货物的平均销售价格确定。

第三，按组成计税价格确定。

组成计税价格的公式为：

$$组成计税价格＝成本×（1＋成本利润率）$$

对于既征收增值税又征收消费税的货物，其组成计税价格中应加计消费税税额。组成计税价格的公式为：

$$组成计税价格＝成本×（1＋成本利润率）＋消费税税额$$

$$组成计税价格＝成本×（1＋成本利润率）÷（1－消费税比例税率）$$

或者：

$$组成计税价格=\frac{成本×（1+成本利润率）+从量征收消费税税额}{1-消费税比例税率}$$

以上公式的成本是指，销售自产货物的为实际生产成本，销售外购货物的为实际采购成本。公式中的成本利润率为10%，但属于应从价定率征收或复合计征消费税的货物，其组成计税价格公式中的成本利润率为《国家税务总局关于印发<消费税若干具体问题的规定>的通知》（国税发〔1993〕156号）和《财政部、国家税务总局关于调整和完善消费税政策的通知》（财税〔2006〕33号）中规定的成本利润率。

"营改增"试点纳税人销售服务、无形资产或者不动产的价格明显偏低或者偏高且不具有合理商业目的或者发生视同销售服务、无形资产或者不动产而无销售额的，主管税务机关有权按照下列顺序确定销售额：

（1）按照纳税人最近时期销售服务、无形资产或者不动产的平均价格确定。

（2）按照其他纳税人最近时期销售服务、无形资产或者不动产的平均价格确定。

（3）按照组成计税价格确定。

组成计税价格的公式为：

$$组成计税价格=成本×（1+成本利润率）$$

式中，成本利润率由国家税务总局确定。

2. 特殊销售方式下销售额的确定

（1）折扣销售

折扣销售也叫商业折扣，是指销货方在销售货物或应税劳务时，因购货方购货数量较大等原因而给予购货方的价格优惠。根据税法规定，纳税人采取折扣方式销售货物，如果销售额和折扣额在同一张发票上分别注明，可以按折扣后的销售额征收增值税；如果将折扣额另开发票，不论其在财务上如何处理，均不得从销售额中减除折扣额。

销售折扣也叫现金折扣，指销货方在销售货物、提供应税劳务后，为了鼓励购货方及早偿还货款，而协议许诺给予购货方的一种折扣优待。其发生在销货之后，是一种融资性的理财费用，不得从销售额中减除。

销售折让是指货物销售后，由于其品种、质量等原因购货方未予退货，但销货方需给予购货方的一种价格折让。对销售折让，可将折让后的货款作为销售额。

需要注意的是，上述"折扣"，仅限于货物价格的折扣。

（2）以旧换新

以旧换新销售是指纳税人在销售货物时，折价收回同类旧货物，并以折价款部分冲减新货物价款的一种销售方式。根据税法规定，采取以旧换新方式销售货物的，应按新货物的同期销售价格确定销售额，不得扣减旧货物的收购价格。

但是对金银首饰以旧换新业务，可以按销售方实际收取的不含增值税的全部价款征收增值税。

（3）还本销售

还本销售是指纳税人在销售货物后，到一定期限将货款一次或分次退还给购货方全部或部分价款的一种销售方式。这种方式实际上是一种筹资，是以货物换取资金的使用价值，到期还本不付息的方法。根据税法规定，采取还本销售方式销售货物的，其销售额就是货物的销售价格，不得从销售额中减除还本支出。

（4）以物易物

以物易物是指购销双方不是以货币结算，而是以同等价款的货物相互结算，实现货物购销的一种方式。根据税法的规定，以物易物双方都应作购销处理，以各自发出的货物核算销售额并计算销项税额，以各自收到的货物按规定核算购货额并计算进项税额。在以物易物活动中，应分别开具合法的票据，如收到的货物不能取得相应的增值税专用发票或其他合法票据的，不能抵扣进项税额。

（5）包装物押金

销售货物而出租、出借包装物而取得的押金，单独记账核算，时间在1年以内，又未逾期的，不并入销售额征税；因逾期（合同约定或以1年为限）未收回包装物不再退还的押金，应换算为不含税收入按所包装货物的适用税率并入销售额征税。

对销售除啤酒、黄酒外的其他酒类产品收取的包装物押金，无论是否返还以及会计上如何核算，均应并入当期销售额征税。对销售啤酒、黄酒所收取的押金，按上述一般押金的规定处理。

需要注意的是，逾期包装物押金、租金应当作为价外费用（含税收入）处理，需换算成不含税价再并入销售额征税。

（二）进项税额的计算

进项税额是纳税人购进货物或者接受应税劳务支付或者负担的增值税税额。进项税额与销项税额是相互对应的两个概念，在购销业务中，销货方的销项税额就是购货方的进项税额。需要注意的是，并非纳税人支付的所有进项税额都可以在计算应纳税额时从销项税额中抵扣。现行增值税法对于哪些进项税额可以抵扣，哪些进项税额不能抵扣做了专门、严格的规定。

1. 准予从销项税额中抵扣的进项税额

（1）在销售方或者提供方取得的增值税专用发票（含货物运输业增值税转运发票、税控机动车销售统一发票）上注明的增值税税额。

（2）在海关取得的海关进口增值税专用缴款书上注明的增值税税额。

（3）购进农产品，除取得增值税专用发票或者海关进口增值税专用缴款书外，按照农产品收购发票或者销售发票上注明的农产品买价和13%的扣除率计算的进项税额。计算公式为：

$$进项税额 = 买价 \times 扣除率$$

（4）接受境外单位或者个人提供的应税服务，在税务机关或者境内代理人取得的解缴税款的完税凭证（简称税收缴款凭证）上注明的增值税税额。

2. 不得从销项税额中抵扣的进项税额

纳税人购进货物或者接受应税劳务和应税服务，取得的增值税扣税凭证不符合法律、行政法规或者国家税务总局有关规定的，其进项税额不得从销项税额中抵扣。

（1）简易计税方法计税项目、非增值税项目、免征增值税项目、集体福利或者个人消费的购进货物或者应税劳务。

（2）非正常损失的购进货物及相关的应税劳务。

（3）非正常损失的在产品、产成品所耗用的购进货物或者应税劳务。

（4）非正常损失的不动产以及该不动产所耗用的购进货物、设计服务和建筑服务。

（5）非正常损失的不动产在建工程所耗用的购进货物、设计服务和建筑服务。

（6）财政部和国家税务总局规定的其他情形。

非正常损失是指因管理不善造成被盗、丢失、霉烂变质的损失，以及因违反法律法规造成货物或者不动产被依法没收、销毁、拆除的情形。

一般纳税人应纳税额计算案例：

【例5-1】某工业企业（一般纳税人），2016年10月购销业务情况如下：

（1）购进生产原料一批，已验收入库，取得增值税专用发票上注明的价、税款分别为23万元和3.9万元；

（2）购进钢材20吨，已验收入库，取得增值税专用发票上注明的价、税款分别为8万元和1.36万元；

（3）将本月外购20吨钢材及库存的同价钢材20吨移送本企业修建产品仓库工程使用；

（4）销售产品一批，货已发出并办妥托收手续，但货款未到，在向买方开具的专用发票上注明销售额42万元；

（5）直接向农民收购用于生产加工的农产品一批，在经税务机关批准的收购凭证上注明价款为42万元，同时按规定缴纳了收购环节农业特产税2.1万元。

（6）期初留抵进项税额0.5万元。

计算该企业当期应纳增值税税额或期末留抵进项税额。

解析：

（1）当期进项税额=3.9+1.36+（42+2.1）×13%-（1.36×2）=8.273（万元）

（2）当期销项税额=42×17%=7.14（万元）

（3）当期应纳税额=7.14-8.273-0.5=-1.633（万元）

（4）期末留抵进项税额为1.633万元。

当期进项税额大于销项税额的，其留抵税额结转下期抵扣，预征税额大于应纳税额的，在下期增值税应纳税额中抵减。

二、简易计税方法

简易计税方法的应纳税额是指按照销售额和增值税征收率计算的增值税税额，不得抵扣进项税额。应纳税额的计算公式为：

$$应纳税额 = 销售额 × 征收率$$

简易计税方法的销售额不包括应纳税额，纳税人采用销售额和应纳税额合并定价方法的，按照下列公式计算销售额：

$$销售额 = 含税销售额 ÷ （1 + 征收率）$$

根据"营改增"的规定，一般纳税人应该按照一般计税方法计算缴纳增值税。但是，试点纳税人中的一般纳税人提供公共交通运输服务的，包括轮客渡、公交客运、轨道交通、出租车、长途客车、班车的，试点纳税人中的一般纳税人以该地区试点实施之日前购进或者自制的有形动产为标的提供经营租赁业务等的，试点期间可以选择按照简易征收办法计算缴纳增值税。

三、小规模纳税人应纳税额的计算

小规模纳税人销售货物、提供应税劳务以及销售服务、销售无形资产或者不动产的，适用简易计税方法计税，不得抵扣进项税额，按照销售额和增值税征收率计算的增值税税额为应纳税额。

计算公式为：

$$应纳税额 = 销售额 × 征收率$$

小规模纳税人销售货物或者提供应税劳务采用销售额和应纳税额合并定价方法的，按下列公式计算销售额：

$$销售额 = 含税销售额 ÷ （1 + 征收率）$$

小规模纳税人因销售货物退回或者折让退还给购买方的销售额，应从发生销售货物退回或者折让当期的销售额中扣减。

【例5-2】某食品加工厂为小规模纳税人，本月销售产品收入为30 000元。本月购进原材料、动力等支付价款10 000元，专用发票上注明增值税税额为100元。计算本月应纳增值税税额。

解析：

（1）本月应税销售额 = 30 000 ÷ （1 + 3%） = 29 126.21（元）

（2）本月应纳增值税 = 29 126.21 × 3% = 873.79（元）

四、进口货物应纳税额的计算

纳税人进口货物，按照组成计税价格和规定的税率计算应纳税额，不得抵扣税额。其计算公式为：

$$组成计税价格＝关税完税价格＋关税＋消费税$$
$$应纳税额＝组成计税价格×税率$$

一般贸易下进口货物的关税完税价格以海关审定的成交价格为基础的到岸价格作为完税价格。所谓成交价格，是一般贸易项下进口货物的买方为购买该项货物向卖方实际支付或应当支付的价格；到岸价格，即货价加上货物运抵我国关境内输入地点起卸前的包装费、运费、保险费和其他劳务费等费用而构成的一种价格。

【例5-3】某进出口公司为一般纳税人，2016年1月报送进口电子游戏机200台（非消费税应税产品），关税完税价格为60 000元，关税税额为78 000元。已交进口关税和海关代征的增值税，并已取得增值税完税凭证。当月对外售出180台，每台不含税售价为1 000元。试计算该公司当月进口环节和销售环节应纳增值税税额。

解析：

进口环节＝（60 000+78 000）×17%＝23 460（元）——进项税额

销售环节＝180×1 000×17%＝30 600（元）——销项税额

应纳税额＝30 600-23 460＝7 140（元）

五、增值税的会计处理

一般纳税人进行增值税会计处理，应在"应交税费"账户下设置"应交税费——应交增值税"和"应交税费——未交增值税"两个明细账户。

（一）"应交税费——应交增值税"各会计科目核算的内容和要求

（1）"销项税额"专栏，平时核算（年末抵冲时除外，下同）只允许贷方出现数据。"销项税额"专栏记录企业销售货物或提供应税劳务应收取的增值税税额。企业销售货物或提供应税劳务应收取的销项税额，用蓝字在贷方登记；退回销售货物应冲销的销项税额，用红字（负数）在贷方登记。

（2）"出口退税"专栏，平时核算只允许贷方出现数据。"出口退税"专栏记录企业出口适用零税率的货物，向海关办理报关出口手续后，凭出口报关单等有关凭证，向税务机关办理退税而收到退回的税款。出口货物退回的增值税税额，用蓝字在贷方登记；出口货物办理退税后发生退货或者退关而补交已退的增值税款，用红字（负数）在贷方登记。

（3）"进项税额转出"专栏，平时核算只允许贷方出现数据。"进项税额转出"专栏记录企业的购进货物、在产品、产成品等发生非正常损失以及其他原因（比如出口退税税率差引起的转出）而不应从销项税额中抵扣，按规定转出的进项税额。

（4）"转出多交增值税"专栏，平时核算只允许贷方出现数据。"转出多交增值税"专栏记录企业月终将当月多交的增值税予以转出的金额。

（5）"进项税额"专栏，平时核算只允许借方出现数据。"进项税额"主要记录企业购入货物或接受应税劳务而支付的、准予从销项税额中抵扣的增值税税额（实务操作中应是反映已经在税务局认证通过准予抵扣的进项税额）。企业购入货物或接受应税劳务支付的进项税额，用蓝字登记；退回所购货物应冲销的进项税额，用红字登记。

（6）"已交税金"专栏，平时核算只允许借方出现数据。"已交税金"专栏记录企业本月预缴增值税税额。（该科目原来是预留给出口企业按4%预交增值税用的，因该法规目前已经取消，所以目前的实务操作中大多数企业该专栏已经不使用；部分与地方税务局统筹考虑的仍有预缴）

（7）"减免税款"专栏，平时核算只允许借方出现数据。"减免税款"专栏记录企业经主管税务机关批准，实际减免的增值税税额。

（8）"出口抵减内销产品应纳税额"专栏，平时核算只允许借方出现数据。"出口抵减内销产品应纳税额"专栏记录企业按国务院规定的退税率计算的出口货物的进项税额抵减内销产品的应纳税额。

（9）"转出未交增值税"专栏，平时核算只允许借方出现数据。"转出未交增值税"专栏记录企业月终将当月发生的应交未交增值税予以转出的金额。

（10）"待抵扣进项税"专栏，平时核算只允许借方出现数据。"待抵扣进项税"专栏用于核算月底收到的采购增值税发票但未来得及拿到税务局认证的进项税额。次月待增值税票拿到税务局认证后，需要将对应的进项税额从该科目转到"进项税额"专栏。

（二）"应交税费——未交增值税"科目的核算

1. 一般纳税人的处理

（1）正常购售

借：应收账款

　贷：主营业务收入

　　　应交税费——应交增值税——销项税额

借：存货

　　　应交税费——应交增值税——进项税额

　　贷：应付账款

（2）月末若销项税额等贷方科目>进项税额等借方科目发生数

借：应交税费——应交增值税——转出未交增值税

　　贷：应交税费——未交增值税

（3）月末若进项税额等借方科目>销项税额等贷方科目发生数，不需要做账务处理，留抵待以后抵扣就可以了。

（4）次月缴纳增值税时

借：应交税费——未交增值税

　　贷：银行存款

（5）如购入存货用于非税项目，则进项要转出

借：应交税费——应交增值税——进项税额

　　贷：应交税费——应交增值税——进项税额

（6）如税务局要求预缴

借：应交税费——应交增值税——已交税金

　　贷：银行存款

如果预缴多于当月应缴，理论上，可以要求国家退款，做会计分录：

借：应交税费——未交增值税

　　贷：应交税费——应交增值税——转出多交增值税

实际收到退款时（月底"应交税费——应交增值税"余额为零）：

借：银行存款

　　贷：应交税费——未交增值税

（7）出口退税，先抵、再退

借：应交税费——应交增值税——出口抵减内销产品应纳税额（银行存款）

　　贷：应交税费——应交增值税——出口退税

（8）享受减免政策的

借：应交税费——应交增值税——出口退税

　　贷：补贴收入（营业外收入之类）

（9）月底收到的采购增值税发票但未来得及拿到税务局认证的进项税额

借：存货

　　　应交税费——应交增值税——待抵扣进项税

　　贷：应付账款等

次月取得认证：

借：应交税费——应交增值税——进项税额（蓝字）

　　贷：应交税费——应交增值税——待抵扣进项税额（借方为负数（红字））

2. 小规模纳税人的核算

（1）月末计提应缴纳的增值税时

借：应收账款

　　贷：主营业务收入

　　　　应交税费——未交增值税

（2）月初上交上月应缴纳的增值税时

借：应交税费——未交增值税

　　贷：银行存款

第三节　增值税的申报缴纳

一、纳税申报提交材料

一般纳税人进行增值税纳税申报，必须实行电子信息采集。使用防伪税控系统开具增值税专用发票的纳税人必须在抄报税成功后，方可进行纳税申报。纳税申报材料包括纳税申报表及其附列资料和纳税申报其他资料两类。

（一）纳税申报表及其附列资料

1. 增值税一般纳税人（以下简称一般纳税人）纳税申报表及其附列资料

（1）增值税纳税申报表（适用于增值税一般纳税人）；

（2）增值税纳税申报表附列资料（一）（本期销售情况明细）；

（3）增值税纳税申报表附列资料（二）（本期进项税额明细）；

（4）增值税纳税申报表附列资料（三）（应税服务扣除项目明细）；

一般纳税人提供营业税改征增值税的应税服务，按照国家有关营业税政策规定差额征收营业税的，需填报增值税纳税申报表附列资料（三）。其他一般纳税人不填写该附列资料。

（5）固定资产进项税额抵扣情况表。

2. 增值税小规模纳税人（以下简称小规模纳税人）纳税申报表及其附列资料

（1）增值税纳税申报表（适用于增值税小规模纳税人）；

（2）增值税纳税申报表（适用于增值税小规模纳税人）附列资料。

小规模纳税人提供营业税改征增值税的应税服务，按照国家有关营业税政策规定差额征收营业税的，需填报增值税纳税申报表（适用于增值税小规模纳税人）附列资料。

其他小规模纳税人不填写该附列资料。

（二）纳税申报其他资料

（1）已开具的税控机动车销售统一发票和普通发票的存根联；

（2）符合抵扣条件且在本期申报抵扣的防伪税控增值税专用发票、货物运输业增值税专用发票、税控机动车销售统一发票、公路、内河货物运输业统一发票的抵扣联；

（3）符合抵扣条件且在本期申报抵扣的海关进口增值税专用缴款书、购进农产品取得的普通发票、运输费用结算单据的复印件；

（4）符合抵扣条件且在本期申报抵扣的代扣代缴增值税的税收通用缴款书及其清单，书面合同、付款证明和境外单位的对账单或者发票；

（5）已开具的农产品收购凭证的存根联或报查联；

（6）应税服务扣除项目的合法凭证及其清单；

（7）主管税务机关规定的其他资料。

纳税申报表及其附列资料为必报资料，其纸质资料的报送份数、期限由市（地）国税机关确定；纳税申报备查资料是否需要在当期报送、如何报送由主管国税机关确定。

国家税务总局规定特定纳税人（如成品油零售企业，机动车生产、经销企业，农产品增值税进项税额抵扣试点企业，废旧物资经营企业，电力企业等）填报的特定申报资料，仍按现行要求填报。

二、增值税纳税申报表的填写

（一）一般纳税人

增值税纳税申报表格式如表5-1所示。

表5-1 增值税纳税申报表

（适用于增值税一般纳税人）

根据《中华人民共和国增值税暂行条例》第二十二条和第二十三条的规定制定本表。纳税人不论有无销售额，均应按主管税务机关核定的纳税期限按期填报本表，并于次月一日起十五日内，向当地税务机关申报。

税款所属时间：　年　月　日至　年　月　日　填表日期：　年　月　日

纳税人识别号：　　　　　　　　　　　　　　　　金额单位：元（列至角分）

纳税人名称		法定代表人姓名		注册地址		营业地址	
开户银行及账号		企业登记注册类型				电话号码	

表 5-1（续）

项目		栏次	一般货物及劳务和应税服务		即征即退货物及劳务和应税服务	
			本月数	本年累计	本月数	本年累计
销售额	（一）按适用税率征税货物及劳务销售额	1				
	其中：应税货物销售额	2				
	应税劳务销售额	3				
	纳税检查调整的销售额	4			—	—
	（二）按简易征收办法征税货物销售额	5			—	—
	其中：纳税检查调整的销售额	6			—	—
	（三）免、抵、退办法出口货物销售额	7			—	—
	（四）免税货物及劳务销售额	8			—	—
	其中：免税货物销售额	9			—	—
	免税劳务销售额	10			—	—
税款计算	销项税额	11				
	进项税额	12				
	上期留抵税额	13				
	进项税额转出	14				
	免、抵、退货物应退税额	15			—	—
	按适用税率计算的纳税检查应补缴税额	16			—	—
	应抵扣税额合计	17＝12+13-14-15+16			—	—
	实际抵扣税额	18（如 17＜11，则为17，否则为11）				
	应纳税额	19＝11-18				
	期末留抵税额	20＝17-18				—
	简易征收办法计算的应纳税额	21				
	按简易征收办法计算的纳税检查应补缴税额	22			—	—
	应纳税额减征额	23				
	应纳税额合计	24＝19+21-23				

79

表5-1(续)

税款缴纳	期初未缴税额（多缴为负数）	25			
	实收出口开具专用缴款书退税额	26		—	—
	本期已缴税额	27 = 28+29+ 30+31			
	①分次预缴税额	28		—	—
	②出口开具专用缴款书预缴税额	29		—	—
	③本期缴纳上期应纳税额	30			
	④本期缴纳欠缴税额	31			
	期末未缴税额（多缴为负数）	32 = 24+25+ 26−27			
	其中：欠缴税额（≥0）	33 = 25 + 26 −27			—
	本期应补（退）税额	34 = 24 − 28 −29			
	即征即退实际退税额	35			
税款缴纳	期初未缴查补税额	36		—	—
	本期入库查补税额	37		—	—
	期末未缴查补税额	38 = 16+22+ 36−37		—	—

授权声明	如果你已委托代理人申报，请填写下列资料： 为代理一切税务事宜，现授权 （地址）为本纳税人的代理申报人，任何与本申报表有关的往来文件，都可寄予此人。 授权人签字：	申报人声明	此纳税申报表是根据《中华人民共和国增值税暂行条例》的规定填报的，我相信它是真实的、可靠的、完整的。 声明人签字：
以下由税务机关填写：			
收到日期：	接收人：		主管税务机关盖章：

增值税纳税申报表（适用于增值税一般纳税人）填表说明：

1. "税款所属时间"：指纳税人申报的增值税应纳税额的所属时间，应填写具体的起止年、月、日。

2. "填表日期"：指纳税人填写本表的具体日期。

3. "纳税人识别号"：填写税务机关为纳税人确定的识别号，即税务登记证号码。

4. "所属行业"：按照国民经济行业分类与代码中的小类行业填写。

5. "纳税人名称"：填写纳税人单位名称全称。

6. "法定代表人姓名"：填写纳税人法定代表人的姓名。

7. "注册地址"：填写纳税人税务登记证上所注明的详细地址。

8. "营业地址"：填写纳税人营业地的详细地址。

9. "开户银行及账号"：填写纳税人开户银行的名称和纳税人在该银行的结算账户号码。

10. "企业登记注册类型"：按税务登记证填写。

11. "电话号码"：填写可联系到纳税人的实际电话号码。

12. "即征即退货物及劳务和应税服务"：反映纳税人按照税法规定享受增值税即征即退税收优惠政策的货物及劳务和应税服务的征（退）税数据。

13. "一般货物及劳务和应税服务"：反映除享受增值税即征即退税收优惠政策以外的货物及劳务和应税服务的征（免）税数据。

14. "本年累计"：除第 13 栏 "上期留抵税额"、第 18 栏 "实际抵扣税额" 以及 "一般货物及劳务和应税服务" 列第 20、25、32、36、38 栏外，"本年累计" 列中其他各栏次，均填写本年度内各月 "本月数" 之和。

15. 第 1 栏 "（一）按适用税率征税货物及劳务销售额"：反映纳税人本期按一般计税方法计算缴纳增值税的销售额。它包含在财务上不作销售但按税法规定应缴纳增值税的视同销售和价外费用的销售额，外贸企业作价销售进料加工复出口货物的销售额，税务、财政、审计部门检查按一般计税方法计算调整的销售额。

营业税改征增值税的纳税人，应税服务有扣除项目的，本栏应填写扣除之前的不含税销售额。

本栏 "一般货物及劳务和应税服务" 列 "本月数"＝附列资料（一）第 9 列第 1 至 5 行之和－第 9 列第 6、7 行之和；本栏 "即征即退货物及劳务和应税服务" 列 "本月数"＝附列资料（一）第 9 列第 6、7 行之和。

16. 第 2 栏 "其中：应税货物销售额"：反映纳税人本期按适用税率缴纳增值税的应税货物的销售额。它包含在财务上不作销售但按税法规定应缴纳增值税的视同销售货物和价外费用的销售额，以及外贸企业作价销售进料加工复出口的货物。

17. 第 3 栏 "其中：应税劳务销售额"：反映纳税人本期按适用税率缴纳增值税的应税劳务的销售额。

18. 第 4 栏 "其中：纳税检查调整的销售额"：反映纳税人因税务、财政、审计部门检查，并按一般计税方法在本期计算调整的销售额。但享受即征即退税收优惠政策的货物及劳务和应税服务，经纳税检查发现偷税的，不填入 "即征即退货物及劳务和应税服务" 列，而应填入 "一般货物及劳务和应税服务" 列。

营业税改征增值税的纳税人，应税服务有扣除项目的，本栏应填写扣除之前的不含税销售额。

本栏 "一般货物及劳务和应税服务" 列 "本月数"＝附列资料（一）第 7 列第 1 至 5 行之和。

19. 第 5 栏 "（二）按简易征收办法征税货物销售额"：反映纳税人本期按简易计税方法征收增值税的销售额。包含纳税检查调整按简易计税方法征收增值税的销售额。

营业税改征增值税的纳税人，应税服务有扣除项目的，本栏应填写扣除之前的不含税销售额。

本栏"一般货物及劳务和应税服务"列"本月数"≥附列资料（一）第9列第8至13行之和-第9列第14、15行之和，本栏"即征即退货物及劳务和应税服务"列"本月数"≥附列资料（一）第9列第14、15行之和。

20. 第6栏"其中：纳税检查调整的销售额"：反映纳税人因税务、财政、审计部门检查，并按简易计税方法在本期计算调整的销售额。但享受即征即退收优惠政策的货物及劳务和应税服务，经纳税检查发现偷税的，不填入"即征即退货物及劳务和应税服务"列，而应填入"一般货物及劳务和应税服务"列。

营业税改征增值税的纳税人，应税服务有扣除项目的，本栏应填写扣除之前的不含税销售额。

21. 第7栏"免、抵、退办法出口货物销售额"：反映纳税人本期执行免、抵、退税办法的出口货物、劳务和应税服务的销售额。

营业税改征增值税的纳税人，应税服务有扣除项目的，本栏应填写扣除之前的销售额。

本栏"一般货物及劳务和应税服务"列"本月数"=附列资料（一）第9列第16、17行之和。

22. 第8栏"（四）免税货物及劳务销售额"：反映纳税人本期按照税法规定免征增值税的销售额和适用零税率的销售额，但零税率的销售额中不包括适用免、抵、退税办法的销售额。

营业税改征增值税的纳税人，应税服务有扣除项目的，本栏应填写扣除之前的免税销售额。

本栏"一般货物及劳务和应税服务"列"本月数"=附列资料（一）第9列第18、19行之和。

23. 第9栏"其中：免税货物销售额"：反映纳税人本期按照税法规定免征增值税的货物的销售额及适用零税率的货物的销售额，但不包括适用免、抵、退办法出口货物的销售额。

24. 第10栏"免税劳务销售额"：反映纳税人本期按照税法规定免征增值税的劳务的销售额及适用零税率的劳务的销售额，但不包括适用免、抵、退办法的劳务的销售额。

25. 第11栏"销项税额"：反映纳税人本期按一般计税方法征税的货物及劳务和应税服务的销项税额。

营业税改征增值税的纳税人，应税服务有扣除项目的，本栏应填写扣除之后的销项税额。

本栏"一般货物及劳务和应税服务"列"本月数"=附列资料（一）第10列第1、3行之和-10列第6行+第14列第2、4、5行之和-第14列第7行；

本栏"即征即退货物及劳务和应税服务"列"本月数"=附列资料（一）第10列第6行+第14列第7行。

26. 第12栏"进项税额"：反映纳税人本期申报抵扣的进项税额。

本栏"一般货物及劳务和应税服务"列"本月数"+"即征即退货物及劳务和应税服务"列"本月数"=附列资料（二）第12栏"税额"。

27. 第13栏"上期留抵税额"：

（1）上期留抵税额按规定须挂账的纳税人，按以下要求填写本栏的"本月数"和"本年累计"。

上期留抵税额按规定须挂账的纳税人是指试点实施之日前一个税款所属期的申报表第20栏"期末留抵税额""一般货物及劳务和应税服务"列"本月数"大于零，且兼有营业税改征增值税应税服务的纳税人，下同。其试点实施之日前一个税款所属期的申报表第20栏"期末留抵税额""一般货物及劳务和应税服务"列"本月数"，以下称为货物和劳务挂账留抵税额。

①本栏"一般货物及劳务和应税服务"列"本月数"：试点实施之日的税款所属期填写"0"；以后各期按上期申报表第20栏"期末留抵税额""一般货物及应税服务"列"本月数"填写。

②本栏"一般货物及劳务和应税服务"列"本年累计"：反映货物和劳务挂账留抵税额本期期初余额。试点实施之日的税款所属期按试点实施之日前一个税款所属期的申报表第20栏"期末留抵税额""一般货物及劳务和应税服务"列"本月数"填写；以后各期按上期申报表第20栏"期末留抵税额""一般货物及劳务和应税服务"列"本年累计"填写。

③本栏"即征即退货物及劳务和应税服务"列"本月数"：按上期申报表第20栏"期末留抵税额""即征即退货物及劳务和应税服务"列"本月数"填写。

（2）其他纳税人，按以下要求填写本栏"本月数"和"本年累计"：

其他纳税人是指除上期留抵税额按规定须挂账的纳税人之外的纳税人，下同。

①本栏"一般货物及劳务和应税服务"列"本月数"：按上期申报表第20栏"期末留抵税额""一般货物及劳务和应税服务"列"本月数"填写。

②本栏"一般货物及劳务和应税服务"列"本年累计"：填写"0"。

③本栏"即征即退货物及劳务和应税服务"列"本月数"：按上期申报表第20栏"期末留抵税额""即征即退货物及劳务和应税服务"列"本月数"填写。

28. 第14栏"进项税额转出"：反映纳税人已经抵扣按税法规定本期应转出的进项税额。

本栏"一般货物及劳务和应税服务"列"本月数"+"即征即退货物及劳务和应税服务"列"本月数"=附列资料（二）第13栏"税额"。

29. 第15栏"免、抵、退应退税额"：反映税务机关退税部门按照出口货物、劳务和应税服务免、抵、退办法审批的增值税应退税额。

30. 第16栏"按适用税率计算的纳税检查应补缴税额"：反映按一般计税方法计算征税的纳税检查应补缴的增值税税额。

本栏"一般货物及劳务和应税服务"列"本月数"≤附列资料（一）第8列第1至5行之和+附列资料（二）第19栏。

31. 第17栏"应抵扣税额合计"：反映纳税人本期应抵扣进项税额的合计数，按表中所列公式计算填写。

32. 第18栏"实际抵扣税额"：

（1）上期留抵税额按规定须挂账的纳税人，按以下要求填写本栏的"本月数"和"本年累计"：

①本栏"一般货物及劳务和应税服务"列"本月数"：按表中所列公式计算填写。

②本栏"一般货物及劳务和应税服务"列"本年累计"：反映货物和劳务挂账留抵税额本期实际抵减一般货物和劳务应纳税额的数额。将"货物和劳务挂账留抵税额本期期初余额"与"一般计税方法的一般货物及劳务应纳税额"两个数据相比较，取二者中小的数据。

其中：货物和劳务挂账留抵税额本期期初余额=第13栏"上期留抵税额""一般货物及劳务和应税服务"列"本年累计"；

其中：一般计税方法的一般货物及劳务应纳税额=（第11栏"销项税额""一般货物及劳务

和应税服务"列"本月数"-第18栏"实际抵扣税额""一般货物及劳务和应税服务"列"本月数")×一般货物及劳务销项税额比例;

一般货物及劳务销项税额比例=(附列资料(一)第10列第1、3行之和-第10列第6行)÷第11栏"销项税额""一般货物及劳务和应税服务"列"本月数"×100%。

③本栏"即征即退货物及劳务和应税服务"列"本月数":按表中所列公式计算填写。

(2)其他纳税人,按以下要求填写本栏的"本月数"和"本年累计":

①本栏"一般货物及劳务和应税服务"列"本月数":按表中所列公式计算填写。

②本栏"一般货物及劳务和应税服务"列"本年累计":填写"0"。

③本栏"即征即退货物及劳务和应税服务"列"本月数":按表中所列公式计算填写。

33. 第19栏"应纳税额":反映纳税人本期按一般计税方法计算并应缴纳的增值税税额。按以下公式计算填写:

(1)本栏"一般货物及劳务和应税服务"列"本月数"=第11栏"销项税额""一般货物及劳务和应税服务"列"本月数"-第18栏"实际抵扣税额""一般货物及劳务和应税服务"列"本月数"-第18栏"实际抵扣税额""一般货物及劳务和应税服务"列"本年累计"。

(2)本栏"即征即退货物及劳务和应税服务"列"本月数"=第11栏"销项税额""即征即退货物及劳务和应税服务"列"本月数"-第18栏"实际抵扣税额""即征即退货物及劳务和应税服务"列"本月数"。

34. 第20栏"期末留抵税额":

(1)上期留抵税额按规定须挂账的纳税人,按以下要求填写本栏的"本月数"和"本年累计":

①本栏"一般货物及劳务和应税服务"列"本月数":反映试点实施以后,一般货物及劳务和应税服务共同形成的留抵税额,按表中所列公式计算填写。

②本栏"一般货物及劳务和应税服务"列"本年累计":反映货物和劳务挂账留抵税额,在试点实施以后抵减一般货物和劳务应纳税额后的余额。按以下公式计算填写:

本栏"一般货物及劳务和应税服务"列"本年累计"=第13栏"上期留抵税额""一般货物及劳务和应税服务"列"本年累计"-第18栏"实际抵扣税额""一般货物及劳务和应税服务"列"本年累计"。

③本栏"即征即退货物及劳务和应税服务"列"本月数":按表中所列公式计算填写。

(2)其他纳税人,按以下要求填写本栏"本月数"和"本年累计":

①本栏"一般货物及劳务和应税服务"列"本月数":按表中所列公式计算填写。

②本栏"一般货物及劳务和应税服务"列"本年累计":填写"0"。

③本栏"即征即退货物及劳务和应税服务"列"本月数":按表中所列公式计算填写。

35. 第21栏"简易征收办法计算的应纳税额":反映纳税人本期按简易计税方法计算并应缴纳的增值税税额,但不包括按简易计税方法计算的纳税检查应补缴税额。按以下公式计算填写:

本栏"一般货物及劳务和应税服务"列"本月数"=附列资料(一)第10列第8、9、10、11、13行之和-10列第14行+第14列第12行-第14列第15行

本栏"即征即退货物及劳务和应税服务"列"本月数"=附列资料(一)10列第14行+第14列第15行。

36. 第22栏"按简易征收办法计算的纳税检查应补缴税额":反映纳税人本期因税务、财政、

审计部门检查并按简易计税方法计算的纳税检查应补缴税额。

37. 第23栏"应纳税额减征额"：反映纳税人本期按照税法规定减征的增值税应纳税额，包含按税法规定可在增值税应纳税额中全额抵减的增值税税控系统专用设备费用以及技术维护费。

当本期减征额小于或等于第19栏"应纳税额"与第21栏"简易征收办法计算的应纳税额"之和时，按本期减征额实际填写；当本期减征额大于第19栏"应纳税额"与第21栏"简易征收办法计算的应纳税额"之和时，按本期第19栏与第21栏之和填写。本期减征额不足抵减部分结转下期继续抵减。

38. 第24栏"应纳税额合计"：反映纳税人本期应缴增值税的合计数，按表中所列公式计算填写。

39. 第25栏"期初未缴税额（多缴为负数）"："本月数"按上一税款所属期申报表第32栏"期末未缴税额（多缴为负数）""本月数"填写。"本年累计"按上年度最后一个税款所属期申报表第32栏"期末未缴税额（多缴为负数）""本年累计"填写。

40. 第26栏"实收出口开具专用缴款书退税额"：本栏不填写。

41. 第27栏"本期已缴税额"：反映纳税人本期实际缴纳的增值税税额，但不包括本期入库的查补税款，按表中所列公式计算填写。

42. 第28栏"①分次预缴税额"：反映纳税人本期已缴纳的准予在本期增值税应纳税额中抵减的税额。营业税改征增值税总机构试点纳税人，按照税法规定从本期增值税应纳税额中抵减的分支机构已缴纳的增值税和营业税税款，也填入本栏。

43. 第29栏"②出口开具专用缴款书预缴税额"：本栏不填写。

44. 第30栏"③本期缴纳上期应纳税额"：反映纳税人本期缴纳上一税款所属期应缴未缴的增值税税额。

45. 第31栏"④本期缴纳欠缴税额"：反映纳税人本期实际缴纳和留抵税额抵减的增值税欠税额，但不包括缴纳入库的查补增值税税额。

46. 第32栏"期末未缴税额（多缴为负数）"："本月数"反映纳税人本期期末应缴未缴的增值税税额，但不包括纳税检查应缴未缴的税额，按表中所列公式计算填写。"本年累计"栏与"本月数"栏数据相同。

47. 第33栏"其中：欠缴税额（≥0）"：反映纳税人按照税法规定已形成欠税的增值税税额，按表中所列公式计算填写。

48. 第34栏"本期应补（退）税额"：反映纳税人本期应纳税额中应补缴或应退回的数额，按表中所列公式计算填写。

49. 第35栏"即征即退实际退税额"：反映纳税人本期因符合增值税即征即退优惠政策规定，而实际收到的税务机关退回的增值税税额。

50. 第36栏"期初未缴查补税额"："本月数"按上一税款所属期申报表第38栏"期末未缴查补税额""本月数"填写。"本年累计"按上年度最后一个税款所属期申报表第38栏"期末未缴查补税额""本年累计"填写。

51. 第37栏"本期入库查补税额"：反映纳税人本期因税务、财政、审计部门检查而实际入库的增值税税额，包括按一般计税方法计算并实际缴纳的查补增值税税额和按简易计税方法计算并实际缴纳的查补增值税税额。

52. 第38栏"期末未缴查补税额"："本月数"反映纳税人因纳税检查本期期末应缴未缴的

增值税税额，按表中所列公式计算填写。"本年累计"栏与"本月数"栏数据相同。

（二）小规模纳税人

小规模纳税人纳税申报表如表5-2所示。

表5-2 　　　　　　　　　**增值税纳税申报表**

（小规模纳税人适用）

纳税人识别号：☐☐☐☐☐☐☐☐☐☐☐☐☐☐☐

纳税人名称（公章）：

税款所属期： 　年　月　日至　　年　月　日　　　　　填表日期：　年　月　日

金额单位：元（列至角分）

	项目	栏次	本期数		本年累计	
			应税货物及劳务	应税服务	应税货物及劳务	应税服务
一、计税依据	（一）应征增值税不含税销售额	1				
	税务机关代开的增值税专用发票不含税销售额	2				
	税控器具开具的普通发票不含税销售额	3				
	（二）销售使用过的应税固定资产不含税销售额	4（4≥5）		—		—
	其中：税控器具开具的普通发票不含税销售额	5		—		—
	（三）免税销售额	6=7+8+9				
	其中：小微企业免税销售额	7				
	未达起征点销售额	8				
	其他免税销售额	9				
	（四）出口免税销售额	10（10≥11）				
	其中：税控器具开具的普通发票销售额	11				
二、税款计算	本期应纳税额	12				
	本期应纳税额减征额	13				
	本期免税额	14				
	其中：小微企业免税额	15				
	未达起征点免税额	16				
	应纳税额合计	17=12-13				
	本期预缴税额	18		—		—
	本期应补（退）税额	19=17-18		—		—

表5-2(续)

纳税人或代理人声明： 本纳税申报表是根据国家税收法律、法规及相关规定填报的，我确定它是真实的、可靠的、完整的。	如纳税人填报，由纳税人填写以下各栏：	
	办税人员：	财务负责人：
	法定代表人：	联系电话：
	如委托代理人填报，由代理人填写以下各栏：	
	代理人名称（公章）：	经办人：
	联系电话：	

主管税务机关：   接收人：   接收日期：

填写说明：

1. "税款所属期"是指纳税人申报的增值税应纳税额的所属时间，应填写具体的起止年、月、日。

2. "纳税人识别号"栏：填写纳税人的税务登记证号码。

3. "纳税人名称"栏：填写纳税人单位名称全称。

4. 第1栏"应征增值税不含税销售额"：填写应税货物及劳务、应税服务的不含税销售额，不包括销售使用过的应税固定资产和销售旧货的不含税销售额、免税销售额、出口免税销售额、查补销售额。

应税服务有扣除项目的纳税人，本栏填写扣除后的不含税销售额，与当期增值税纳税申报表（小规模纳税人适用）附列资料第8栏数据一致。

5. 第2栏"税务机关代开的增值税专用发票不含税销售额"：填写税务机关代开的增值税专用发票销售额合计。

6. 第3栏"税控器具开具的普通发票不含税销售额"：填写税控器具开具的应税货物及劳务、应税服务的普通发票注明的金额换算的不含税销售额。

7. 第4栏"销售使用过的应税固定资产不含税销售额"：填写销售自己使用过的应税固定资产和销售旧货的不含税销售额，销售额=含税销售额÷（1+3%）。

8. 第5栏"其中：税控器具开具的普通发票不含税销售额"：填写税控器具开具的销售自己使用过的应税固定资产和销售旧货的普通发票金额换算的不含税销售额。

9. 第6栏"免税销售额"：填写销售免征增值税的应税货物及劳务、应税服务的销售额，不包括出口免税销售额。

应税服务有扣除项目的纳税人，填写扣除之前的销售额。

10. 第7栏"其中：小微企业免税销售额"：填写符合小微企业免征增值税政策的免税销售额，不包括符合其他增值税免税政策的销售额。个体工商户和其他个人不填写本栏次。

11. 第8栏"未达起征点销售额"：填写个体工商户和其他个人未达起征点（含支持小微企业免征增值税政策）的免税销售额，不包括符合其他增值税免税政策的销售额。本栏次由个体工商户和其他个人填写。

12. 第9栏"其他免税销售额"：填写销售免征增值税的应税货物及劳务、应税服务的销售额，不包括符合小微企业免征增值税和未达起征点政策的免税销售额。

13. 第10栏"出口免税销售额"：填写出口免征增值税应税货物及劳务、出口免征增值税应税服务的销售额。

应税服务有扣除项目的纳税人，填写扣除之前的销售额。

14. 第11栏"其中：税控器具开具的普通发票销售额"：填写税控器具开具的出口免征增值税应税货物及劳务、出口免征增值税应税服务的普通发票销售额。

15. 第12栏"本期应纳税额"：填写本期按征收率计算缴纳的应纳税额。

16. 第13栏"本期应纳税额减征额"：填写纳税人本期按照税法规定减征的增值税应纳税额。它包含可在增值税应纳税额中全额抵减的增值税税控系统专用设备费用以及技术维护费，可在增值税应纳税额中抵免的购置税控收款机的增值税税额。其抵减、抵免增值税应纳税额情况，需填报增值税纳税申报表附列资料（四）（税额抵减情况表）予以反映。无抵减、抵免情况的纳税人，不填报此表。增值税纳税申报表附列资料（四）表式见《国家税务总局关于调整增值税纳税申报有关事项的公告》（国家税务总局公告2013年第32号）。

当本期减征额小于或等于第12栏"本期应纳税额"时，按本期减征额实际填写；当本期减征额大于第12栏"本期应纳税额"时，按本期第12栏填写，本期减征额不足抵减部分结转下期继续抵减。

17. 第14栏"本期免税额"：填写纳税人本期增值税免税额，免税额根据第6栏"免税销售额"和征收率计算。

18. 第15栏"其中：小微企业免税额"：填写符合小微企业免征增值税政策的增值税免税额，免税额根据第7栏"其中：小微企业免税销售额"和征收率计算。

19. 第16栏"未达起征点免税额"：填写个体工商户和其他个人未达起征点（含支持小微企业免征增值税政策）的增值税免税额，免税额根据第8栏"未达起征点销售额"和征收率计算。

20. 第18栏"本期预缴税额"：填写纳税人本期预缴的增值税税额，但不包括查补缴纳的增值税税额。

增值税纳税申报表（小规模纳税人适用）附列资料如表5-3所示。

表5-3　　　　　　　**增值税纳税申报表（小规模纳税人适用）附列资料**

税款所属期：　　年　月　日至　　年　月　日　　　　　　　填表日期：　　年　月　日

纳税人名称（公章）：　　　　　　　　　　　　　　　　　金额单位：元（列至角分）

应税服务扣除额计算			
期初余额	本期发生额	本期扣除额	期末余额
1	2	3（3≤1+2之和，且3≤5）	4=1+2-3
应税服务计税销售额计算			
全部含税收入	本期扣除额	含税销售额	不含税销售额
5	6=3	7=5-6	8=7÷1.03

填写说明：

本附列资料由应税服务有扣除项目的纳税人填写，各栏次均不包含免征增值税应税服务数额。

1. "税款所属期"是指纳税人申报的增值税应纳税额的所属时间，应填写具体的起止年、月、日。

2. "纳税人名称"栏：填写纳税人单位名称全称。

3. 第1栏"期初余额"：填写应税服务扣除项目上期期末结存的金额，试点实施之日的税款所属期填写"0"。

4. 第2栏"本期发生额"：填写本期取得的按税法规定准予扣除的应税服务扣除项目金额。

5. 第3栏"本期扣除额"：填写应税服务扣除项目本期实际扣除的金额。

第3栏"本期扣除额"≤第1栏"期初余额"+第2栏"本期发生额"之和，且第3栏"本期扣除额"≤第5栏"全部含税收入"

6. 第4栏"期末余额"：填写应税服务扣除项目本期期末结存的金额。

7. 第5栏"全部含税收入"：填写纳税人提供应税服务取得的全部价款和价外费用数额。

8. 第6栏"本期扣除额"：填写本附列资料第3项"本期扣除额"栏数据。

第6栏"本期扣除额"=第3栏"本期扣除额"

9. 第7栏"含税销售额"：填写应税服务的含税销售额。

第7栏"含税销售额"=第5栏"全部含税收入"-第6栏"本期扣除额"

10. 第8栏"不含税销售额"：填写应税服务的不含税销售额。

第8栏"不含税销售额"=第7栏"含税销售额"÷1.03，与增值税纳税申报表（小规模纳税人适用）第1栏"应征增值税不含税销售额""本期数""应税服务"栏数据一致。

三、纳税义务确认的时间

（一）销售货物、提供应税劳务的纳税义务确认时间

纳税人销售货物或者提供应税劳务的纳税义务确认时间为收讫销售款或者取得索取销售款凭据的当天；先开具发票的，为开具发票的当天。纳税人进口货物的纳税义务确认时间为报关进口的当天。

其中，收讫销售款或者取得索取销售款凭据的当天按销售结算方式的不同，具体分为：

（1）采取直接收款方式销售货物，不论货物是否发出，均为收到销售款或者取得索取销售款凭据的当天；

纳税人生产经营活动中采取直接收款方式销售货物，已将货物移送对方并暂估销售收入入账，但既未取得销售款或取得索取销售款凭据，也未开具销售发票的，其增值税纳税义务确认时间为取得销售款或取得索取销售款凭据的当天；先开具发票的，为开具发票的当天。

（2）采取托收承付和委托银行收款方式销售货物，为发出货物并办妥托收手续的当天。

（3）采取赊销和分期收款方式销售货物，为书面合同约定的收款日期的当天，无书面合同的或者书面合同没有约定收款日期的，为货物发出的当天。

（4）采取预收货款方式销售货物，为货物发出的当天，但生产销售生产工期超过12个月的大型机械设备、船舶、飞机等货物，为收到预收款或者书面合同约定的收款日期的当天。

（5）委托其他纳税人代销货物，为收到代销单位的代销清单或者收到全部或者部分货款的当天。未收到代销清单及货款的，为发出代销货物满180天的当天。

（6）销售应税劳务，为提供劳务同时收讫销售款或者取得索取销售款的凭据的当天。

（7）纳税人发生除将货物交付其他单位或者个人代销和销售代销货物以外的视同销售货物行为，为货物移送的当天。

（二）销售服务、无形资产或者不动产的纳税义务确认时间

（1）纳税人发生应税行为的纳税义务确认时间为发生应税行为并收讫销售款或者取得索取销售款凭据的当天；先开具发票的，为开具发票的当天。其中，收讫销售款，是指纳税人提供应税服务过程中或者完成后收到款。取得索取销售款凭据的当天，是指书面合同确定的付款日期；未签订书面合同或者书面合同未确定付款日期的，为应税服务完成的当天。

（2）纳税人提供建筑服务、租赁服务采取预收款方式的，其纳税义务确认时间为收到预收款的当天。

（3）纳税人从事金融商品转让，为金融商品所有权转移的当天。

（4）纳税人发生视同销售服务、无形资产或者不动产的，其纳税义务确认时间为服务、无形资产转让完成的当天或者不动产权属变更的当天。

根据《增值税暂行条例》及营改增税收政策的规定，增值税扣缴义务确认时间为纳税人增值税纳税义务发生的当天。

四、纳税期限

增值税的纳税期限分别为1日、3日、5日、10日、15日、1个月或者1个季度。纳税人的具体纳税期限，由主管税务机关根据纳税人应纳税额核定；不能按照固定期限纳税的，可以按次纳税。以1个季度为纳税期限的规定适用于小规模纳税人、银行、财务公司、信托投资公司、信用社以及财政部和国家税务总局规定的其他纳税人。

纳税人以1个月或者1个季度为1个纳税期的，自期满之日起15日内申报纳税；以1日、3日、5日、10日或者15日为1个纳税期的，自期满之日起5日内预缴税款，于次月1日起15日内申报纳税并结清上月应纳税款。纳税人进口货物，应当自海关填发海关进口增值税专用缴款书之日起15日内缴纳税款。

扣缴义务人解缴税款的期限，依照上述规定执行。

五、纳税地点

（1）固定业户应当向其机构所在地或居住地的主管税务机关申报纳税。总机构和分支机构不在同一县（市）的，应当分别向各自所在地的主管税务机关申报纳税；经国务院财政、税务主管部门或者其授权的财政、税务机关批准，可以由总机构汇总向总机构所在地的主管税务机关申报纳税。

固定业户的总分支机构不在同一县（市），但在同一省（区、市）范围内的，经省（区、市）财政厅（局）、国家税务局审批同意，可以由总机构汇总向总机构所在地的主管税务机关申报缴纳增值税。

（2）固定业户到外县（市）销售货物或者应税劳务，应当向其机构所在地的主管税务机关申请开具外出经营活动税收管理证明，并向其机构所在地的主管税务机关申报纳税；未开具证明的，应当向销售地或者劳务发生地的主管税务机关申报纳税；未向销售地或者劳务发生地的主管税务机关申报纳税的，由其机构所在地的主管税务机关补征税款。

（3）非固定业户销售货物，提供应税劳务以及销售服务、无形资产或者不动产，应当向货物销售地，应税劳务发生地以及服务、无形资产或者不动产的销售地的主管税务机关申报纳税；未申报纳税的，由其机构所在地或者居住地的主管税务机关补征税款。

（4）其他个人提供建筑服务，销售或者租赁不动产，转让自然资源使用权，应向建筑服务发生地、不动产所在地、自然资源所在地税务机关申报纳税。

（5）进口货物，应当向报关地海关申报纳税。

（6）扣缴义务人应当向其机构所在地或者居住地的主管税务机关申报缴纳其扣缴的税款。

六、税收优惠

（一）资源综合利用产品和劳务增值税优惠政策

纳税人销售自产的资源综合利用产品和提供资源综合利用劳务，可享受增值税即征即退政策。退税比例有 30%、50%、70% 和 100%4 个档次。

纳税人从事优惠目录所列的资源综合利用项目，享受规定的增值税即征即退政策时，应同时符合一些条件，如应属于增值税一般纳税人，销售综合利用产品和劳务不属于国家发改委《产业结构调整指导目录》中的禁止、限制类项目等。

（二）免征蔬菜流通环节增值税

经国务院批准，自 2012 年 1 月 1 日起，免征蔬菜流通环节增值税。

（1）对从事蔬菜批发、零售的纳税人销售的蔬菜免征增值税。

（2）对纳税人既销售蔬菜又销售其他增值税应税货物的，应分别核算蔬菜和其他增值税应税货物的销售额；未分别核算的，不得享受蔬菜增值税免税政策。

（三）粕类产品免征增值税

豆粕属于应征收增值税的饲料产品，除豆粕以外的其他粕类产品，均免征增值税。

（四）制种行业增值税政策

制种企业在下列生产经营模式下生产销售种子，属于农业生产者销售自产农业产品，应根据《增值税暂行条例》有关规定免征增值税。

（1）制种企业利用自有土地或承租土地，雇用农户或雇工进行种子繁育，再经烘干、脱粒、风筛等深加工后销售种子。

（2）制种企业提供亲本种子，委托农户繁育并从农户手中收回，再经烘干、脱粒、风筛等深加工后销售种子。

● 第四节　增值税专用发票的使用和管理

增值税实行凭国家印发的增值税专用发票注明的税款进行抵扣制度。增值税专用发票不仅是纳税人经济活动中重要的商业凭证，而且是兼记销货方销项税额和购货方进项税额进行税款抵扣的凭证，对增值税的计算和管理起着决定性的作用。因此，正确使用增值税专用发票是十分重要的。

专用发票，是增值税一般纳税人销售货物或者提供应税劳务开具的发票，是购买方支付增值税税额并可按照增值税有关规定据以抵扣增值税进项税额的凭证。一般纳税人应通过增值税防伪税控系统使用专用发票。使用，包括领购、开具、缴销、认证纸质专用发票及其相应的数据电文。防伪税控系统，是指经国务院同意推行的，使用专用设备和通用设备、运用数字密码和电子存储技术管理专用发票的计算机管理系统。专用设备，是指金税卡、IC 卡、读卡器和其他设备。通用设备，是指计算机、打印机、扫描器具和其他设备。

一、专用发票的联次

专用发票是由基本联次或者基本联次附加其他联次构成的。基本联次为三联：发票联、抵扣联和记账联。发票联，作为购买方核算采购成本和增值税进项税额的记账凭证；抵扣联，作为购买方报送主管税务机关认证和留存备查的凭证；记账联，作为销售方核算销售收入和增值税销项税额的记账凭证。其他联次用途，由一般纳税人自行确定。

货物运输业增值税专用发票分为三联票和六联票：第一联，记账联，承运人记账凭证；第二联，抵扣联，受票方扣税凭证；第三联，发票联，受票方记账凭证；第四联至第六联由发票使用单位自行安排使用。

二、专用发票的开票限额及初始发行

（一）核定开票限额

专用发票实行最高开票限额管理。最高开票限额，是指单份专用发票开具的销售额合计数不得达到的上限额度。

最高开票限额由一般纳税人申请，税务机关依法审批。最高开票限额为十万元及以下的，由区县级税务机关审批；最高开票限额为一百万元的，由地市级税务机关审批；最高开票限额为一千万元及以上的，由省级税务机关审批。防伪税控系统的具体发行工作由区县级税务机关负责。

税务机关审批最高开票限额应进行实地核查。批准使用最高开票限额为十万元及以下的，由区县级税务机关派人实地核查；批准使用最高开票限额为一百万元的，由地市级税务机关派人实地核查；批准使用最高开票限额为一千万元及以上的，由地市级税务机关派人实地核查后将核查资料报省级税务机关审核。

一般纳税人申请最高开票限额时，需填报最高开票限额申请表，如表5-4所示。

表5-4　　　　　　　　　增值税专用发票最高开票限额申请表

申请事项（由纳税人填写）	纳税人名称		纳税人识别号	
	地　址		联系电话	
	购票人信息			
	申请增值税专用发票（增值税税控系统）最高开票限额	□初次　□变更　（请选择一个项目并在□内打"√"）		
		□一亿元　□一千万元　□一百万元 □十万元　□一万元　□一千元 （请选择一个项目并在□内打"√"）		
	申请货物运输业增值税专用发票（增值税税控系统）最高开票限额	□初次　□变更　（请选择一个项目并在□内打"√"）		
		□一亿元　□一千万元　□一百万元 □十万元　□一万元　□一千元 （请选择一个项目并在□内打"√"）		
	申请理由： 经办人（签字）：　　　　　　　　　　　　纳税人（印章）： 　年　月　日　　　　　　　　　　　　　年　月　日			

表5-4(续)

纳税人名称		纳税人识别号	
地　址		联系电话	
购票人信息			

<table>
<tr><td rowspan="8">申请事项（由纳税人填写）</td><td rowspan="2">申请增值税专用发票（增值税税控系统）最高开票限额</td><td colspan="2">□初次　□变更　（请选择一个项目并在□内打"√"）</td></tr>
<tr><td colspan="2">□一亿元　□一千万元　□一百万元
□十万元　□一万元　□一千元
（请选择一个项目并在□内打"√"）</td></tr>
<tr><td rowspan="2">申请货物运输业增值税专用发票（增值税税控系统）最高开票限额</td><td colspan="2">□初次　□变更　（请选择一个项目并在□内打"√"）</td></tr>
<tr><td colspan="2">□一亿元　□一千万元　□一百万元
□十万元　□一万元　□一千元
（请选择一个项目并在□内打"√"）</td></tr>
<tr><td colspan="3">申请理由：</td></tr>
<tr><td colspan="3">经办人（签字）：　　　　　　　　　　　　　　纳税人（印章）：
　年　月　日　　　　　　　　　　　　　　　　　年　月　日</td></tr>
</table>

区县税务机关意见	发票种类	批准最高开票限额
	增值税专用发票（增值税税控系统）	
	货物运输业增值税专用发票（增值税税控系统）	
	经办人（签字）：　　批准人（签字）：　　税务机关（印章）： 　年　月　日　　　　年　月　日　　　　　年　月　日	

注：本申请表一式两联，第一联由申请纳税人留存，第二联由区县税务机关留存。

（二）办理初始发行

一般纳税人领购专用设备后，凭最高开票限额申请表、发票领购簿到主管税务机关办理初始发行，即主管税务机关将一般纳税人的信息载入空白金税卡和IC卡。税务机关在增值税税控系统中将税务登记信息、资格认定信息、税种税目认定信息、票种核定信息、离线开票时限和离线开票总金额等信息载入金税盘（税控盘）后，已办理增值税发票核定的纳税人可以领取发票。使用增值税专用发票和货物运输业增值税专用发票的纳税人，应提供增值税税控系统最高开票限额准予税务行政许可决定书、增值税税控系统安装使用告知书。

增值税税控系统专用设备初始发行流程如图5-1所示。

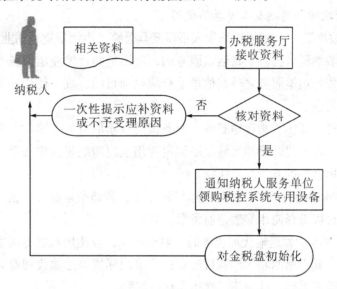

图5-1　增值税税控系统专用设备初始发行流程

三、专用发票的领购和使用

（一）专用发票的领购

专用发票只限于增值税一般纳税人领购使用，增值税的小规模纳税人和非增值税纳税人不得领购使用。一般纳税人凭发票领购簿、IC卡和经办人身份证明领购专用发票。一般纳税人有下列情形之一的，不得领购开具专用发票：

（1）会计核算不健全，不能向税务机关准确提供增值税销项税额、进项税额、应纳税额数据及其他有关增值税税务资料的。上列其他有关增值税税务资料的内容，由省、自治区、直辖市和计划单列市国家税务局确定。

（2）有《税收征管法》规定的税收违法行为，拒不接受税务机关处理的。

（3）有下列行为之一，经税务机关责令限期整改而仍未改正的：

①虚开增值税专用发票；

②私自印制专用发票；

③向税务机关以外的单位和个人买取专用发票；

④借用他人专用发票；

⑤未按规定开具专用发票；

⑥未按规定保管专用发票和专用设备；

⑦未按规定申请办理防伪税控系统变更行为；

⑧未按规定接受税务机关检查。

有上述情形的，如已领购专用发票，主管税务机关应暂扣其结存的专用发票和IC卡。

（二）"营改增"后纳税人发票的使用

（1）"营改增"后，增值税纳税人不得开具公路、内河货物运输业统一发票。

增值税一般纳税人提供货物运输服务的，使用货物运输业增值税专用发票和普通发票；提供货物运输服务之外其他增值税应税项目的，统一使用增值税专用发票和增值税普通发票。

小规模纳税人提供货物运输服务，服务接受方索取货运专票的，可向主管税务机关申请代开，填写代开货物运输业增值税专用发票缴纳税款申报单。代开货运专票按照代开专用发票的有关规定执行。

（2）提供港口码头服务、货运客运场站服务、装卸搬运服务、旅客运输服务的一般纳税人，可以选择使用等额普通发票。

（3）从事国际货物运输代理业务的一般纳税人，应使用六联专用发票或五联增值税普通发票，其中第四联用作购付汇联；从事国际货物运输代理业务的小规模纳税人，应使用普通发票，其中第四联用作购付汇联。

（4）实行增值税退（免）税办法的增值税零税率应税服务不得开具增值税专用发票。

四、专用发票的开具范围

一般纳税人销售货物或者提供应税劳务，应向购买方开具专用发票。

商业企业一般纳税人零售的烟、酒、食品、服装、鞋帽（不包括劳保专用部分）、化妆品等消费品不得开具专用发票。增值税小规模纳税人需要开具专用发票的，可向主管税务机关申请代开。销售免税货物不得开具专用发票，法律、法规及国家税务总局另有规定的除外。

关于货运专票的开具，一般纳税人提供应税货物运输服务的，使用货运专票；提供其他增值税应税项目、免税项目或非增值税应税项目的，不得使用货运专票。货运专票中"承运人及纳税人识别号"栏填写提供货物运输服务、开具货运专票的一般纳税人信息；"实际受票方及纳税人识别号"栏填写实际负担运输费用、抵扣进项税额的一般纳税人信息；"费用项目及金额"栏填写应税货物运输服务明细项目及不含增值税的销售额；"合计金额"栏填写应税货物运输服务项目不含增值税的销售额合计；"税率"栏填写增值税税率；"税额"栏填写按照应税货物运输服务项目不含增值税的销售额和使用税率计算得出的增值税税额；"价税合计"栏填写不含增值税的销售额和增值税税额的合计；"机器编号"栏填写货运专票税控系统控盘编号。

纳税人提供应税服务，应当向索取增值税专用发票的接收方开具增值税专用发票，并在增值税专用发票上分别注明销售额和销项税额；向消费者个人提供应税服务的，若提供的是免征增值税规定的应税服务，不得开具增值税专用发票。

五、专用发票的开具要求

专用发票应按照下列要求开具：

（1）项目齐全，与实际交易相符；

（2）字迹清晰，不得压线、错格；

（3）发票联和抵扣联加盖财务专用章或者发票专用章；

（4）按照增值税纳税义务的发生时间开具。

对不符合上述要求的专用发票，购买方有权拒收。

一般纳税人销售货物或者提供应税劳务可汇总开具专用发票。汇总开具专用发票的，同时使用防伪税控系统开具销售货物或者提供应税劳务清单，如表5-5所示，并加盖财务专用章或者发票专用章。

表 5-5　　　　　　　　　　　销售货物或提供应税劳务清单

购买方名称：

销货方名称：

所属增值税专用发票代码：　　　　　号码：　　　　　　　　共　页　第　页

序号	货物（劳务）名称	规格型号	单位	数量	单价	金额	税率	税额
1								
2								
小计								
总计								
备注								

销售方（章）：　　　　　　　　　　　　填开日期：　　年　月　日

注：本清单一式两联，第一联由销售方留存，第二联由销售方送交购买方。

六、开具专用发票后发生退货或开票有误的处理

（1）增值税一般纳税人开具增值税专用发票后，发生销货退回、销售折让以及开票有误等情况需要开具红字专用发票的，视不同情况分别按以下方法处理。

①因专用发票抵扣联、发票联均无法认证的，由购买方填报开具红字增值税专用发票申请单并在申请单上填写具体原因以及相对应蓝字专用发票的信息，主管税

务机关审核后出具开具红字增值税专用发票通知单。购买方不做进项税额转出处理。

②购买方所购货物不属于增值税扣税项目范围，取得的专用发票未经认证的，由购买方填报申请单，并在申请单上填写具体原因以及相对应蓝字专用发票的信息，主管税务机关审核后出具通知单。购买方不做进项税额转出处理。

③因开票有误购买方拒收专用发票的，销售方须在专用发票认证期限内向主管税务机关填报申请单，并在申请单上填写具体原因以及相对应蓝字专用发票的信息，同时提供由购买方出具的写明拒收理由、具体错误项目以及正确内容的书面材料，主管税务机关审核确认后出具通知单。销售方凭通知单开具红字专用发票。

④因开票有误等原因尚未将专用发票交付购买方的，销售方须在开具有误专用发票的次月向主管税务机关填报申请单，并在申请单上填写具体原因以及相对应蓝字专用发票的信息，同时提供由销售方出具的写明具体理由、具体错误项目以及正确内容的书面材料，主管税务机关审核确认后出具通知单。销售方凭通知单开具红字专用发票。

⑤发生销货退回或者销售折让的，除按照通知的规定进行处理外，销售方还应在开具红字专用发票后将该笔业务的相应记账凭证复印件报送主管税务机关备案。

开具红字增值税专用发票信息表流程如图5-2所示。

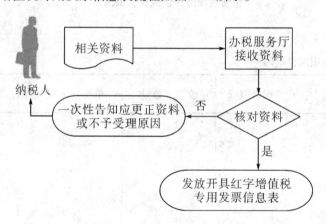

图5-2 开具红字增值税专用发票信息表流程

（2）税务机关为小规模纳税人代开专用发票需要开具红字专用发票的，比照一般纳税人开具红字专用发票的处理办法，通知单第二联交代开税务机关。

（3）提供货物运输服务，开具货运专票后，如发生应税服务中止、折让、开票有误以及发票抵扣联、发票联均无法认证等情形，且不符合发票作废条件，需要开具红字货运专票的实际受票方或承运人可向税务主管机关填报开具红字货物运输业增值税专用发票通知单。实际受票方应暂依通知单所列增值税税额从当期进项税额中转出，未抵扣增值税进项税额的可列入当期进项税额，待取得承运人开具的红字货运专票后，与留存的通知单一起作为记账凭证。认证结果为"无法认证""纳税人识别号认证不符""发票代码、号码认证不符"以及所购服务不属于增值税扣税项目范围的，不列入进项税额，不作进项税额转出。承运人可凭通知单在货运专票税控系统中以销项负数开具红字货运专票。通知单暂不通过系统开具，但其他事项按照现行红字专用发票有关规定执行。

七、加强增值税专用发票的管理

税法除了对纳税人领购、开具专用发票做了相关规定外，还做了多项其他规定。

（一）对被盗、丢失增值税专用发票的处理

（1）纳税人必须严格按照《增值税专用发票使用规定》保管使用专用发票，对违反规定发生被盗、丢失专用发票的纳税人，按《税收征管法》和《中华人民共和国发票管理办法》的规定，处以1万元以下的罚款，并根据具体情况对丢失专用发票的纳税人，在一定期限内（最长不超过半年）停止领购专用发票，对纳税人申报遗失的专用发票，如发现非法代开、虚开问题的，该纳税人应承担偷税、骗税的连带责任。

（2）纳税人丢失专用发票后，必须按规定程序向当地主管税务机关、公安机关报失。各地税务机关对丢失专用发票的纳税人在按规定进行处罚的同时，代收取挂失登报费，并将丢失专用发票的纳税人名称、发票份数、字轨号码、盖章与否等情况，统一传（寄）中国税务报社刊登"遗失声明"。

（二）对代开、虚开增值税专用发票的处理

代开发票是指为与自己没有发生直接购销关系的他人开具发票的行为，虚开发票是指在没有任何购销事实的前提下，为他人、为自己或让他人为自己或介绍他人开具发票的行为。代开、虚开发票的行为都是严重的违法行为，一律按票面所列货物的适用税率全额征补税款，并按《税收征管法》的规定按偷税给予处罚。对纳税人取得代开、虚开的增值税专用发票，不得作为增值税合法抵扣凭证抵扣进项税额。代开、虚开发票构成犯罪的，按相关制度处以刑罚。

（三）对纳税人善意取得虚开的增值税专用发票管理

纳税人善意取得虚开的增值税专用发票指购货方与销售方存在真实交易，且购货方不知取得的增值税专用发票是以非法手段获得的。纳税人善意取得虚开的增值税专用发票，如能重新取得合法、有效的专用发票，准许其抵扣进项税款；如不能重新取得合法、有效的专用发票，不准其抵扣进项税款或追缴其已抵扣的进项税款。

增值税综合填报样表如表5-6至表5-10所示，增值税纳税申报表中数据根据后续表填报而成。

表 5-6 　　　　　　　　　**增值税纳税申报表**

（适用于增值税一般纳税人）

根据《中华人民共和国增值税暂行条例》第二十二条和第二十三条的规定制定本表。纳税人不论有无销售额，均应按主管税务机关核定的纳税期限按期填报本表，并于次月一日起十五日内，向当地税务机关申报。

税款所属时间：自 2016 年 1 月 1 日至 2016 年 1 月 31 日　填表日期：2016 年 2 月 1 日

税务登记证号：　　　　　　　　　　　　　　金额单位：元（列至角分）

纳税人识别号					所属行业		税务机关确定的明细行业	
纳税人名称	税务登记证标注的名称	法定代表人姓名	某某某	注册地址	税务登记证标注的地址	营业地址	实际生产经营地址	
开户银行及账号	中国工商银行××支行××××××	企业登记注册类型	按税务登记证填写		电话号码	11111111		

	项目	栏次	一般货物及劳务和应税服务		即征即退货物及劳务和应税服务	
			本月数	本年累计	本月数	本年累计
销售额	（一）按适用税率征税货物及劳务销售额	1	525 094.02	525 094.02		
	其中：应税货物销售额	2	515 094.02	515 094.02		
	应税劳务销售额	3				
	纳税检查调整的销售额	4	10 000.00	10 000.00		
	（二）按简易征收办法征税货物销售额	5				
	其中：纳税检查调整的销售额	6				
	（三）免、抵、退办法出口货物销售额	7			—	—
	（四）免税货物及劳务销售额	8	1 234.56	1 234.56	—	—
	其中：免税货物销售额	9	1 234.56	1 234.56	—	—
	免税劳务销售额	10			—	—
税款计算	销项税额	11	89 265.98	89 265.98		
	进项税额	12	53 719.63	53 719.63		
	上期留抵税额	13				
	进项税额转出	14	100.00	100.00		
	免、抵、退货物应退税额	15				
	按适用税率计算的纳税检查应补缴税额	16	1 700.00	1 700.00	—	—
	应抵扣税额合计	17 = 12 + 13 - 14-15+16	55 319.63	—		
	实际抵扣税额	18（如 17 < 11，则为 17，否则为 11）	55 319.63	55 319.63		

表5-6(续)

税款计算	应纳税额	19 = 11 - 18	33 946.35	33 946.35	
	期末留抵税额	20 = 17 - 18		—	—
	简易征收办法计算的应纳税额	21			
	按简易征收办法计算的纳税检查应补缴税额	22		—	—
	应纳税额减征额	23	505	505	
	应纳税额合计	24 = 19 + 21 - 23	33 441. 35	33 441. 35	
税款缴纳	期初未缴税额（多缴为负数）	25	9 307.56	9 307.56	
	实收出口开具专用缴款书退税额	26			
	本期已缴税额	27 = 28 + 29 + 30+31	9 307.56	9 307.56	
	①分次预缴税额	28		—	—
	②出口开具专用缴款书预缴税额	29		—	—
	③本期缴纳上期应纳税额	30	9 307.56	9 307.56	
	④本期缴纳欠缴税额	31			
	期末未缴税额（多缴为负数）	32 = 24 + 25 + 26-27	33 441.35		
	其中：欠缴税额（≥0）	33 = 25 + 26 -27			
	本期应补（退）税额	34 = 24 - 28 -29	33 441.35	—	—
	即征即退实际退税额	35	—	—	
	期初未缴查补税额	36		—	—
	本期入库查补税额	37	1 700. 00	—	—
	期末未缴查补税额	38 = 16 + 22 + 36-37		—	—

授权声明	如果你已委托代理人申报，请填写下列资料： 　为代理一切税务事宜，现授权　　　（地址） 为本纳税人的代理申报人，任何与本申报表有关的往来文件，都可寄予此人。 授权人签字：	申报人声明： 　此纳税申报表是根据《中华人民共和国增值税暂行条例》的规定填报的，我相信它是真实的、可靠的、完整的 声明人签字：某某某
以下由税务机关填写：		
收到日期：　　　　　　　接收人：　　　　　　　　　　　　主管税务机关盖章：		

101

表 5-7

增值税纳税申报表附列资料（一）

（本期销售情况明细）

税款所属时间：2016 年 1 月 1 日至 2016 年 1 月 31 日

纳税人名称：（公章）税务登记证件标注的名称

金额单位：元（列至角分）

项目及栏次		开具增值税专用发票		开具其他发票		未开具发票		纳税检查调整		合计			应税服务扣除项目本期实际扣除金额	扣除后	
		销售额	销项（应纳）税额	销售额	销项（应纳）税额	销售额	销项（应纳）税额	销售额	销项（应纳）税额	销售额	销项（应纳）税额	价税合计		含税（免税）销售额	销项（应纳）税额
		1	2	3	4	5	6	7	8	$9=1+3+5+7$	$10=2+6+4+8$	$11=9+10$	12	$13=11-12$	$14=13\div(100\%+税率或征收率)\times税率或征收率$
一般计税方法计税	全部征税项目														
17%税率的货物及加工修理修配劳务	1	515 094.02	87 565.98					10 000.00	1 700.00	515 094.02	87 565.98				
17%税率的有形动产租赁服务	2											—			
13%税率	3			—		—		—		—		—	—	—	
11%税率	4											—		—	
6%税率	5														
其中：即征即退项目 即征即退货物及加工修理修配劳务	6	—	—	—	—	—	—	—	—	—	—	—	—	—	—
即征即退应税服务	7	—	—	—	—	—	—	—	—	—	—	—	—	—	—

项目及栏次		开具税控增值税专用发票		开具其他发票		未开具发票		纳税检查调整		合计		价税合计	应税服务扣除项目本期实际扣除金额	扣除后	
		销售额	销项（应纳）税额	销售额	销项（应纳）税额	销售额	销项（应纳）税额	销售额	销项（应纳）税额	销售额	销项（应纳）税额	价税合计	本期实际扣除金额	含税（免税）销售额	销项（应纳）税额
		1	2	3	4	5	6	7	8	9=1+3+5+7	10=2+4+6+8	11=9+10	12	13=11-12	14=13÷（100%+税率或征收率）×税率或征收率
二、简易计税方法计税 · 全部征税项目	6%征收率 8							—	—		—	—	—	—	—
	5%征收率 9							—	—		—	—	—	—	—
	4%征收率 10							—	—		—	—	—	—	—
	3%征收率的货物及加工修理修配劳务 11														
	3%征收率的应税服务 12														
	预征率 % 13a														
	预征率 % 13b														
	预征率 % 13c														
其中：即征即退项目	即征即退货物及加工修理修配劳务 14	—	—			—		—		—		—		—	—
	即征即退应税服务 15	—	—			—		—		—		—		—	—
三、免抵退税	货物及加工修理修配劳务 16	—	—								—			—	—
	应税服务 17	—	—								—			—	—
四、免税	货物及加工修理修配劳务 18	—	—	1 234.56							—			—	—
	应税服务 19	—	—								—			—	—

表 5-8　　　　　　　**增值税纳税申报表附列资料（表二）**

（本期进项税额明细）

税款所属时间：2016 年 1 月

纳税人名称：（公章）税务登记证标注的名称　　　　　　　金额单位：元（列至角分）

一、申报抵扣的进项税额				
项目	栏次	份数	金额	税额
（一）认证相符的税控增值税专用发票	1＝2＋3	5	315 997.82	53 719.63
其中：本期认证相符且本期申报抵扣	2	5	315 997.82	53 719.63
前期认证相符且本期申报抵扣	3			
（二）其他扣税凭证	4＝5＋6＋7＋8			
其中：海关进口增值税专用缴款书	5			
农产品收购发票或者销售发票	6			
代扣代缴税收缴款凭证	7			
运输费用结算单据	8			
	9	—	—	—
	10	—	—	—
（三）外贸企业进项税额抵扣证明	11	—	—	—
当期申报抵扣进项税额合计	12＝1＋4＋11	5	315 997.82	53 719.63
二、进项税额转出额				
项目	栏次	税额		
本期进项税转出额	13＝14 至 23 之和	100		
其中：免税项目用	14			
非应税项目用、集体福利、个人消费	15			
非正常损失	16			
简易计税方法征税项目用	17			
免抵退税办法不得抵扣的进项税额	18			
纳税检查调减进项税额	19			
红字专用发票通知单注明的进项税额	20	100（填税务机关本月开具的《开具红字增值税专用发票通知单》中"需要做进项税额转出"的税额）		
上期留抵税额抵减欠税	21			
上期留抵税额退税	22			
其他应作进项税额转出的情形	23			

表5-8(续)

三、待抵扣进项税额				
项目	栏次	份数	金额	税额
（一）认证相符的税控增值税专用发票	24	—		
期初已认证相符但未申报抵扣	25			
本期认证相符且本期未申报抵扣	26			
期末已认证相符但未申报抵扣	27			
其中：按照税法规定不允许抵扣	28			
（二）其他扣税凭证	29＝30至33之和			
其中：海关进口增值税专用缴款书	30			
农产品收购发票或者销售发票	31			
代扣代缴税收缴款凭证	32		—	
运输费用结算单据	33			
	34			
四、其他				
项目	栏次	份数	金额	税额
本期认证相符的税控增值税专用发票	35	5	315 997.82	53 719.63
代扣代缴税额	36	—	—	

表5-9　　　　固定资产进项税额抵扣情况表（表三）

纳税人识别号：税务登记证号

纳税人名称（公章）：税务登记证标注的名称

填表日期：2016 年 2 月 1 日　　　　　　　　　　金额单位：元（列至角分）

项目	当期申报抵扣的固定资产进项税额	当期申报抵扣的固定资产进项税额累计
增值税专用发票	5 800	5 800
海关进口增值税专用缴款书	0	0
合计	5 800	5 800

表 5-10 　　　　　　　　增值税纳税申报表附列资料

(税额抵减情况表)

税款所属时间：2016 年 1 月 1 日至 2016 年 1 月 31 日

纳税人名称：(公章) 税务登记证标注的名称　　　　　　　　金额单位：元 (列至角分)

序号	抵减项目	期初余额	本期发生额	本期应抵减税额	本期实际抵减税额	期末余额
		1	2	3＝1+2	4≤3	5＝3-4
1	增值税税控系统专用设备费及技术维护费	100	405	505	505	0
2	分支机构预征缴纳税款					
3						
4						
5						
6						

　　本表第 1 行由发生增值税税控系统专用设备费用和技术维护费的纳税人填写，反映纳税人增值税税控系统专用设备费用和技术维护费按规定抵减增值税应纳税额的情况。本表第 2 行由营业税改征增值税纳税人，应税服务按规定汇总计算缴纳增值税的总机构填写，反映其分支机构预征缴纳税款抵减总机构应纳增值税税额的情况。其他纳税人不填写本表。

第六章 消费税

● 第一节 消费税概述

消费税是指对特定消费品和特定的消费行为按消费流转额征收的一种商品税，即对在我国境内从事生产、委托加工以及进口应税消费品的单位和个人，就其销售额或销售数量征收的一种税，属于流转税的范畴。消费税主要对特定消费品或特定消费行为如奢侈品等征税，征收具有较强的选择性，是国家贯彻消费政策、引导消费结构从而引导产业结构的重要手段，因而在保证国家财政收入、体现国家经济政策等方面具有十分重要的意义。

我国现行消费税是 1994 年税制改革中新设置的一个税种。在对货物普遍征收增值税的基础上，对某些需要特殊调节的消费品或消费行为再征收消费税，主要是为了调节产品结构，引导消费方向，保证国家财政收入。我国现行的消费税具有以下特点：①征收范围具有选择性，根据产业政策与消费政策仅对特定消费品征税。②征税环节具有单一性，主要在生产和进口环节征收。③实行差别税率，税率水平一般较高，税负具有差异性。④征税方法具有灵活性，从价计征与从量计征并存。

一、纳税义务人

在中华人民共和国境内生产、委托加工和进口消费税暂行条例规定的消费品的单位和个人，以及国务院确定的销售消费税暂行条例规定的消费品的其他单位和个人，为消费税的纳税人，依照消费税暂行条例缴纳消费税。

单位，指企业、行政单位、事业单位、军事单位、社会团体及其他单位。

个人，指个体工商户及其他个人。

境内，指生产、委托加工和进口属于应当缴纳消费税的消费品的起运地或者所在地在境内。

二、征税范围

消费税是在对货物普遍征收增值税的基础上，选择少数消费品再征收的一个税种，主要是为了调节产品结构，引导消费方向，保证国家财政收入。现行消费税的征收范围主要包括烟、酒、鞭炮、焰火、化妆品、成品油、贵重首饰及珠宝玉石、高尔夫球及球具、高档手表、游艇、木制一次性筷子、实木地板、摩托车、小汽车、电池、涂料等税目。有的税目还进一步划分若干子目。

我国消费税的征收主要涉及四个类型。第一，过度消费会对人类健康、社会秩序、生态环境等造成危害的特殊消费品，如烟、酒、鞭炮等。第二，非生活必需品中的一些高档、奢侈消费品，如珠宝玉石、贵重首饰等。第三，高能耗及高档消费品，如小汽车、摩托车等。第四，不可再生和不可替代的稀缺资源消费品，如成品油。由以上各类型可以看出，消费税具有调节和引导消费的作用，因此消费税一般没有减免规定。

目前，我国消费税的征税范围分布于四个环节。

（一）生产应税消费品

生产应税消费品是消费税征收的主要环节，因为一般情况下，消费税具有单一环节征税的特点，对于大多数消费税应税商品而言，在生产销售环节征税以后，在流通环节不再缴纳消费税。纳税人生产应税消费品，除了直接对外销售应税消费品外，如将生产的应税消费品换取生产资料、消费资料、投资入股、偿还债务，以及用于继续生产应税消费品以外的其他方面都应缴纳消费税。

（二）委托加工应税消费品

委托加工应税消费品指委托方提供原料和主要材料，受托方只收取加工费和代垫部分辅助材料加工的应税消费品。由受托方提供原材料或其他情形的一律不能视同加工应税消费品。委托加工的应税消费品收回后，再继续用于生产应税消费品且符合现行政策规定的，其加工环节缴纳的消费税款可以扣除。

（三）进口应税消费品

单位和个人进口属于消费税征税范围的货物，在进口环节要缴纳消费税。为了减少征税成本，进口环节缴纳的消费税由海关代征。

（四）零售应税消费品

经国务院批准，自1995年1月1日起，金银首饰的消费税由生产销售环节征收改为零售环节征收。

对既销售金银首饰，又销售非金银首饰的生产、经营单位，应将两类商品划分清楚，分别核算销售额。

金银首饰连同包装物销售的，无论包装物是否单独计价，也无论会计上如何核算，均应并入金银首饰的销售额，计征消费税。

来料加工的金银首饰，应按受托方销售同类金银首饰的销售价格确定计税依据征收消费税。没有同类金银首饰销售价格的，按照组成计税价格计算纳税。

纳税人采用以旧换新（含翻新改制）方式销售的金银首饰，应按实际收取的不含增值税的全部价款确定计税依据征收消费税。

三、税目与税率

（一）税目

消费税的征税范围比较狭窄，同时也会根据经济发展、环境保护等国家大政方针进行修订。按照《中华人民共和国消费税暂行条例》（以下简称《消费税暂行条例》）规定，目前我国消费税确定征收的有烟、酒、化妆品等 15 个税目，有的税目还进一步划分若干子目。消费税属于价内税，一般在应税消费品的生产、委托加工和进口环节缴纳。

1. 烟

凡是以烟叶为原料加工生产的产品，不论使用何种辅料，均属于本税目的征收范围。本税目下设甲类卷烟、乙类卷烟、雪茄烟、烟丝四个子目。与其他消费税应税商品不同，卷烟在批发环节加征一次，且自 2015 年 5 月 10 日起，在卷烟批发环节，消费税的从价税率从 5% 提高至 11%，并按 0.005 元/支加征从量税。

卷烟分为甲类卷烟和乙类卷烟。甲类卷烟是指每标准条（200 支，下同）调拨价格在 70 元（不含增值税）以上（含 70 元）的卷烟，其从价税率为 56%；乙类卷烟是指每标准条（200 支，下同）调拨价格在 70 元（不含增值税）以下的卷烟，其从价税率为 36%。相关规定见《国家税务总局关于调整烟产品消费税政策的通知》（财税〔2009〕84 号）。

2. 酒

酒是酒精度在 1 度以上的各种酒类饮料，包括白酒、黄酒、啤酒、其他酒。

3. 高档化妆品

根据《财政部国家税务总局关于调整化妆品消费税政策的通知》（财税〔2016〕103 号）的规定，取消对普通美容、修饰类化妆品征收消费税，将"化妆品"税目名称更名为"高档化妆品"。征收范围包括高档美容、修饰类化妆品、高档护肤类化妆品和成套化妆品。税率调整为 15%。

4. 贵重首饰及珠宝玉石

征收范围包括：各种金银珠宝首饰和经采掘、打磨、加工的各种珠宝玉石。

它包括：以金、银、白金、宝石、珍珠、钻石、翡翠、珊瑚、玛瑙等高贵稀有物质以及其他金属、人造宝石等制作的各种纯金银首饰及镶嵌首饰和经采掘、打磨、加工的各种珠宝玉石。对出国人员免税商店销售的金银首饰征收消费税。

5. 鞭炮、焰火

征收范围包括各种鞭炮、焰火。体育上用的发令纸、鞭炮药引线，不按本税目征收。

6. 成品油

它包括汽油、柴油、石脑油、溶剂油、航空煤油、润滑油、燃料油 7 个子目，航空煤油暂缓征收。

7. 小汽车

它指由动力装置驱动，具有四个和四个以上车轮的非轨道无架线的，主要用于载送人员及其随身物品的车辆。

征收范围包括含驾驶员在内最多不超过 9 个座位（含）的，在设计和技术特性上用于载运乘客和货物的各类乘用车和含驾驶员座位在内的座位数在 10~23 座（含 23 座）的，在设计和技术特性上用于载运乘客和货物的各类中轻型商用客车。

8. 摩托车

它包括轻便摩托车和摩托车两种。

对最大设计车速不超过 50 千米/小时、发动机气缸总工作容积不超过 50 毫升的三轮机动车不征消费税。对气缸容量在 250 毫升（不含）以下的小排量摩托车不征收消费税。

9. 高尔夫球及球具

高尔夫球及球具是指从事高尔夫球运动所需的各种专用设备，包括高尔夫球、高尔夫球杆及高尔夫球包（袋）等。高尔夫球的杆头、杆身和握把属于本税目的征收范围。

10. 高档手表

高档手表指销售价格（不含增值税）每只在 10 000 元（含）以上的各类手表。

11. 游艇

游艇指长度大于 8 米小于 90 米，船体由玻璃钢、钢、铝合金、塑料等多种材料制作，可以在水上移动的水上浮载体。按照动力划分，游艇分为无动力艇、帆艇和机动艇。

12. 木制一次性筷子

木制一次性筷子是以木材为原料经过锯段、浸泡、旋切、刨切、烘干、筛选、打磨、倒角、包装等环节加工而成的各类供一次性使用的筷子。

13. 实木地板

实木地板是指以木材为原料，经锯割、干燥、刨光、截断、开榫、涂漆等工序加工而成的块状或条状的地面装饰材料。

14. 电池、涂料

为促进节能环保，经国务院批准，自 2015 年 2 月 1 日起对电池、涂料征收消费税。将电池、涂料列入消费税征收范围，在生产、委托加工和进口环节征收，适用税率均为 4%。对无汞原电池、金属氢化物镍蓄电池（又称"氢镍蓄电池"或"镍氢蓄电池"）、锂原电池、锂离子蓄电池、太阳能电池、燃料电池和全钒液流电池免征消费税。

2015 年 12 月 31 日前对铅蓄电池缓征消费税；自 2016 年 1 月 1 日起，对铅蓄电池按 4% 的税率征收消费税。

对施工状态下挥发性有机物（Volatile Organic Compounds，VOC）含量低于 420 克/升（含）的涂料免征消费税。

（二）税率

消费税采用比例税率和定额税率两种形式，以适应不同应税消费品的实际情况，根据不同的税目或子目确定相应的税率或单位税额。具体税率如表 6-1 所示。

表 6-1　　　　　　　　　　消费税税目税率表

税目	税率
一、烟	
1. 卷烟	
（1）甲类卷烟（调拨价 70 元（不含增值税）/条以上（含 70 元））	56% 加 0.003 元/支（生产环节）
（2）乙类卷烟（调拨价 70 元（不含增值税）/条以下）	36% 加 0.003 元/支（生产环节）
（3）商业批发	11%（批发环节）
2. 雪茄烟	36%（生产环节）
3. 烟丝	30%（生产环节）
二、酒及酒精	
1. 白酒	20% 加 0.5 元/500 克（或者 500 毫升）
2. 黄酒	240 元/吨
3. 啤酒	
（1）甲类啤酒	250 元/吨
（2）乙类啤酒	220 元/吨
4. 其他酒	10%
三、高档化妆品	15%
四、贵重首饰及珠宝玉石	
1. 金银首饰、铂金首饰和钻石及钻石饰品	5%

表6-1（续）

税目	税率
2. 其他贵重首饰和珠宝玉石	10%
五、鞭炮、焰火	15%
六、成品油	
1. 汽油	1.52 元/升
2. 柴油	1.20 元/升
3. 航空煤油	1.20 元/升
4. 石脑油	1.52 元/升
5. 溶剂油	1.52 元/升
6. 润滑油	1.52 元/升
7. 燃料油	1.20 元/升
七、摩托车	
1. 气缸容量（排气量，下同）在 250 毫升（含 250 毫升）以下的	3%
2. 气缸容量在 250 毫升以上的	10%
八、小汽车	
1. 乘用车	
（1）气缸容量（排气量，下同）在 1.0 升（含 1.0 升）以下的	1%
（2）气缸容量在 1.0 升至 1.5 升（含 1.5 升）的	3%
（3）气缸容量在 1.5 升至 2.0 升（含 2.0 升）的	5%
（4）气缸容量在 2.0 升至 2.5 升（含 2.5 升）的	9%
（5）气缸容量在 2.5 升至 3.0 升（含 3.0 升）的	12%
（6）气缸容量在 3.0 升至 4.0 升（含 4.0 升）的	25%
（7）气缸容量在 4.0 升以上的	40%
2. 中轻型商用客车	5%
九、高尔夫球及球具	10%
十、高档手表	20%
十一、游艇	10%
十二、木制一次性筷子	5%
十三、实木地板	5%
十四、铅蓄电池	4%（2016 年 1 月 1 日起实施）

表6-1(续)

税目	税率
无汞原电池、金属氢化物镍蓄电池、锂原电池、锂离子蓄电池、太阳能电池、燃料电池和全钒液流电池	免征
十五、涂料	4%
施工状态下挥发性有机物（Volatile Organic Compounds，VOC）含量低于420克/升（含）	免征

● 第二节　消费税的计算

一、消费税的计税依据

根据现行《消费税暂行条例》的规定，消费税应纳税额的计算方法，主要有从价定率和从量定额两种，白酒和卷烟实行复合计税方法。按从价定率征税的应税消费品，计税依据为应税消费品的销售额；按从量定额征税的应税消费品，计税依据为应税消费品的销售数量。

（一）销售额的确定

销售额为纳税人销售应税消费品向购买方收取的全部价款和价外费用。在确定销售额时，应注意以下几点：

（1）销售额不包括应向购买方收取的增值税税款。

（2）销售额不包括同时符合以下条件的代垫运输费用：

①承运部分的运输费用发票开具给购买方的；

②纳税人将该项发票转交给购买方的。

（3）实行从价定率办法的应税消费品连同包装物销售的，无论包装物是否单独计价，也不论在会计上如何核算，均应并入应税消费品的销售额中一起征收消费税。如果包装物只是收取押金，此项押金则不应并入应税消费品的销售额中征税。但对逾期未收回的包装物不再退还的或者已收取的时间超过12个月的押金，应并入应税消费品的销售额，按照应税消费品的适用税率缴纳消费税。

（4）纳税人销售应税消费品，以外汇计算销售额的，应当按外汇市场价格折合成人民币计算应纳税额。折合率可以选择结算的当天或者当月1日的国家外汇牌价。纳税人应在事前确定采取何种折合率，确定后1年不得变更。

（二）销售数量的确定

销售数量是指纳税人生产、加工和进口应税消费品的数量。具体规定为：

（1）销售应税消费品的，为应税消费品的销售数量；

（2）自产自用应税消费品的，为应税消费品的移送使用数量；

（3）委托加工应税消费品的，为纳税人收回的应税消费品数量；

（4）进口的应税消费品，为海关核定的应税消费品进口征税数量。

二、应纳税额的基本计算

（一）生产销售环节应纳消费税的计算

纳税人在生产销售环节应缴纳的消费税，包括直接对外销售应税消费品应缴纳的消费税和自产自用应税消费品应缴纳的消费税。

1. 直接对外销售应纳消费税的计算

直接对外销售应税消费品涉及三种计算方法：

$$从价定率计算的应纳税额 = 应税销售额 \times 比例税率$$

$$从量定额计算的应纳税额 = 应税销售数量 \times 比例税率$$

$$从价定律和从量定额复合计算的应纳税额 = 应税消费品的销售数量 \times 定额税率 + 应税销售额 \times 比例税率$$

在现行消费税的征税范围中，只有卷烟、白酒采用复合计征方法。生产销售卷烟、白酒从量定额计税依据为实际销售数量。进口、委托加工、自产自用卷烟、白酒从量定额计税依据分别为海关核定的进口征税数量、委托方收回数量、移送使用的数量。

【例6-1】某化妆品生产企业为增值税一般纳税人。该企业于2016年7月向某大型商场销售高档化妆品一批，开具增值税专用发票，取得不含增值税销售额30万元，增值税5.1万元。10月该企业向某单位销售高档化妆品一批，开具普通发票，取得含税销售额8万元。计算该化妆品生产企业上述业务应当缴纳的消费税税额。

解析：

（1）化妆品应税销售额 = 30 + 8 ÷（1 + 17%）= 36.84（万元）

（2）应纳消费税税额 = 36.84 × 15% = 5.526（万元）

【例6-2】某啤酒厂2016年10月销售啤酒800吨，每吨出厂价为3 200元。计算该啤酒厂10月应当缴纳的消费税。

解析：

啤酒出厂价格为3 200元每吨，属于甲类啤酒，税率为250元/吨。

应纳消费税税额 = 800 × 250 = 200 000（元）

【例6-3】某白酒生产企业为增值税一般纳税人。该企业于2016年10月销售粮食白酒80吨，取得不含税销售额200万元。计算该白酒生产企业当月应当缴纳的消费税。

解析：

应纳消费税税额 = 80 × 2 000 × 0.5 + 2 000 000 × 20%

$$=80\ 000\ +\ 400\ 000$$
$$=480\ 000\ （元）$$

2. 自产自用应税消费品应纳税计算

纳税人自产自用的应税消费品，用于连续生产应税消费品的，不纳税。纳税人自产自用的应税消费品，除用于连续生产应税消费品外，凡用于其他方面，于移送使用时纳税。应税消费品采用从价定率办法计算应纳税额时，应按同类消费品的销售价格计算纳税，没有同类消费品销售价格的按组成计税价格纳税。组成计税价格的计税公式为：

自产自用消费品组成计税价格＝（成本+利润）÷（1-消费税税率）

【例6-4】某烟花公司将一批自产的焰火烟花用作职工福利。此批焰火烟花的成本为20 000元，且无同类产品市场销售价格，其消费税税率为15%，成本利润率为5%。求该公司当月应当缴纳的消费税税额。

解析：

组成计税价格＝成本×（1+成本利润率）÷（1-消费税税率）
$$=\ 20\ 000×（1+5\%）÷（1-15\%）$$
$$=\ 24\ 705.88\ （元）$$

应纳消费税税额＝24 705.88×15%＝3 705.88（元）

（二）委托加工应税消费品应纳消费税的计算

委托加工，是由委托方提供原材料及主要材料，受托方只收取加工费、代垫辅助材料的业务。根据消费税法规定，委托加工的应税消费品的消费税，由受托方在收回货物时代收代缴，但受托方如为个体经营者，则应由委托方在委托方所在地申报纳税。委托方收回货物后用于直接销售的，不再征税。

委托加工应税消费品，有同类产品销售价格的，应纳税额计算公式为：

应纳税额＝同类消费品销售单价×委托加工数量×适用税率

没有同类产品销售价格的，应纳税额计算公式为：

委托加工消费品组成计税价格（从价定率）＝（材料成本+加工费）÷（1-消费税比例税率）

应纳税额＝组成计税价格×比例税率

委托加工消费品 组成计税价格（复合计税）$= \dfrac{材料成本+加工费+委托加工数量×定额税率}{1-消费税比例税率}$

应纳税额＝组成计税价格×比例税率+委托加工数量×定额税率

【例6-5】某鞭炮企业8月受托为某单位加工一批鞭炮，委托单位提供的原材料金额为30万元，收取委托单位不含税加工费4万元。鞭炮企业当地无加工鞭炮的同类产品市场价格。求受托方代收代缴的消费税税额。

解析：

组成计税价格＝（材料成本+加工费）÷（1-消费税税率）

$$= （30+4） ÷ （1-15\%） = 40 （万元）$$

受托方代收代缴的消费税 = 40×15% = 6（万元）

（三）进口应税消费品应纳消费税的计算

进口的应税消费品，于报关进口时缴纳消费税。进口应税消费品的消费税由海关代征。进口的应税消费品，由进口人或者其代理人向报关地海关申报纳税。纳税人进口应税消费品，按照关税征收管理的相关规定，应当自海关填发海关进口消费税专用缴款书之日起 15 日内缴纳税款。

纳税人进口应税消费品，消费税按组成计税价格计算纳税。从价计税的计算公式如下：

$$组成计税价格 = （关税完税价格+关税） ÷ （1-消费税税率）$$

应纳税额计算公式：

$$应纳消费税 = （组成计税价格×进口数量）×适用税率$$

实行复合计税办法计算纳税的组成计税价格计算公式为：

$$组成计税价格 = （关税完税价格+关税+进口数量×消费税定额税率） ÷ （1-消费税税率）$$

式中，关税完税价格指海关核定的关税计税价格。

应当注意的是，由于进口卷烟比较特殊，其成本和价格低于我国，对国内市场有冲击，因此，在计税上采用了特殊的办法，不同于国内生产的卷烟。

【例6-6】某商贸公司，2016 年 8 月从国外进口一批应税消费品，已知该批应税消费品的关税完税价格为 100 万元，按规定缴纳关税 20 万元。假定进口的应税消费品的消费税税率为 10%。请计算该批消费品进口环节应当缴纳的消费税税额。

解析：

（1）组成计税价格 = （100+20） ÷ （1-10%） = 133.33（万元）

（2）应当缴纳的消费税税额 = 133.33×10% = 13.333（万元）

三、已纳消费税扣除的计算

为了避免重复征税，现行消费税法规定，将外购应税消费品和委托加工收回的应税消费品继续生产应税消费品销售的，可以将外购应税消费品和委托加工收回应税消费品已缴纳的消费税给予扣除。

（一）外购应税消费品已纳税款的扣除

1. 用外购应税消费品连续生产应税消费品

由于某些消费品是用外购已缴纳消费税的应税消费品连续生产出来的，在对这些连续生产出来的应税消费品计算征税时，税法规定应按当期生产领用数量计算准予扣除外购的应税消费品已纳的消费税税款。扣除范围包括：

（1）用外购的已税烟丝生产的卷烟；

（2）用外购的已税化妆品生产的化妆品；

（3）用外购的已税珠宝玉石生产的贵重首饰及珠宝玉石；

（4）用外购的已税鞭炮、焰火生产的鞭炮、焰火；

（5）用外购的已税杆头、杆身和握把为原料生产的高尔夫球杆；

（6）用外购的已税木制一次性筷子为原料生产的木制一次性筷子；

（7）用外购的已税实木地板为原料生产的实木地板；

（8）用外购的汽油、柴油、石脑油、燃料油、润滑油用于连续生产应税成品油；

（9）用外购的已税摩托车生产的摩托车。

上述当期准予扣除外购应税消费品已纳消费税税款的计算公式为：

当期准予扣除的外购应税消费品已纳税款＝当期准予扣除的外购应税消费品买价×外购应税消费品适用税率

当期准予扣除的外购应税消费品买价＝期初库存的外购应税消费品的买价＋当期购进的应税消费品的买价－期末库存的外购应税消费品的买价

外购已税消费品的买价是指购货发票上注明的销售额（不包括增值税税款）。

【例6-7】某高尔夫球杆生产企业（增值税一般纳税人）本月外购杆头500 000元用于生产高尔夫球杆，月初库存外购杆头270 000元，月末库存外购杆头200 000元。当月销售高尔夫球杆1 300 000元（不含税），另收取随同产品出售但单独计价的包装物价款40 000元。计算该企业当月应纳消费税。

解析：

当月生产使用杆头＝270 000＋500 000－200 000＝570 000（元）

准予抵扣已纳税额＝570 000×10%＝57 000（元）

本月应纳消费税＝［1 300 000＋40 000÷（1＋17%）］×10%－57 000

＝76 418.8（元）

2. 外购应税消费品后再销售

对自己不生产应税消费品，而只是购进后再销售应税消费品的工业企业，其销售的化妆品、鞭炮和焰火以及珠宝玉石，凡不能构成最终消费品直接进入消费市场的，而需进一步生产加工、包装、贴标、组合的珠宝玉石、高档化妆品、酒、鞭炮和焰火等，应当征收消费税，同时允许扣除上述外购应税消费品的已纳税款。

（二）委托加工收回的应税消费品已纳税款的扣除

委托加工的应税消费品因为已由受托方代收代缴消费税，因此，委托方收回货物后用于连续生产应税消费品的，其已纳税款准予按照规定从连续生产的应税消费品应纳消费税税额中抵扣。按照国家税务总局的规定，扣除范围包括：

（1）以委托加工收回的已税烟丝生产的卷烟；

（2）以委托加工收回的已税高档化妆品生产的高档化妆品；

（3）以委托加工收回的已税珠宝玉石生产的贵重首饰及珠宝玉石；

（4）以委托加工收回的已税鞭炮、焰火生产的鞭炮、焰火；

（5）以委托加工收回的已税杆头、杆身和握把为原料生产的高尔夫球杆；

（6）以委托加工收回的已税木制一次性筷子为原料生产的木制一次性筷子；

（7）以委托加工收回的已税实木地板为原料生产的实木地板；

（8）以委托加工收回的汽油、柴油、石脑油、燃料油、润滑油用于连续生产的应税成品油；

（9）以委托加工收回的已税摩托车生产的摩托车。

上述当期准予扣除委托加工收回的应税消费品已纳消费税税款的计算公式如下：

当期准予扣除的委托加工应税消费品已纳税款＝期初库存的委托加工的应税消费品已纳税款＋当期收回的委托加工应税消费品已纳税款－期末库存的委托加工应税消费品已纳税款

需要说明的是，纳税人用委托加工收回的已税珠宝玉石生产的在零售环节征收消费税的金银首饰，在计税时一律不得扣除委托加工收回的珠宝玉石的已纳消费税税款。

四、消费税出口退税的计算

对纳税人出口应税消费品，免征消费税，国务院另有规定的除外。

（一）出口应税消费品退（免）税政策

1. 出口免税并退税

有出口经营权的外贸企业购进应税消费品直接出口，以及外贸企业受其他外贸企业委托代理出口应税消费品，可免税或退税。外贸企业只有受其他外贸企业委托，代理出口应税消费品才可办理退税，外贸企业受其他企业（主要是非生产性的商贸企业）委托，代理出口应税消费品是不予退（免）税的。

属于从价定率计征消费税的，为已征且未在内销应税消费品应纳税额中抵扣的购进出口货物金额；属于从量定额计征消费税的，为已征且未在内销应税消费品应纳税额中抵扣的购进出口货物数量；属于复合计征消费税的，按从价定率和从量定额的计税依据分别确定。

消费税应退税额＝从价定率计征消费税的退税计税依据×比例税率＋从量定额计征消费税的退税计税依据×定额税率

2. 出口免税但不退税

有出口经营权的生产性企业自营出口或生产企业委托外贸企业代理出口自产的应税消费品，依据其实际出口数量免征消费税，不予办理退还消费税。免征消费税是指对生产性企业按其实际出口数量免征生产环节的消费税。不予办理退还消费税是指，因已免征生产环节的消费税，该应税消费品出口时，已不含有消费税，所以无须再办理退还消费税。

3. 出口不免税也不退税

除生产企业、外贸企业以外的其他企业，具体是指一般商贸企业，这类企业委托外贸企业代理出口应税消费品一律不予退（免）税。出口货物的消费税应退税额的计税依据，按购进出口货物的消费税专用缴款书和海关进口消费税专用缴款书确定。

（二）出口应税消费品退税的计算

外贸企业从生产企业购进货物直接出口或受其他外贸企业委托代理出口应税消费品的应退消费税税款，分两种情况处理。

（1）属于从价定率计征消费税的应税消费品，应依照外贸企业从工厂购进货物时征收消费税的价格计算。计算公式为：

$$应退消费税税款 = 出口货物的工厂销售额 × 税率$$

式中，出口货物的工厂销售额应不包含增值税。对含增值税的价格应换算为不含增值税的销售额。

【例6-8】某外贸企业从焰火厂购进焰火400箱，直接报关离境出口，取得的增值税专用发票注明的单价为每箱5 000元，支付从焰火厂到出境口岸的运费8万元，装卸费2万元，保险费1万元，离岸价每箱折合人民币1 600万元。焰火消费税税率为15%，计算应退消费税税额。

解析：应退消费税税额 = 5 000×400×15% = 30（万元）

（2）属于从量定额计征消费税的应税消费品，应依照货物购进和报关出口的数量计算。其公式为：

$$应退消费税税额 = 出口数量 × 单位税额$$

【例6-9】国内某酒业制造有限公司2016年6月委托某进出口公司向美国出口黄酒500吨，按规定实行先征后退的办法。计算该公司应退消费税税款（黄酒单位税额为240元/吨）。

解析：应退税额 = 500×240 = 120 000（元）

（三）出口应税消费品办理退（免）税后的管理

出口的应税消费品办理退税后，发生退关，或者国外退货进口时予以免税的，报关出口者必须及时向其机构所在地或者居住地税务主管机关申报补缴已退的消费税税款。

纳税人直接出口的应税消费品办理免税后，发生退关或者国外退货，进口时已予以免税的，经机构所在地或者居住地主管税务机关批准，可暂不办理补税，待其转为国内销售时，再申报补缴消费税。

五、消费税的会计处理

（一）账户的设置

凡缴纳消费税的企业，应在"应交税费"账户下设置"应交消费税"明细账进行核算。该账户借方登记实际缴纳的消费税或待抵扣的消费税，贷方登记应缴纳的消费税，期末贷方余额则表示多交或待抵扣的消费税。该明细账采用三栏式账户记账。

除了设置"应交税费——应交消费税"账户外，还需要设置其他相关账户，如"税金及附加""其他业务成本""委托加工物资""应付职工薪酬""销售费用""在建工程""长期股权投资""营业外支出"等。

（二）消费税账务处理方法

1. 直接销售应税消费品的会计处理

企业生产应税消费品直接对外销售时，应按照应纳消费税税额借记"税金及附加"科目，贷记"应交税费——应交消费税"科目，实际缴纳消费税时借记"应交税费——应交消费税"科目，贷记"银行存款"科目。发生销售退回及退税时，做相反的会计分录。企业出口应税消费品如按规定不予免税或者退税的，应视同国内销售进行会计处理。

【例6-10】某化妆品生产企业为增值税一般纳税人，生产的高档化妆品适用的消费税税率为15%，当月销售化妆品不含税价为10万元，款已收，化妆品成本为5.5万元。则该公司会计处理如下：

公司当月应纳消费税税额 = 100 000×15% = 15 000（元）

（1）销售实现确认收入时：

借：银行存款   117 000

 贷：主营业务收入   100 000

   应交税费——应交增值税（销项税额） 17 000

（2）结转已销商品成本时：

借：主营业务成本   55 000

 贷：库存商品   55 000

（3）计提消费税时：

借：税金及附加   15 000

 贷：应交税费——应交消费税   15 000

（4）缴纳消费税时：

借：应交税费——应交消费税   15 000

 贷：银行存款   15 000

2. 视同销售业务的会计处理

视同销售业务包括纳税人将生产的应税消费品用于连续生产非应税消费品、抵销债务、发放股利、用于馈赠、广告、样品、职工福利、对外投资入股，换取生产资料和消费资料等。

纳税人用于换取生产资料和消费资料，用以投资入股、抵销债务的应税消费品，应按同类应税消费品的最高销售价格（而非加权平均价格）作为计税依据计算应缴纳的消费税税额，但计算应缴纳的增值税税额时，以同类应税消费品的加权平均价格作为计税依据。

以上视同销售可分别借记"生产成本""应付账款""应付股利""营业外支出""销售费用""应付职工薪酬""长期股权投资""原材料"等科目，贷记"应交税费——应交消费税"科目。缴纳税金时借记"应交税费——应交消费税"科目，贷记"银行存款"科目。

3. 委托加工应税消费品的会计处理

（1）委托方收回后直接用于销售的应税消费品的会计处理

如果委托方将委托加工应税消费品收回后直接用于销售，应将受托方代收代缴的消费税和支付的加工费一并计入委托加工应税消费品的成本，借记"委托加工物资"科目，贷记"应付账款""银行存款"等科目。

（2）委托方收回后用于连续生产应税消费品的会计处理

根据暂行条例及其实施细则的规定，委托加工的应税消费品收回后用于连续生产应税消费品的，已缴纳的税款按规定准予抵扣。因此，委托方应将受托方代扣代缴的消费税记入"应交税费——应交消费税"科目的借方，待最终应税消费品缴纳消费税时予以抵扣，而不是计入委托加工应税消费品的成本中。企业在向受托方提货时，按应支付的加工费等，借记"委托加工材料"等科目，按受托方代扣代缴的消费税，借记"应交税费——应交消费税"科目，按加工费与消费税之和，贷记"应付账款""银行存款"等科目。待加工成最终应税消费品销售时，按最终应税消费品应缴纳的消费税，借记"产品销售税金及附加"（或"产品销售税金"）科目，贷记"应交税费——应交消费税"科目。"应交税费——应交消费税"科目中这两笔借方发生额的差额即为实际应交的消费税，于缴纳时，借记"应交税费——应交消费税"科目，贷记"银行存款"科目。

4. 进出口应税消费品的会计处理

进口的应税消费品，应在进口时，由进口者缴纳消费税，缴纳的消费税应计入进口应税消费品的成本。在将消费税计入进口应税消费品成本时，直接贷记"银行存款"等科目。在特殊情况下，如出现先提货、后缴纳消费税的，也可以通过"应交税费——应交消费税"科目核算应交消费税税额。在进口时，应按应税消费品的进口成本连同消费税及不允许抵扣的增值税，借记"固定资产""库存商品""在途物资"等科目，按支付的允许抵扣的增值税，借记"应交税费——应交增值税（进项税额）"科目，按采购成本、缴纳的增值税、消费税的合计数、贷记"银行存款"等科目。

【例6-11】某自营出口外贸企业，出口一批应税消费品，该项业务应缴纳消费税350 000元，则自营出口外贸企业报关出口应税消费品后申请出口退税时：

借：应收出口退税　　　　　　　　　　　　　　350 000
　　贷：主营业务成本　　　　　　　　　　　　　　　350 000

自营出口外贸企业实际收到出口应税消费品退回的税金时：

借：银行存款   350 000

 贷：应收出口退税   350 000

自营出口外贸企业出口应税消费品发生退关或退货而补缴已退的消费税时：

借：应收出口退税   350 000

 贷：银行存款   350 000

● 第三节 消费税的纳税申报

一、消费税的纳税义务发生时间

纳税人生产的应税消费品于销售时纳税，进口消费品应于应税消费品报关进口环节纳税，但金银首饰、钻石及钻石饰品在零售环节纳税。消费税纳税义务发生的时间，以货款结算方式或行为发生时间分别确定。

纳税人采取赊销和分期收款结算方式的，为销售合同规定的收款日期的当天；

纳税人采取预收货款结算方式的，为发出应税消费品的当天；

纳税人采取托收承付和委托银行收款方式的，为发出应税消费品并办妥托收手续的当天；

纳税人采取其他结算方式的，为收讫销售款或取得索款凭据的当天；

纳税人自产自用的应税消费品，为移送使用的当天；

纳税人委托加工的应税消费品，为纳税人提货的当天；

纳税人进口的应税消费品，为报关进口的当天。

二、消费税的纳税期限

按照《消费税暂行条例》规定，消费税的纳税期限分为 1 日、3 日、5 日、10 日、15 日、1 个月或 1 个季度。纳税人的具体纳税期限，由主管税务机关根据纳税人应纳税额核定；不能按照固定期限纳税的可以按次纳税。

纳税人以 1 个月或 1 个季度为一期纳税的，自期满之日起 15 日内申报纳税；以 1 日、3 日、5 日、10 日、15 日为一期纳税的，自期满之日起 5 日内预缴税款，于次月 15 日内申报纳税并结清上月税款；进口货物，应当自海关填发税款缴款书之日起 15 日内缴纳税款。

三、消费税的纳税地点

纳税人销售以及自产自用的应税消费品，应当向纳税人核算地主管税务机关申报纳税。

委托加工的应税消费品，除受托方为个体经营者外，由受托方向所在地主管税务机关申报纳税。

进口的应税消费品，由进口人或代理人向报关地海关申报纳税。

纳税人到外县（市）销售或委托外县（市）代销的，回纳税人核算地或所在地申报纳税。

纳税人总、分支机构不在同一县（市）的，应在生产应税消费品的分支机构申报纳税，也可由总机构汇总纳税，但须经国家税务总局或省级国家税务局批准。

四、消费税的纳税申报

消费税纳税人应当按照有关规定及时办理纳税申报，消费税申报表按"烟类应税消费品""酒及酒精""成品油""小汽车""其他应税消费品"分别填列，纳税人应根据应税消费品类别分别如实填写申报表。其他应税消费品消费税纳税申报表如表6-2所示。

表6-2　　　　　　　　　其他应税消费品消费税纳税申报表

税款所属期：　　年　月　日至　　年　月　日

纳税人名称（公章）：

纳税人识别号：

填表日期：　年　月　日　　　　　　　　　　　　金额单位：元（列至角分）

项目　　　　　　应税消费品名称	适用税率	销售数量	销售额	应纳税额
合计	—	—	—	

	声明
本期准予抵减税额：	此纳税申报表是根据国家税收法律的规定填报的，我确定它是真实的、可靠的、完整的。
本期减（免）税额：	经办人（签章）： 财务负责人（签章）： 联系电话：
期初未缴税额：	

表6-2(续)

项目 应税消费品名称	适用税率	销售数量	销售额	应纳税额
本期缴纳前期应纳税额：		（如果你已委托代理人申报，请填写） 授权声明 　为代理一切税务事宜，现授权		
本期预缴税额：		（地址）　为		
本期应补（退）税额：		本纳税人的代理申报人，任何与本申报表有关的 往来文件，都可寄予此人。 授权人签章：		
期末未缴税额：				

以下由税务机关填写

受理人（签章）：　　　　受理日期：　　年　月　日　　受理税务机关（章）：

填表说明

1. 本表限高档化妆品、贵重首饰及珠宝玉石、鞭炮和焰火、摩托车、高尔夫球及球具、高档手表、游艇、木制一次性筷子、实木地板等消费税纳税人使用。

2. 本表"应税消费品名称"和"适用税率"按照以下内容填写：

高档化妆品，15%；贵重首饰及珠宝玉石，10%；金银首饰（铂金首饰、钻石及钻石饰品），5%；鞭炮和焰火，15%；摩托车（排量>250毫升），10%；摩托车（排量≤250毫升），3%；高尔夫球及球具，10%；高档手表，20%；游艇，10%；木制一次性筷子，5%；实木地板，5%。

3. 本表"销售数量"为《中华人民共和国消费税暂行条例》《中华人民共和国消费税暂行条例实施细则》及其他法规、规章规定的当期应申报缴纳消费税的应税消费品销售（不含出口免税）数量。计量单位是：摩托车为辆；高档手表为只；游艇为艘；实木地板为平方米；木制一次性筷子为万双；化妆品、贵重首饰及珠宝玉石（含金银首饰、铂金首饰、钻石及钻石饰品）、鞭炮和焰火、高尔夫球及球具按照纳税人实际使用的计量单位填写并在本栏中注明。

4. 本表"销售额"为《中华人民共和国消费税暂行条例》《中华人民共和国消费税暂行条例实施细则》及其他法规、规章规定的当期应申报缴纳消费税的应税消费品销售（不含出口免税）收入。

5. 根据《中华人民共和国消费税暂行条例》的规定，本表"应纳税额"计算公式如下：

$$应纳税额 = 销售额 \times 适用税率$$

6. 本表"本期准予扣除税额"按本表附件一的本期准予扣除税款合计金额填写。

7. 本表"本期减（免）税额"不含出口退（免）税额。

8. 本表"期初未缴税额"填写本期期初累计应缴未缴的消费税税额，多缴为负数。其数值等于上期"期末未缴税额"。

9. 本表"本期缴纳前期应纳税额"填写本期实际缴纳入库的前期消费税税额。

10. 本表"本期预缴税额"填写纳税申报前已预先缴纳入库的本期消费税税额。

11. 本表"本期应补（退）税额"计算公式如下，多缴为负数：

本期应补（退）税额＝应纳税额（合计栏金额）－本期准予扣除税额－本期减（免）税额－本期预缴税额

12. 本表"期末未缴税额"计算公式如下，多缴为负数：

　　期末未缴税额＝期初未缴税额＋本期应补（退）税额－本期缴纳前期应纳税额

13. 本表为 A4 竖式，所有数字小数点后保留两位。一式二份，一份纳税人留存，一份税务机关留存。

　　酒类应税消费品消费税纳税申报表如表 6-3 所示。

表 6-3　　　　　　　　　　酒类应税消费品消费税纳税申报表

税款所属期：　　年　月　日至　　年　月　日

纳税人名称（公章）：

纳税人识别号：□□□□□□□□□□□□□□□□

填表日期：　　年　月　日　　　　　　　　　　　　　　　　金额单位：元（列至角分）

项目　　应税消费品名称	适用税率		销售数量	销售额	应纳税额
	定额税率	比例税率			
粮食白酒	1 元/千克	20%			
薯类白酒	1 元/千克	20%			
啤酒	250 元/吨	—			
啤酒	220 元/吨	—			
黄酒	240 元/吨	—			
其他酒	—	10%			
合计	—	—			

本期准予抵减税额：	声明
	此纳税申报表是根据国家税收法律的规定填报的，我确定它是真实的、可靠的、完整的。
本期减（免）税额：	
	经办人（签章）：
期初未缴税额：	财务负责人（签章）： 联系电话：
本期缴纳前期应纳税额：	
	（如果你已委托代理人申报，请填写） 授权声明
本期预缴税额：	
本期应补（退）税额：	为代理一切税务事宜，现授权＿＿＿＿＿＿（地址）为本纳税人的代理申报人，任何与本申报表有关的往来文件，都可寄于此人。
期末未缴税额：	授权人签章：
以下由税务机关填写	
受理人（签章）：　　　受理日期：　　年　月　日　　受理税务机关（章）	

填表说明

1. 本表仅限酒类应税消费品消费税纳税人使用。

2. 本表"税款所属期"是指纳税人申报的消费税应纳税额的所属时间，应填写具体的起止年、月、日。

3. 本表"纳税人识别号"栏，填写纳税人的税务登记证号码。

4. 本表"纳税人名称"栏，填写纳税人单位名称全称。

5. 本表"销售数量"为《中华人民共和国消费税暂行条例》《中华人民共和国消费税暂行条例实施细则》及其他法规、规章规定的当期应申报缴纳消费税的酒类应税消费品销售（不含出口免税）数量。计量单位：粮食白酒和薯类白酒为千克（如果实际销售商品按照体积标注计量单位，应按 1 000 毫升为 1 千克换算），啤酒、黄酒和其他酒为吨。

6. 本表"销售额"为《中华人民共和国消费税暂行条例》《中华人民共和国消费税暂行条例实施细则》及其他法规、规章规定的当期应申报缴纳消费税的酒类应税消费品销售（不含出口免税）收入。

7. 根据《中华人民共和国消费税暂行条例》和《财政部 国家税务总局关于调整酒类产品消费税政策的通知》（财税〔2001〕84 号）的规定，本表"应纳税额"计算公式如下：

（1）粮食白酒、薯类白酒

应纳税额＝销售数量×定额税率+销售额×比例税率

（2）啤酒、黄酒

应纳税额＝销售数量×定额税率

（3）其他酒

应纳税额＝销售额×比例税率

8. 本表"本期准予抵减税额"填写按税收法规规定的本期准予抵减的消费税应纳税额。其准予抵减的消费税应纳税额情况，需填报本表附 1 本期准予抵减税额计算表予以反映。

"本期准予抵减税额"栏数值与本表附 1 本期准予抵减税额计算表"本期准予抵减税款合计"栏数值一致。

9. 本表"本期减（免）税额"不含出口退（免）税额。

10. 本表"期初未缴税额"栏，填写本期期初累计应缴未缴的消费税税额，多缴为负数。其数值等于上期申报表"期末未缴税额"栏数值。

11. 本表"本期缴纳前期应纳税额"填写本期实际缴纳入库的前期应缴未缴消费税税额。

12. 本表"本期预缴税额"填写纳税人申报前纳税人已预先缴纳入库的本期消费税税额。

13. 本表"本期应补（退）税额"填写纳税人本期应纳税额中应补缴或应退回的数额。计算公式如下，多缴为负数：

本期应补（退）税额＝应纳税额（合计栏金额）－本期准予抵减税额－本期减（免）税额－本期预缴税额

14. 本表"期末未缴税额"填写纳税人本期期末应缴未缴的消费税税额。计算公式如下，多缴为负数：

期末未缴税额＝期初未缴税额+本期应补（退）税额－本期缴纳前期应纳税额

15. 本表为 A4 竖式，所有数字小数点后保留两位。一式二份，一份纳税人留存，一份税务机关留存。

成品油消费税纳税申报表如表 6-4 所示。

表6-4　　　　　　　　　　　成品油消费税纳税申报表

税款所属期：　　年　月　日至　　年　月　日

纳税人名称（公章）：

纳税人识别号：☐☐☐☐☐☐☐☐☐☐☐☐☐☐☐☐☐☐

填表日期：　年　月　日　　　　　　　　　　金额单位：元（列至角分）

项目 应税消费品名称	适用税率	销售数量	应纳税额
汽油	1.52元/升		
柴油	1.20元/升		
航空煤油	1.20元/升		
石脑油	1.52元/升		
溶剂油	1.52元/升		
润滑油	1.52元/升		
燃料油	1.20元/升		
合计	—	—	

本期减（免）税额：	
期初留抵税额：	声明
本期准予扣除税额：	此纳税申报表是根据国家税收法律、法规规定填报的，我确定它是真实的、可靠的、完整的。
本期应抵扣税额：	
期初未缴税额：	
期末留抵税额：	声明人签字：
本期实际抵扣税额：	
本期缴纳前期应纳税额：	
本期预缴税额：	（如果你已委托代理人申报，请填写） 授权声明
本期应补（退）税额：	为代理一切税务事宜，现授权_____ （地址）为本纳税人的代理申报人，任何与本申报表有关的往来文件，都可寄予此人。
期末未缴税额：	授权人签字：
以下由税务机关填写：	
受理人（签字）：　　受理日期：　年　月　日　　受理税务机关（公章）：	

填表说明

1. 本表仅限成品油消费税纳税人使用。

2. 本表"税款所属期"是指纳税人申报的消费税应纳税额的所属时间，应填写具体的起止年、月、日。

3. 本表"纳税人识别号"栏，填写纳税人的税务登记证号码。

4. 本表"纳税人名称"栏，填写纳税人单位名称全称。

5. 本表"销售数量"栏，填写按照税收法规规定本期应当申报缴纳消费税的成品油应税消费品销售（不含出口免税）数量。

6. 本表"应纳税额"栏，填写本期按适用税率计算缴纳的消费税应纳税额。计算公式为：

$$应纳税额 = 销售数量 \times 适用税率$$

"应纳税额"合计栏等于汽油、柴油、石脑油、溶剂油、润滑油、燃料油"应纳税额"的合计数。

7. 本表"本期减（免）税额"栏，填写本期按照税收法规规定减免的消费税应纳税额，不包括暂缓征收的项目。其减免的消费税应纳税额情况，需填报本表附2本期减（免）税额计算表予以反映。

本栏数值与本表附2本期减（免）税额计算表"本期减（免）税额"合计栏数值一致。

8. 本表"期初留抵税额"栏按上期申报表"期末留抵税额"栏数值填写。

9. 本表"本期准予扣除税额"栏，填写按税收法规规定，外购、进口或委托加工收回汽油、柴油、石脑油、润滑油、燃料油后连续生产应税消费品准予扣除汽油、柴油、石脑油、润滑油、燃料油的消费税已纳税款。其准予扣除的已纳税额情况，需填报本表附1本期准予扣除税额计算表予以反映。

本栏数值与本表附1本期准予扣除税额计算表"本期准予扣除税款"合计栏数值一致。

10. 本表"本期应抵扣税额"栏，填写纳税人本期应抵扣的消费税税额。计算公式为：

$$本期应抵扣税额 = 期初留抵税额 + 本期准予抵扣税额$$

11. 本表"期初未缴税额"栏，填写本期期初累计应缴未缴的消费税税额，多缴为负数。其数值等于上期申报表"期末未缴税额"栏数值。

12. 本表"期末留抵税额"栏，计算公式如下，其值大于零时按实际数值填写，小于等于零时填写零：

$$期末留抵税额 = 本期应抵扣税额 - 应纳税额（合计栏金额） + 本期减（免）税额$$

13. 本表"本期实际抵扣税额"栏，填写纳税人本期实际抵扣的消费税税额。计算公式为：

$$本期实际抵扣税额 = 本期应抵扣税额 - 期末留抵税额$$

14. 本表"本期缴纳前期应纳税额"栏，填写纳税人本期实际缴纳入库的前期应缴未缴消费税税额。

15. 本表"本期预缴税额"栏，填写纳税申报前纳税人已预先缴纳入库的本期消费税税额。

16. 本表"本期应补（退）税额"栏，填写纳税人本期应纳税额中应补缴或应退回的数额，计算公式如下，多缴为负数：

$$本期应补（退）税额 = 应纳税额（合计栏金额） - 本期减（免）税额 - 本期实际抵扣税额 - 本期预缴税额$$

17. 本表"期末未缴税额"栏，填写纳税人本期期末应缴未缴的消费税税额，计算公式如下，多缴为负数：

$$期末未缴税额 = 期初未缴税额 + 本期应补（退）税额 - 本期缴纳前期应纳税额$$

18. 本表为A4竖式，所有数字小数点后保留两位。一式二份，一份纳税人留存，一份税务机关留存。

小汽车消费税纳税申报表如表6-5所示。

表6-5　　　　　　　　　　　**小汽车消费税纳税申报表**

税款所属期：　　年　月　日至　　年　月　日

纳税人名称（公章）：

纳税人识别号：□□□□□□□□□□□□□□□□□□□

填表日期：　　年　月　日　　　　　　　　　　　　单位：元（列至角分）

项目　　　　应税消费品名称		适用税率	销售数量	销售额	应纳税额
乘用车	气缸容量≤1.0升	1%			
	1.0升<气缸容量≤1.5升	3%			
	1.5升<气缸容量≤2.0升	5%			
	2.0升<气缸容量≤2.5升	9%			
	2.5升<气缸容量≤3.0升	12%			
	3.0升<气缸容量≤4.0升	25%			
	气缸容量>4.0升	40%			
中轻型商用客车		5%			
合　计		—	—	—	

	声明
本期准予扣除税额：	此纳税申报表是根据国家税收法律的规定填报的，我确定它是真实的、可靠的、完整的。
本期减（免）税额：	
期初未缴税额：	经办人（签章）： 财务负责人（签章）： 联系电话：
本期缴纳前期应纳税额：	（如果你已委托代理人申报，请填写） 授权声明
本期预缴税额：	为代理一切税务事宜，现授权_____（地址）为本纳税人的代理申报人，任何与本申报表有关的往来文件，都可寄予此人。
本期应补（退）税额：	
期末未缴税额：	授权人签章：
以下由税务机关填写：	
受理人（签章）：　　　　受理日期：　　年　月　日　　　受理税务机关（章）：	

填表说明

1. 本表仅限小汽车消费税纳税人使用。

2. 纳税人生产的改装、改制车辆，应按照《财政部 国家税务总局关于调整和完善消费税政策的通知》（财税〔2006〕33 号）中规定的适用税目、税率填写本表。

3. 本表"销售数量"为《中华人民共和国消费税暂行条例》《中华人民共和国消费税暂行条例实施细则》及其他法规、规章规定的当期应申报缴纳消费税的小汽车类应税消费品销售（不含出口免税）数量。

4. 本表"销售额"为《中华人民共和国消费税暂行条例》《中华人民共和国消费税暂行条例实施细则》及其他法规、规章规定的当期应申报缴纳消费税的小汽车类应税消费品销售（不含出口免税）收入。

5. 根据《中华人民共和国消费税暂行条例》的规定，本表"应纳税额"的计算公式如下：

$$应纳税额=销售额×比例税率$$

6. 本表"本期减（免）税额"不含出口退（免）税额。

7. 本表"期初未缴税额"填写本期期初累计应缴未缴的消费税税额，多缴为负数。其数值等于上期"期末未缴税额"。

8. 本表"本期缴纳前期应纳税额"填写本期实际缴纳入库的前期消费税税额。

9. 本表"本期预缴税额"填写纳税申报前已预先缴纳入库的本期消费税税额。

10. 本表"本期应补（退）税额"计算公式如下，多缴为负数：

本期应补（退）税额=应纳税额（合计栏金额）-本期减（免）税额-本期预缴税额

11. 本表"期末未缴税额"计算公式如下，多缴为负数：

期末未缴税额=期初未缴税额+本期应补（退）税额-本期缴纳前期应纳税额

12. 本表为 A4 竖式，所有数字小数点后保留两位。一式二份，一份纳税人留存，一份税务机关留存。

电池消费税纳税申报表如表 6-6 所示。

表 6-6　　　　　　　　　　　**电池消费税纳税申报表**

税款所属期：　　年　月　日至　　年　月　日

纳税人名称（公章）：

纳税人识别号：☐☐☐☐☐☐☐☐☐☐☐☐☐☐☐☐☐☐

填表日期：　　年　月　日　　　　　　　　　　金额单位：元（列至角分）

项目 应税消费品名称	适用税率	销售数量	销售额	应纳税额
电池（不含铅蓄电池）	4%			
铅蓄电池	4%			—
合计	—			

表6-6(续)

本期准予扣除税额：	声明 　此纳税申报表是根据国家税收法律规定填报的，我确定它是真实的、可靠的、完整的。
本期减（免）税额：	
期初未缴税额：	经办人（签章）： 　　财务负责人（签章）： 　　联系电话：
本期缴纳前期应纳税额：	（如果你已委托代理人申报，请填写） 授权声明
本期预缴税额：	
本期应补（退）税额：	为代理一切税务事宜，现授权_____（地址）为本纳税人的代理申报人，任何与本申报表有关的往来文件，都可寄予此人。
期末未缴税额：	授权人签章：
以下由税务机关填写：	
受理人（签章）：　　　　受理日期：　　年　月　日　　　受理税务机关（章）：	

填表说明

1. 本表限电池消费税纳税人使用。

2. 本表"税款所属期"是指纳税人申报的消费税应纳税额的所属时间，应填写具体的起止年、月、日。

3. 本表"纳税人识别号"栏，填写纳税人的税务登记证号码。

4. 本表"纳税人名称"栏，填写纳税人单位名称全称。

5. 本表"销售数量"栏，填写按照税收法规规定本期应当申报缴纳消费税的电池应税消费品销售（不含出口免税）数量。

6. 本表"销售额"栏，填写按照税收法规规定的本期应当申报缴纳消费税的电池应税消费品销售（不含出口免税）收入。

7. 本表"应纳税额"栏，填写本期按4%适用税率计算缴纳的消费税应纳税额。计算公式为：

$$应纳税额＝销售额×4\%$$

暂缓征收的铅蓄电池不计算应纳税额。

8. 本表"本期准予扣除税额"填写按税收法规规定委托加工收回电池并以高于受托方的计税价格出售电池应税消费品，准予扣除的电池消费税已纳税款。

"本期准予扣除税额"栏数值与电池、涂料税款抵扣台账第12栏"本月抵扣领用合计"已纳税款数值一致。

9. 本表"本期减（免）税额"栏，填写本期按照税收法规规定减免的电池消费税应纳税额，不含出口退（免）税额。其减免的电池消费税应纳税额情况，需填报本表附1本期减（免）税额计算表予以反映。

"本期减（免）税额"栏数值与本表附1本期减（免）税额计算表"本期减（免）税额"合

计栏数值一致。

10. "期初未缴税额"栏，填写本期期初累计应缴未缴的消费税税额，多缴为负数。其数值等于上期申报表"期末未缴税额"栏数值。

11. 本表"本期缴纳前期应纳税额"栏，填写纳税人本期实际缴纳入库的前期应缴未缴消费税税额。

12. 本表"本期预缴税额"栏，填写纳税申报前纳税人已预先缴纳入库的本期消费税税额。

13. 本表"本期应补（退）税额"栏，填写纳税人本期应纳税额中应补缴或应退回的数额，计算公式如下，多缴为负数：

本期应补（退）税额＝应纳税额-本期减（免）税额-本期准予扣除税额-本期预缴税额

14. 本表"期末未缴税额"栏，填写纳税人本期期末应缴未缴的消费税税额。计算公式如下，多缴为负数：

期末未缴税额＝期初未缴税额+本期应补（退）税额-本期缴纳前期应纳税额

15. 本表为 A4 竖式，所有数字小数点后保留两位。一式二份，一份纳税人留存，一份税务机关留存。

酒及酒精消费税纳税申报表如表 6-7 所示。

表 6-7　　　　　　　　　　　**酒及酒精消费税纳税申报表（填报样本）**

税款所属期：2016 年 1 月 1 日至 2016 年 1 月 31 日

税务登记证号：

纳税人名称（公章）：税务登记证标注的名称

纳税人识别号：☐☐☐☐☐☐☐☐☐☐☐☐☐☐☐

填表日期：2016 年 2 月 1 日　　　　　　　　　　　　金额单位：元（列至角分）

| 项目
应税消费品名称 | 适用税率 | | 销售数量 | 销售额 | 应纳税额 |
	定额税率	比例税率			
粮食白酒	1 元/千克	20%	75 000	5 625 000.00	1 162 500.00
薯类白酒	1 元/千克	20%			
啤酒	250 元/吨	—	25 000		6 250 000.00
啤酒	220 元/吨	—	10 000		2 200 000.00
黄酒	240 元/吨				
其他酒	—	10%			
酒精		5%			
合计	—	—	—	—	9 612 500.00

表6-7(续)

	声明
本期准予抵减税额: 7 500 000.00	此纳税申报表是根据国家税收法律的规定填报的,我确定它是真实的、可靠的、完整的。
本期减(免)税额: 0	经办人(签章):某某某 财务负责人(签章):某某某 联系电话:111111
期初未缴税额: 2 535 000.00	
本期缴纳前期应纳税额: 2 535 000.00	(如果你已委托代理人申报,请填写) 授权声明
本期预缴税额:	
本期应补(退)税额: 2 112 500.00	为代理一切税务事宜,现授权 _____(地址)为本纳税人的代理申报人,任何与本申报表有关的往来文件,都可寄予此人。
期末未缴税额: 2 112 500.00	授权人签章:

受理人(签章): 受理日期: 年 月 日 受理税务机关(章):

第七章　关税

第一节　关税概述

一、关税的概念及特点

（一）关税的概念

关税是指一国海关根据该国法律规定，对通过其关境的进出口货物课征的一种流转税。"境"指关境，又称"海关境域"或"关税领域"，是《中华人民共和国海关法》全面实施的领域。通常情况下，一国关境与国境是一致的，包括国家全部的领土、领海、领空。但当某一国家在国境内设立了自由港、自由贸易区等，这些区域就进出口关税而言处在关境之外，这时，该国家的关境小于国境。关税一般属于国家最高行政单位指定税率的高级税种，对于对外贸易发达的国家而言，关税往往是国家财政的主要收入。

关税是国家税收的一种，组织财政收入是关税的基本职能之一，所以关税的作用之一就是提供乃至增加财政收入。另外，它在调节经济、促进改革开放方面，在保护民族企业、防止国外经济侵袭、争取关税互惠、促进对外贸易发展等方面都具有重要作用。

（二）关税的分类

依据不同的标准，关税可以划分为不同的类型。

1. 按照征收的对象或商品流向分类，可分为进口关税、出口关税、过境税

（1）进口关税（Import Duty），是指海关在外国货物进口时课征的关税。进口关税通常在外国货物进入关境或国境时征收，或在外国货物从保税仓库提出运往国

内市场时征收。现今世界各国的关税，主要是征收进口关税。

（2）出口关税（Export Duty）是指海关在本国货物出口时课征的关税。为降低出口货物的成本，增加本国货物在国外市场上的竞争力，世界各国一般少征或不征出口关税。但为限制本国某些产品、自然资源的输出，或出于保护本国生产、本国市场供应和增加财政收入等某些特定的需要，有些国家也征收出口关税。

（3）过境税（Transit Duties）又称"通过税"，是指对过境货物所征收的关税。过境货物一般指该货物运输的起点和终点均在运输所经的国家之外的情况，即当外国货物运进一个国家的关境后又原样运出该关境。征收过境税的主要目的是增加国家的财政收入。商品过境时，被过境的国家可获得运输、保险、仓储、管理等方面的收入。

2. 按照征税的目的分类，可分为财政关税、保护关税

（1）财政关税，亦称收入关税。它是以增加国家财政收入为主要目的而征收的关税，税率较保护关税低。随着世界经济的发展，财政关税的作用逐渐减弱，为保护关税所代替。

（2）保护关税，是以保护本国经济发展为主要目的而课征的关税，保护关税主要是进口关税，税率较高。

3. 按照征税的一般方法或征税标准分类，可分为从量税、从价税、复合税和滑准税

其中，从量税、从价税是关税的基本计算方法。从量税、从价税、复合税的含义与消费税相同。

4. 按照差别待遇和特定的实施情况分类，可分为进口附加税（反补贴税、反倾销税）、差价税、特惠税、普遍优惠税

略。

5. 按约束程度可分为自主关税、非自主关税和协定关税

略。

（三）关税的特点

各类关税除了具有各自的特点之外，还具有以下共同特点。

1. 纳税上的统一性和一次性

按照全国统一的进出口关税条例和税则征收关税，在征收一次性关税以后，货物就可以在整个关境内流通，不再另行征收关税。

2. 征收上的过"关"性

是否征收关税是以货物是否通过关境为标准。凡是进出关境的货物都要征收关税，凡未出入关境的货物则不征收关税。

3. 税率上的复式性

关税的税则是关税课税范围及其税率的法则。复式税则又称多栏税则，是指一个税目设有两个或两个以上的税率，根据进口货物原产国的不同，分别适用高低不

同的税率。复式税则是一个国家对外贸易政策的体现。目前，在国际上除极个别国家外，各国关税普遍实行复式税则。

4. 征管上的权威性

海关是设在关境上的国家行政机构，负责征收关税、查禁走私货物、临时保管通关货物和统计进出口商品等。关税是由海关代表国家向纳税人征收的，具有权威性。

5. 对进出口贸易的调节性

许多国家通过制定和调整关税税率来调节进出口贸易。在出口方面，通过低税、免税和退税来鼓励本国商品出口；在进口方面，通过税率的调整、减免来调节商品的进口。

二、关税的基本要素

（一）关税的纳税人

进口货物的收货人、出口货物的发货人、进出境物品的所有人，是关税的纳税义务人。进出口货物的收、发货人是依法取得对外贸易经营权，并进口或者出口货物的法人或者其他社会团体。进出境物品的所有人包括该物品的所有人和推定为所有人的人。一般情况下，对于携带进境的物品，推定其携带人为所有人；对分离运输的行李，推定相应的进出境旅客为所有人；对以邮递方式进境的物品，推定其收件人为所有人；以邮递或其他方式出境的物品，推定其寄件人或托运人为所有人。

（二）关税的征收对象

关税的征税对象是准许进、出境的货物和物品。货物是贸易性商品；物品指入境旅客随身携带的行李物品，个人邮递物品，各种运输工具上的服务人员携带进口的自用物品、馈赠物品以及其他方式进境的个人物品。

（三）关税税则

关税税则也称进出口税则，是一国政府根据国家关税政策及经济政策，通过一定的立法程序制定公布实施的进出口货物和物品应税的关税规章和税率一览表。关税税则以税率表为主体，通常包括实施税则的法令、使用税则的有关说明和附录等。

《中华人民共和国海关进出口税则》是我国海关凭以征收关税的法律依据，也是我国关税政策的具体体现。我国现行税则包括《中华人民共和国进出口关税条例》《税率适用说明》《中华人民共和国海关进口税则》及《进口商品从量税、复合税、滑准税税目税率表》《进口商品关税配额税目税率表》《进口商品税则暂定税率表》《出口商品税则暂定税率表》《非全税目信息技术产品税率表》等。

（四）关税税率

所谓关税税率，是指海关税则规定的对课征对象征税时计算税额的比例。

1. 进口关税税率

进口关税设普通税率和优惠税率。对原产于中华人民共和国未订有关税互惠协议的国家或者地区的进口货物，按照普通税率征税；对原产于中华人民共和国订有关税互惠协议的国家或者地区的进口货物，按照优惠税率征税。

根据新的《中华人民共和国进出口关税条例》（以下简称《进出口关税条例》）的规定，我国进口关税的法定税率包括最惠国税率、协定税率、特惠税率、普通税率、关税配额税率等。最惠国税率适用原产于我国共同适用最惠国待遇条款的世界贸易组织成员国或地区的进口货物，或原产于我国签订有相互给予最惠国待遇条款的双边贸易协定的国家或地区的进口货物，以及原产于中华人民共和国境内的进口货物。协定税率适用原产于我国订有含关税优惠条款的区域性贸易协定的有关缔约方的进口货物。特惠税率适用原产于我国签订有特殊优惠关税协定的国家或地区的进口货物。2013 年之前，我国对原产于孟加拉国的 18 个税目的进口商品实行曼谷协定特惠税率。普通税率适用原产于上述国家或地区以外的国家和地区的进口货物，或者原产地不明的国家或者地区的进口货物。

我国用以确定进口货物原产地的标准主要有两种。第一，全部产地生产标准，即进口货物完全在一个国家内生产或制造，包括在该国的领土内开采的矿产品、植物产品，饲养的活动物，捕猎、捕捞产品以及在该国船只上卸下的、加工的产品等，与国际上的全部产地生产标准完全相同。第二，实质性加工标准，指经过几个国家加工、制造的货物，以最后一个对货物进行经济上可以视为实质性加工的国家作为该货物的原产地。

2. 出口税率

我国出口税则为一栏税率，即出口税率。国家仅对少数资源性产品及易于竞相杀价、盲目进口、需要规范出口秩序的半制成品征收出口关税。

三、减免税

关税减免是贯彻国家关税政策的一项重要措施，分为法定减免税、特定减免税和临时减免税。根据《中华人民共和国海关法》（以下简称《海关法》）的规定，除法定减免的其他减免税均由国务院决定。减征关税在我国加入世界贸易组织之前以税则规定税率为基准，在我国加入世界贸易组织之后以最惠国税率或者普通税率为基准。

（一）法定减免税

法定减免税是税法中明确列出的减税或免税。符合税法规定可予以减免税的进出口货物，纳税义务人无须提出申请，海关可按规定直接予以减免税。海关对法定减免税货物一般不进行后续管理。

我国《海关法》和《进出口关税条例》明确规定，对 12 项货物、物品予以减免关税，如关税税额在人民币 50 元以下的一票货物，无商业价值的广告和货样，外国政府、国际组织无偿赠送的物资，进出境运输工具装载途中必需的燃料、物料和饮食用品等。

（二）特定减免税

特定减免税也称政策性减免税。即在法定减免税之外，国家按照国际通行规则和我国实际情况，制定发布的有关进出口货物减免关税的政策。特定减免税货物一般有地区、企业和用途的限制，海关需要进行后续管理，也需要进行减免统计。我国目前对科教用品，残疾人专用品，扶贫、慈善性捐赠物资等采用特定减免税。

（三）临时减免税

临时减免税指以上法定和特定减免税以外的其他减免税，即由国务院根据《海关法》对某个单位、某类商品、某个项目或某批进出口货物的特殊情况，给予特别照顾，一案一批，专文下达的减免税。一般有单位、品种、期限、金额或数量等限制，不能比照执行。

我国已经加入世界贸易组织，为遵循统一、规范、公平、公开的原则，有利于统一税法、公平税负、平等竞争，国家严格控制减免税，一般不办理个案临时性减免税，对特定减免税也在逐步规范、清理，对不符合国际惯例的优惠政策将逐步予以废止。

● 第二节　关税的计算

一、关税完税价格

《海关法》规定，进出口货物的完税价格，由海关以该货物的成交价格为基础审查确定。

（一）一般进口货物的完税价格

进口货物以海关审定的以成交价格为基础的到岸价格为完税价格。实际成交价格是一般贸易项目下进口或者出口货物的买方为购买该货物向卖方实付或应付价格。到岸价格是指货物在采购地的正常批发价格，加上国外已征的出口税和运抵我国输入地点起卸前的包装费、运费、保险费、手续费等一切费用。用公式表示为：

进口货物关税完税价格＝货价＋采购费用（包括货物运抵中国关境内输入地起卸前的运输费、保险费和其他劳务费等费用）

实付或应付价格调整规定如下：

（1）下列费用或价值未包括在进口货物的实付或者应付价格中，应当计入完税价格：

①由买方负担的除购货佣金以外的佣金和经纪费。购货佣金指买方为购买进口

货物向自己的采购代理人支付的劳务费用，经纪费指买方为购买进口货物向代表买卖双方利益的经纪人支付的劳务费用。

②由买方负担的与该货物视为一体的容器费用。

③由买方负担的包装材料费用和包装劳务费用。

④可以按适当比例分摊的，由买方直接或间接免费提供或以低于成本价方式销售给卖方或有关方的货物或服务的价值。

⑤与该货物有关并作为卖方向我国销售该货物的一项条件，应当由买方直接或间接支付的特许权使用费。

⑥卖方直接或者间接从买方获得的在该货物进口后转售、处置或者使用所得中获得的收益。

（2）下列费用，如能与该货物实付或者应付价格区分，不能计入完税价格：

①厂房、机械、设备等货物进口后进行建设、安装、装配、维修和技术服务的费用；

②货物运抵境内输入地点起卸后的运输费用；

③进口关税及其他国内税。

（3）进口货物的价格不符合成交价格条件或者成交价格不能确定的，海关应当以下列顺序估定完税价格：

①相同货物的成交价格；

②类似货物的成交价格；

③倒扣价格；

④计算价格；

⑤以合理方法估定的价格。

（二）出口货物的完税价格

1. 以成交价格为基础的完税价格

出口货物的完税价格由海关以该货物向境外销售的成交价格为基础审查确定，并应包括该货物运至我国境内输出地点装载前的运输及其相关费用、保险费，但其中包含的出口关税税额应当扣除。

出口货物的成交价格，是指该货物出口时卖方出口该货物应当向买方直接收取和间接收取的价款总额。出口货物的成交价格中含有支付给境外的佣金的，如果单独列明，应当扣除。

2. 以出口货物海关估价法确定的完税价格

根据《进出口关税条例》的规定，出口货物的成交价格不能确定的，海关经了解有关情况，并与纳税义务人进行价格磋商后，依次以下列价格估定该货物的完税价格：

（1）同时或者大约同时向同一国家或者同一地区出口相同货物的成交价格；

（2）同时或者大约同时向同一国家或者同一地区出口类似货物的成交价格；

（3）根据境内生产相同或者类似货物的料件成本、加工费用，通常的利润和一般费用，境内发生的运输及相关费用、保险费计算所得的价格；

（4）以合理方法估定的价格。

（三）进出口货物完税价格中的运输及其相关费用、保险费的计算

（1）进口货物的运输及其相关费用、保险费应当按照下列方法计算：

①海运进口货物，计算至该货物运抵境内的卸货口岸，如果该货物的口岸是内河口岸，则应当计算至内河口岸；

②陆运进口货物计算至该货物运抵境内的第一口岸，如果运输及相关费用、保险费支付至目的地口岸，则应当计算至目的地口岸。

③空运进口货物计算至该货物运抵境内的第一口岸，如果运输及相关费用、保险费支付至目的地口岸，则应当计算至目的地口岸。

（2）陆运、空运和海运进口货物的运费，应当按照实际支付的费用计算。如果进口货物的保险费无法确定或者未实际发生，海关应当按照该货物运输行业公布的运费率计算。

（3）陆运、空运和海运进口货物的保险费，应当按照实际支付的费用计算。如果进口货物的保险费无法确定或者未实际发生，海关应当按照货价加运费两者总额的3‰计算保险费。

（4）邮运的进口货物，应当以邮费作为运输及其相关费用、保险费。

（5）以境外口岸价格条件成交的铁路或公路运输进口货物，海关应当按照货价的1%计算运输及其相关费用、保险费。

（6）作为进口货物的自驾进口的运输工具，海关在审定完税价格时，可以不另计入运费。

（7）进口货物的销售价格如果包括离境口岸至境外口岸之间的运费、保险费的，该运费、保险费应当扣除。

二、关税应纳税额的计算

关税基本计算公式为：

$$应纳关税税额 = 关税完税价格 \times 关税税率$$

由于关税分从价、从量、复合和滑准四种计税方法，因此，关税的计算具体分为以下几种方法。

（一）从价税的计算

从价税是以进口商品的价格为标准计征的关税。从价税具有税负公平、明确，易于实施，计征简便等优点。大多数进出口商品采用从价税。货物的价格不是指商品的成交价格，而是指进出口商品的完税价格。其计算公式为：

$$应纳关税税额 = 应税进出口货物数量 \times 单位完税价格 \times 适用税率$$

（二）从量税的计算

从量税是以商品的重量、数量、容量、长度和面积等计量单位为标准计征的税收，一般是以每一计量单位应纳的关税金额作为税率来计缴的关税。其特点是不因商品价格的涨落而改变应纳税额，手续简便，但税负不合理，难以普遍采用。我国目前仅对啤酒、胶卷等少数商品计征从量关税。其计算公式为：

应纳关税税额＝应税进口货物数量×关税单位税额

（三）复合税的计算

复合税亦称混合税。它是对进口商品既征从量税又征从价税的一种办法，一般以从量税为主，再加征从价税。实务中，货物的从量税税额与从价税税额难以同时确定，且手续繁杂，难以普遍采用。其计算公式为：

应纳关税税额＝应税进口货物数量×关税单位税额＋应税进口货物数量×单位完税价格×适用税率

（四）滑准税的计算

滑准税亦称滑动税、伸缩税，是对进口税则中的同一种商品按其市场价格标准分别制订不同价格档次的税率而征收的一种进口关税。征收这种关税的目的是使该种进口商品，不管其进口价格如何变化，其税后价格保持在一个预定的价格标准上，以稳定进口国国内该种商品的市场价格，尽可能减少国际市场价格波动的影响。

关税税额＝应税进（出）口货物数量×单位完税价格×滑准税税率

【例7-1】国内某进出口公司从美国进口一批货物，货物以离岸价格成交，成交价折合人民币1 620万元（包括单独计价并经海关审查属实的向境外采购代理人支付的买方佣金20万元，但不包括因使用该货物而向境外支付的软件费60万元、向卖方支付的佣金15万元），另支付货物抵达我国境内港的运费、保险费等40万元。假定该货物适用关税税率20%、增值税税率17%、消费税税率10%。请分别计算该公司应该缴纳的关税、增值税和消费税。

解析：

（1）该公司应当缴纳的关税：

关税完税价格＝1 620+60+15−20+40＝1 715（万元）

关税＝1 715×20%＝343（万元）

（2）应当缴纳的增值税和消费税：

组成计税价格＝（1 715+343）÷（1−10%）＝2 286.67（万元）

应纳增值税＝2 286.67×17%＝388.73（万元）

应纳消费税＝2 286.67×10%＝228.67（万元）

【例7-2】某进出口公司出口商品一批，离岸价格为2 000万元，出口税率为30%，要求计算应纳出口关税税额。

解析：该公司应缴纳的出口关税＝2 000×30%＝600（万元）

第三节　关税的申报、缴纳及账务处理

一、关税的申报

（一）纳税地点

海关征收关税时，根据纳税人的申请及进出口货品的具体情况，可以在关境地征收，也可以在主管地征收。

1. 关境地征收

关境地征收即口岸纳税。不管纳税人的住址在哪里，进口货品在哪里通关，纳税人就在哪里缴纳关税，这是一种常见的方法。

2. 主管地纳税

它亦称集中纳税。纳税人缴纳关税时，经海关办理有关手续，进出口货品即可由纳税人住址所在地海关（主管地海关）监管其通关，关税也在纳税人住址所在地（主管地）缴纳。这种方式只适用于集装箱运载货物时使用。

（二）申报时间及纳税期限

1. 申报时间

（1）进口货物自运输工具申报进境之日起 14 日内；

（2）出口货物在运抵海关监督区后装货的 24 小时以前。

2. 纳税期限

进口货物的收发货人或其代理人，应当在海关填发税款缴纳凭证之日起 15 日内（遇法定公休日顺延）向指定银行缴纳税款。逾期未缴纳的，除依法追缴外，由海关自到期次日至缴清税款日止，按次加收欠缴税款总额 1‰ 的滞纳金。

（三）一般进出口货物的报关

一般进出口货物的收货人，或者他们委托的代理人，都必须在货物进出口时填写进出口报关单，向海关申报，同时提供批准货物进出口的证件和有关的货运、商业单据，以便海关依据这些单据、证件审查货物的进出口是否合法，确定关税的征、减、免事宜并编制海关统计表。其中，向海关递交进口报关单一式四份，出口货物报关单一式五份，但转口、转关输出的货物应填写六份出口货物报关单，如表 7-1、表 7-2 所示。

纳税人缴纳关税时，需填海关（进出口关税）专用缴款书，并携带有关单证。缴款书一式六联，依次是收据联（此联是国库收到税款签单后退还纳税人作为凭证的法律文书，是关税核算的原始凭证）、付款凭证联、收款凭证联、回执联、报查联、存根联，如表 7-3 所示。

表 7-1 中华人民共和国海关进口货物报关单（填写样本）

预录入编号： 海关编号：531620160420×××××××

收发货人 18 位统一社会信用代码 深圳市××××贸易有限公司	进口口岸 5316 大鹏海关	进口日期 20160830	申报日期 20160901
消费使用单位 18 位统一社会信用代码 ××市××××生物科技有限公司	运输方式 水路运输	运输工具名称	提运单号 ××××-0222-10
申报单位 91110113670××××××× 北京××货运代理有限公司深圳分公司	监管方式 0110 一般贸易	征免性质 101 一般征税	备案号
贸易国（地区）110 中国香港	启运国（地区）304 德国	装货港 2110 汉堡	境内目的地 45039 桂林其他
许可证号	成交方式 FOB	运费 350EUR	保费 75EUR	杂费
合同协议号 2016×××1Y	件数 3	包装种类 托盘	毛重（千克） 980	净重（千克） 912

集装箱号 MRKU2589635＊1（2）	随附单证 入境货物通关单，原产地证明

标记及备注
　　　　随附单证号：

商品编号、商品名称、规格型号和数量及单位原产国（地区）单价总价币制征免

1. 3×××09000　洗洁精 1 060 件　德国 1.212 72 欧元　照章征税　620 千克
用途：洗涤用　是否零售包装：是　成分：有机表面活性剂、香精　品牌：×××　型号：无

2. 3×××209000　锅具清洁剂 180 件　德国 1.527 0 欧元　照章征税 52 千克
用途：洗涤用　是否零售包装：是　成分：有机表面活性剂、香精　品牌：×××　型号：无

3. 3×××209000　洁厕灵 190 件　德国 0.815 2 欧元　照章征税　152 千克
用途：清洁用　是否零售包装：是　成分：有机表面活性剂、香精　品牌：×××　型号：无

4. 3×××209000　洗衣液　150 件德国 2 300 欧元照章征税　88 千克
用途：洗涤用　是否零售包装：是　成分：有机表面活性剂、香精　品牌：×××　型号：无

5.

特殊关系确认：是　价格影响确认：否　支付特许权使用费确认：是

录入员　录入单位	兹申明对以上内容承担如实申报、依法纳税之法律责任	海关批注及签章

报关人员申报单位（签章）

　　　北京××××货运代理有限公司深圳分公司

注意事项：

1. 请认真核对信息，我司将严格按照此确认件申报，申报后无法更改（除非退单重报）。

2. 涉及品牌、型号的货物一定申报准确，否则造成扣货、退单以及所产生的费用由货主承担。

3. 无纸化通关一定确认好是否已在相应关区备案，如没有备案导致退单及费用由货主承担。

4. 报关单请务必到货前填制完整并确认好，否则很可能延误清关导致仓储费等额外费用。

5. 一定注意申报金额，要和实际成交价格一致并且要合理，如果存在低报被海关退单、补税等一切费用皆有货主承担。

6. 请务必提前确认买卖双方是否存在特殊关系，是否影响价格。

7. 还要确认货物是否有品牌，是否需要品牌授权或者可能存在侵权的问题。

8. 以上红色字体部分为新版报关单与旧版报关单不一样的地方，敬请留意。

表7-2 中华人民共和国出口货物报关单（填报样表）

预录入编号： 海关编号：

出口口岸 盐田、赤湾、蛇口海关		备案号	出口日期	申报日期 20160615
经营单位 深圳×××科技有限公司	运输方式 江海运输	运输工具名称		提运单号
发货单位 深圳×××科技有限公司	贸易方式（0110） 一般贸易	征免性质（101） 一般征税		结汇方式 T/T
许可证号	抵运国（地区） 马来西亚	指运港 KLANG		境内货源地 深圳其他
批准文号 可以不填	成交方式 FOB	运费	保费	杂费
合同协议号 ××××	件数 2 000	包装种类 纸箱	毛重（千克） 52 000	净重（千克） 49 000
集装箱号	随附单据 A	生产厂家		
标记唛码和备注： N/M				

项号 商品编号 商品名称、规格型号 数量及单位 最终目的国（地区）单价 总价 币制 征免				
1.　××××　00000　CALCIUM CHLORIDE　49 MT　马来西亚　$170　$7 060 美元 照章　　　　　　FLAKES 74% MIN				
税费征收情况				

表7-2(续)

录入员 录入单位	兹声明以上申报无讹并承担法律责任	海关审单批注及放行日期（签章）
报关员		征税 审价
单位地址	申报单位（签章）	
邮编 电话 填制日期		查验 放行

表7-3　　　　　　　**海关进（出）口关税专用缴款书**

收入系统：海关系统　　　　填发日期：　年　月　日

收款单位	收入机关	中央金库		缴款单位（人）	名称	
	科目	预算级次			账号	
					开户银行	
	收款国库					
税号	货物名称	数量	单位	完税价格（¥）	税率（%）	税款金额（¥）
金额人民币（大写）　万 仟 佰 拾 元 角 分					合计（¥）	
申请单位编号		报关单编号		填制单位	收款国库（银行）	
合同（批文）号		运输工具（号）				
缴款期限		提/装货号		制单人		
注	一般征税			复核人	业务公章	
	国际代码			单证专用章		

　　从填发缴款书之日起限 15 日内缴纳（期末遇法定节假日顺延），逾期按日征收税款总额千分之一的滞纳金。

二、关税的补征与退还

（一）关税的补征

　　进出口货物完税后，如发现少征或者漏征税款，海关应当自缴纳税款或者货物放行之日起 1 年内，向收发货人或其代理人补征。因收发货人或其代理人违反规定而造成少征或者漏征的，海关在 3 年内可以追征，因特殊情况，追征期可延至 10 年。骗取退税的，无限期追征。

（二）关税的退还

有下列情况之一的，进出口货物的收发货人或其代理人，可以自缴纳税款之日起 1 年内，书面声明理由，连同纳税收据向海关申请退税，逾期不予受理。

（1）因海关误征，多纳税款的；

（2）海关核准免验进口的货物，在完税后发现有短缺情况并经海关审查认可的；

（3）已征出口关税的货物，因故未装运出口，申报退关，经海关查验属实的。

按规定，上述退税事项，海关应当自受理退税申请之日起 3 日内做出书面答复并通知退税申请人。

三、纳税争议

在纳税义务人同海关发生纳税争议时，可以向海关申请复议，但同时应当在规定期限内按海关核定的税额缴纳关税，逾期则构成滞纳，海关有权按规定采取强制执行措施。纳税义务人自海关填发税款缴款书之日起 60 日内，向原征税海关的上一级海关书面申请复议。纳税义务人对海关复议决定仍然不服的，可以自收到复议决定书之日起 15 日内，向人民法院提起诉讼。

四、关税的账务处理

（一）关税会计科目的设置

为了全面反映企业关税的缴纳、结余情况及进出口关税的计算，应在"应交税费"科目下分别设置"应交进口关税""应交出口关税"明细科目。"应交税费——应交进口关税"的贷方发生额反映应缴的进口关税，借方发生额反映实际缴纳的进口关税，贷方余额表示欠缴的进口关税，借方余额表示多缴的进口关税；"应交税费——应交出口关税"的贷方发生额反映应缴的出口关税，借方发生额反映实际缴纳的出口关税，贷方余额表示欠缴的出口关税，借方余额表示多缴的出口关税。当企业计算出应缴的进口关税时，借记有关科目，贷记"应交税费——应交进出口关税"科目，实际缴纳时，借记"应交税费——应交进口关税"科目，贷记"银行存款"等科目。当企业计算出应缴的出口关税时，借记有关科目，贷记"应交税费——应交出口关税"科目，实际缴纳时，借记"应交税费——应交出口关税"科目，贷记"银行存款"科目等。

（二）基本会计处理

1. 自营进口

根据现行会计制度的规定，企业自营进口商品应以 CIF 价格作为完税价格计缴关税，借记"材料采购"等科目，贷记"应交税费——应交进口关税"科目。实际缴纳时，借记"应交税费——应交进口关税"科目，贷记"银行存款"科目。企业也可不通过"应交税费——应交进口关税"科目核算，待实际缴纳关税时，直接借记"材料采购"等科目，贷记"银行存款"科目。

【例7-3】某工业企业从我国香港进口原产地为韩国的某型号设备 2 台，该设备成交价格 CFR 天津港 HKD120 000，保险费率为 0.3%，关税税率为 6%，代征增值税税率为 17%，外汇牌价为 HKD100＝CNY90。计算相关税费并做会计分录。

解析：

完税价格＝120 000÷（1-0.3%）＝120 361（元）

完税价格折合人民币＝120 361×0.9＝108 324.9（元）

进口关税税额＝108 324.9×6%＝6 499.49（元）

增值税税额＝（108 324.9+6 499.49）×17%＝19 520.15（元）

有关会计分录如下：

（1）应付价款时：

借：在建工程　　　　　　　　　　　　　　　108 324.9

　　贷：应付账款——××供应商　　　　　　　　　108 324.9

（2）实际缴纳关税、增值税时：

借：在建工程　　　　　　　　　　　　　　　26 019.64

　　贷：银行存款　　　　　　　　　　　　　　　26 019.64

2. 自营出口

企业自营出口商品，借记"税金及附加"科目，贷记"应交税费——应交出口关税"科目；实际缴纳时，借记"应交税费——应交出口关税"科目，贷记"银行存款"科目。

3. 代理进出口业务关税的会计处理

代理进出口业务，对受托方来说，一般不垫付货款，多以成交额（价格）的一定比例收取劳务费作为其收入。因进出口商品而计缴的关税均应由委托单位负担，受托单位即使向海关缴纳了关税，也只是代垫或代付，日后仍要与委托方结算。

代理进出口业务所计缴的关税，在会计处理上也是通过设置"应交税费"科目来反映的，其对应科目是"应付账款""应收账款""银行存款"等。

第八章　企业所得税

● 第一节　企业所得税概述

企业所得税是对我国境内的企业和其他取得收入的组织，就其来源于境内及境外的所得征收的一种税，是国家参与企业利润分配的重要手段。我国现行企业所得税的基本规范，是于 2007 年 3 月十届全国人大五次会议通过的《中华人民共和国企业所得税法》（以下简称《企业所得税法》）和 2007 年 11 月国务院颁布、自 2008 年 1 月 1 日起施行的《中华人民共和国企业所得税法实施条例》。

当前，我国的企业所得税具有如下几个特点：第一，计税依据是应纳税所得额。它是收入总额扣除允许扣除的项目金额后的余额，与企业的本年利润是不同的。第二，应纳税所得额的计算较复杂。税法在规定纳税人收入总额的前提下，对允许和不允许扣除的项目、允许扣除项目的扣除标准做了较详细的规定，所以导致计算较为复杂。第三，量能负担。企业所得税以纳税人的应税所得和适用税率计算得出，所得多的多纳税，所得少的少纳税，体现了税收的纵向公平。第四，实行按年征收、分期预缴的征收管理方法。企业的经营业绩通常按年衡量，会计核算也按年进行，所以企业所得税实行按年度计征，有利于税款的征收管理。

一、纳税义务人

依法在中国境内成立的企业为企业所得税的纳税人，按照《企业所得税法》的规定缴纳企业所得税。

1. 依法在中国境内成立的企业，不包括个人独资企业和合伙企业

这里所称个人独资企业、合伙企业，是指依照中国法律、行政法规成立的个人独资企业、合伙企业。

2. 依照外国（地区）法律成立但实际管理机构在中国境内的企业

企业依据登记注册地标准与实际管理机构地标准相结合的方法来判定企业的居民身份。企业所得税的纳税人按照纳税义务的不同，分为居民企业和非居民企业。

居民企业是指，在中国境内依照中国法律、行政法规，或者外国（地区）法律成立，但实际管理机构在中国境内的企业。居民企业负有全面纳税义务，应就其来源于中国境内、境外的所得，按规定税率缴纳企业所得税。

非居民企业是指，依照外国（地区）法律成立且实际管理机构不在中国境内，但在中国境内设立机构、场所的，或者在中国境内虽未设立机构、场所，但有来源于中国境内所得的企业。

上述机构、场所，是指在中国境内从事生产经营活动的机构、场所，包括：

（1）管理机构、营业机构、办事机构；

（2）工厂、农场、开采自然资源的场所；

（3）提供劳务的场所；

（4）从事建筑、安装、装配、修理、勘探等工程作业的场所；

（5）其他从事生产经营活动的机构、场所。

非居民企业委托营业代理人在中国境内从事生产经营活动的，包括委托单位和个人经常代其签订合同，或者储存、交付货物等，该营业代理人视为非居民企业在中国境内设立的机构、场所。

上述所称实际管理机构是指，对企业的生产经营、人员、财务、财产等实施实质性全面管理和控制的机构。

二、征税对象

企业所得税的征税对象是企业的生产经营所得和其他所得。所得，包括销售货物所得、提供劳务所得、转让财产所得、股息红利等权益性投资所得、利息所得、租金所得、特许权使用费所得、接受捐赠所得和其他所得。

居民企业应将来源于中国境内、境外的所得作为征税对象。

非居民企业在境内设机构、场所的，就来源于境内的所得及发生在境外但与境内机构、场所有实际联系的所得，按规定税率缴纳企业所得税。

非居民企业在境内未设立机构、场所的，或者虽设有机构、场所，但取得的所得与所设机构、场所没有实际联系的，就来源于中国境内的所得，按20%的税率（优惠后为10%），缴纳企业所得税。

实际联系是指，非居民企业在中国境内设立的机构、场所拥有的据以取得所得

的股权、债权，以及拥有、管理、控制据以取得所得的财产。

来源于中国境内所得，是指在中国境内销售货物和提供劳务取得的所得，转让中国境内财产取得的所得，从中国境内企业分取的股息、红利等权益性投资收益，在中国境内支付或负担的利息、租金和特许权使用费，其他所得。

三、税率

企业所得税税率是体现国家与企业分配关系的核心要素。税率设计的原则是兼顾国家、企业、职工个人三者利益，既要保证财政收入的稳定增长，又要使企业在发展生产、经营方面有一定的财力保证；既要考虑到企业的实际情况和负担能力，又要维护税率的统一性。

企业所得税实行比例税率，简便易行，透明度高，有利于促进效率的提高。

（一）基本税率 25%

该税率适用于居民企业和在中国境内有机构、场所且所得与机构场所有关联的非居民企业。

（二）低税率 20%

该税率适用于在中国境内不设机构场所的非居民企业，或设立机构场所但所得与境内机构场所没有实际联系的，只就来源于中国境内的所得缴纳企业所得税。符合条件的小型微利企业，减按 20%的税率征收企业所得税。

符合条件的小型微利企业，指从事国家非限制和禁止行业，并符合以下条件：工业企业年度应纳税所得额不超过 30 万元，从业人数不超过 100 人，资产总额不超过 3 000 万元；其他企业年度应纳税额不超过 30 万元，从业人数不超过 80 人，资产总额不超过 1 000 万元。

企业所得税税率表如表 8-1 所示。

表 8-1 　　　　　　　　　　　　企业所得税税率表

纳税人		征税对象		税率
居民企业		境内、境外所得		25%
非居民企业	设立机构、场所	所得与机构、场所有实际联系	境内所得、境外有实际联系的所得	25%
		所得与机构、场所没有实际联系	境内所得	20%（10%）
	没有设立机构、场所	境内所得		20%（10%）

第二节　应纳税所得额的计算

企业所得税的计税依据是应纳税所得额。应纳税所得额是指企业在每一纳税年度的收入总额，减去准予扣除项目金额后的余额，其以权责发生制为原则。其计算公式为：

应纳税所得额＝收入总额-不征税收入-免税收入-各项扣除-允许弥补的以前年度亏损

企业应纳税所得额的计算以权责发生制为原则，属于当期的收入和费用，不论款项是否收付，均作为当期的收入和费用；不属于当期的收入和费用，即使款项已经在当期收付，均不作为当期的收入和费用。应纳税所得额的正确计算直接关系到国家财政收入和企业税收负担，并且同成本、费用核算关系密切。因此，企业所得税法对应纳税所得额计算做了明确规定，主要内容包括收入总额、扣除范围及标准、资产的税务处理、亏损弥补、企业清算等。

一、收入总额

企业的收入总额是指，企业在经营活动中以及通过其他行为取得的各项收入的总和，包括以货币形式和非货币形式从各种来源取得的收入。货币形式，包括现金、存款、应收账款、应收票据、准备持有至到期的债券投资以及债务的豁免等。非货币形式，包括固定资产、生物资产、无形资产、股权投资、存货、不准备持有至到期的债券投资、劳务以及有关权益等。企业以非货币形式取得的收入，应该按照公允价值确定收入额。

（一）收入形式

（1）销售货物收入。企业销售商品、产品、原材料、包装物、低值易耗品以及其他存货取得的收入。

（2）提供劳务收入。企业从事建筑安装、修理修配、交通运输、仓储租赁、金融保险、邮电通信、咨询经纪、文化体育、科学研究、技术服务、教育培训、餐饮住宿、中介代理、卫生保健、社区服务、旅游、娱乐、加工以及其他劳务服务活动取得的收入。

（3）转让财产收入。企业转让固定资产、生物资产、无形资产、股权、债权等财产取得的收入。

（4）股息、红利等权益性投资收益。企业因权益性投资从被投资方取得的收入。

（5）利息收入。企业将资金提供给他人使用但不构成权益性投资，或者因他人占用本企业资金取得的收入。

（6）租金收入。企业提供固定资产、包装物或者其他有形资产的使用权取得的收入。

（7）特许权使用费收入。企业提供专利权、非专利技术、商标权、著作权，以及其他特许权的使用权取得的收入。

（8）接受捐赠收入。企业接受的来自其他企业、组织或者个人无偿给予的货币性资产、非货币性资产。

（9）其他收入。企业取得的除以上收入外的其他收入，包括企业资产溢余收入、逾期未退还包装物押金收入、确实无法偿付的应付款项、已做坏账损失处理后又收回的应收款项、债务重组收入、补贴收入、违约金收入、汇兑收益等。

企业发生非货币性资产交换，以及将货物、财产、劳务用于捐赠、赞助、集资、广告、样品、职工福利和利润分配，应当视同销售货物、转让财产和提供劳务，国务院财政、税务主管部门另有规定的除外。

（二）收入的确认

（1）企业以非货币形式取得的收入，应当按公允价值确定收入额。公允价值，是指按市场价格确定的价值。

（2）股息、红利等权益性投资收益，除国务院财政、税务主管部门另有规定外，按照被投资方做出利润分配决定时间确认收入的实现。

（3）企业持有到期的长期债券或发放长期贷款取得的利息收入，应当按照实际利率法确认收入的实现。

（4）租金收入，应当按照合同约定的承租人应付租金的日期确认收入的实现。

（5）特许权使用费收入，应当按照合同约定的特许权使用人应付特许权使用费的日期确认收入的实现。

（6）捐赠收入，按照实际收到捐赠资产的日期确认收入的实现。

（7）企业收到的税收返还款，应当在实际收到款项时确认收入实现。

（8）企业已作坏账损失处理后又收回的应收账款，应当在收回时确认收入实现。

（9）企业下列经营业务可以分期确认收入的实现：

①以分期收款方式销售货物的，按照合同约定的收款日期确认收入的实现。

②企业委托加工制造大型机械设备、船舶、飞机等，以及从事建筑、安装、装配工程业务或者提供劳务等，持续时间超过 12 个月的，按照纳税年度内完工进度或者完成的工作量确认收入的实现。

（10）采取产品分成方式取得收入的，按照企业分得产品的时间确认收入的实现，其收入额按照产品的公允价值确定。

（11）除税收法律、行政法规另有规定的外，企业发生非货币性资产交换，将自产的货物、劳务用于捐赠、赞助、集资、广告、样品、职工福利以及利润分配，应当视同销售货物、转让财产，按照公允价值确定收入。

（三）不征税收入

（1）财政拨款，指各级人民政府对纳入预算管理的事业单位、社会团体等组织拨付的财政资金，但国务院和国务院财政、税务管理部门另有规定的除外。

（2）依法收取并纳入财政管理的行政事业性收费、政府性基金，对企业依照法律、法规及国务院有关规定收取并上缴财政的政府性基金和行政事业性收费，准予作为不征税收入，于上缴财政的当年在计算应纳税所得额时从收入总额中减除；未上缴财政的部分，不得从收入总额中减除。

（3）国务院规定的其他不征税收入，指企业依照法律、行政法规等有关规定，代政府收取的具有专项用途的财政资金。

（四）免税收入

（1）国债利息收入。为鼓励企业积极购买国债、支援国家建设，税法规定，企业因购买国债所得的利息收入，免征企业所得税。

（2）符合条件的居民企业之间的股息、红利等权益性收益。居民企业直接投资于其他居民企业取得的投资收益，免征企业所得税。

（3）在中国境内设立机构、场所的非居民企业从居民企业取得与该机构、场所有实际联系的股息、红利等权益性投资收益，免征企业所得税。该收益不包括连续持有居民企业公开发行并上市流通的股票不足 12 个月取得的投资收益。

（4）符合条件的非营利组织从事非营利活动取得的收入，免征企业所得税。

二、扣除范围及标准

（一）扣除项目应遵循的原则

企业申报的扣除项目和金额要真实、合法。除税法另有规定的外，税前扣除一般遵循以下原则：

（1）权责发生制原则，指企业费用应在发生的所属期扣除，而不是在实际支付时确认扣除。

（2）配比原则，指企业发生的费用应当与收入配比扣除。除特殊规定外，企业发生的费用不得提前或滞后申报扣除。

（3）相关性原则，指企业可扣除的费用从性质到根源上必须与取得应税收入直接相关。

（4）确定性原则，指企业可扣除的费用不论何时支付，其金额必须是确定的。

（5）合理性原则，指符合生产经营活动常规，应当计入当期损益或者有关资产成本的必要和正常的支出。

（二）扣除项目的范围

在计算应税所得额时准予从收入额中扣除的项目，是指纳税人每一个纳税年度发生的与取得应纳税收入有关的所有必要和正常的成本、费用、税金及损失。除税法、行政法规另有规定的外，企业实际发生的成本、费用、税金、损失和其他支出，不得重复扣除。

（1）成本，是指企业在生产经营活动中发生的销售成本、销货成本、业务支出以及其他耗费。

（2）费用，是指企业在生产经营活动中发生的销售费用、管理费用和财务费用，已经计入成本的有关费用除外。

（3）税金，是纳税人按规定缴纳的消费税、资源税、关税、城市维护建设税、土地增值税、教育费附加、房产税、车船税、城镇土地使用税、印花税等。

（4）损失，是指企业在生产经营活动中发生的固定资产和存货的盘亏、毁损、报废损失，转让财产损失，呆账损失，坏账损失，自然灾害等不可抗力因素造成的损失以及其他损失。企业发生的损失，减除责任人赔偿和保险赔款后的余额，依照国务院财政、税务主管部门的规定扣除。企业已经作为损失处理的资产，在以后纳税年度又全部收回或者部分收回时，应当计入当期收入。

（5）其他支出，是指除成本、费用、税金、损失外，企业在生产经营活动中发生的与生产经营活动有关的、合理的支出，以及符合财政部、国家税务总局规定的其他支出。

（三）部分扣除项目的具体范围和标准

在计算应纳税所得额时，下列项目可按照实际发生额或规定的标准扣除。

（1）工资、薪金支出。企业发生的合理的工资、薪金支出准予据实扣除，包括基本工资、奖金、津贴、补贴、年终加薪、加班工资，以及与任职或者与受雇有关的其他支出。

（2）职工福利费、工会经费、职工教育经费。《企业所得税法》规定，上述三项经费分别按照工资、薪金总额的 14%、2%、2.5% 计算扣除。企业发生的职工福利费、工会经费、职工教育经费按标准扣除，未超过标准的按实际数扣除，超过标准的只能按标准扣除。

（3）社会保险费。企业依照国务院有关主管部门或者省级人民政府规定的范围和标准为职工缴纳的五险一金，准予扣除。企业为投资者或者职工支付的补充养老保险费、补充医疗保险费，在国务院财政、税务主管部门规定的范围和标准被准予扣除。企业参加财产保险，按照规定缴纳的保险费准予扣除，为投资者或职工支付的商业保险，不得扣除。

（4）利息费用。非金融企业向金融企业借款的利息支出、金融企业的各项存款利息支出和同业拆借利息支出、企业经批准发行债券的利息支出可据实扣除；非金融企业向非金融企业借款的利息支出，不超过按照金融企业同期同类贷款利息计算的数额部分可据实扣除，超过部分不允许扣除。

（5）业务招待费。企业发生的与生产经营活动有关的业务招待费支出，按照发生额的 60% 扣除，最高不得超过当年销售（营业）收入的 0.5%。

（6）广告费和业务宣传费。企业发生的符合条件的广告费和业务宣传费支出，除国务院财政、税务主管部门另有规定的外，不超过当年销售（营业）收入15%的部分，准予扣除；超过部分，准予结转以后纳税年度扣除。

（7）公益性捐赠支出。公益性捐赠支出是指企业通过公益性社会团体或者县级以上人民政府及其部门，用于《中华人民共和国公益事业捐赠法》规定的公益事业的捐赠。企业发生的公益性捐赠支出，不超过年度利润总额12%的部分，准予扣除。年度利润总额是指企业依照国家统一会计制度的规定计算的年度会计利润。

（8）保险费。企业参加财产保险，按照规定缴纳的保险费，准予扣除。

（9）租赁费。以经营租赁方式租入固定资产发生的租赁费支出，按照租赁期限均匀扣除；以融资租赁方式租入固定资产发生的租赁费用支出，按照规定，构成融资租入固定资产价值的部分应当提取折旧费用，分期扣除。

（10）有关资产的费用。企业转让各类固定资产发生的费用，允许扣除。企业按规定计算的固定资产折旧费、无形资产和递延资产的摊销费，准予扣除。

（11）资产损失。企业当期发生的固定资产和流动资产盘亏、毁损净损失，由其提供清查盘存资料，经主管税务机关审核后，准予扣除；企业因存货盘亏、毁损、报废等原因不得从销项税额中抵扣的进项税额，应视同企业财产，准予与存货损失一起在所得税前按规定扣除。

（12）依照有关法律、行政法规和国家有关税法规定准予扣除的其他项目，如会员费、合理的会议费、差旅费、违约金、诉讼费等。

（四）不予扣除项目

在计算应纳税所得额时，下列支出不得扣除：

（1）向投资者支付的股息、红利等权益性投资收益款项。

（2）企业所得税税款。

（3）税收滞纳金，是指纳税人违反税收法规，被税务机关处以的滞纳金。

（4）罚金、罚款和被没收财物的损失，是指纳税人违反国家法律、法规规定，被有关部门处以的罚款，以及被司法机关处以的罚金和被没收的财物。

（5）超过规定标准的捐赠支出。

（6）赞助支出，是指企业发生的与生产经营活动无关的各种非广告性质支出。

（7）未经核定的准备金支出，是指不符合国务院财政、税务主管部门规定的各项资产减值准备、风险准备等准备金支出。

（8）与取得收入无关的其他支出，指除税法和条例规定的法定支出之外的，财政部、国家税务总局规定的与企业取得收入无关的各项支出。

三、资产的税务处理

企业的各项资产，包括固定资产、生物资产、无形资产、长期待摊费用、投资资产、存货等，以历史成本为计税依据。历史成本指企业取得该项资产时实际发生的支出。

企业持有各项资产期间产生资产增值或者减值，除国务院财政、税务主管部门规定可以确认损益外，不得调整该资产的计税基础。

（一）固定资产的税务处理

固定资产，是企业为了生产产品、提供劳务、出租或者经营管理而持有的、使用时间超过12个月的非货币性资产，包括房屋、建筑物、机器、机械、运输工具以及其他与生产经营活动有关的设备、器具、工具等。在计算应纳税所得额时，企业按照规定计算的固定资产折旧，准予扣除。

1. 固定资产的计税基础

固定资产按照以下方法确定计税基础：

（1）外购的固定资产，以购买价款和支付的相关税费为计税基础；

（2）自行建造的固定资产，以竣工结算前发生的支出为计税基础；

（3）融资租入的固定资产，以租赁合同约定的付款总额和承租人在签订租赁合同过程中发生的相关费用为计税基础，租赁合同未约定付款总额的，以该资产的公允价值和承租人在签订租赁合同过程中发生的相关费用为计税基础；

（4）盘盈的固定资产，以同类固定资产的重置完全价值为计税基础；

（5）通过捐赠、投资、非货币性资产交换、债务重组等方式取得的固定资产，以该资产的公允价值和支付的相关税费为计税基础；

（6）改建的固定资产，除《企业所得税法》规定的企业已足额提取折旧的固定资产的改建支出、租入固定资产的改建支出作为长期待摊费用外，以改建过程中发生的改建支出作为计税基础。

2. 不得计提折旧的固定资产

（1）房屋、建筑物以外未投入使用的固定资产；

（2）以经营租赁方式租入的固定资产；

（3）以融资租赁方式租出的固定资产；

（4）已足额提取折旧仍继续使用的固定资产；

（5）与经营活动无关的固定资产；

（6）单独估价作为固定资产入账的土地；

（7）其他不得计算折旧扣除的固定资产。

3. 固定资产的折旧方法

固定资产按照直线法计算的折旧，准予扣除。企业应当从固定资产使用年份的次月起计算折旧；停止使用的固定资产，应当从停止使用月份的次月起停止计算折旧。

企业应当根据固定资产的性质和使用情况，合理确定固定资产的预计净残值。固定资产的预计净残值一经确定，不得变更。

4. 固定资产的折旧年限

除国务院财政、税务主管部门另有规定的外，固定资产计算折旧的最低年限如下：

（1）房屋、建筑物，为20年；

（2）飞机、火车、轮船、机器、机械、其他生产设备，为10年；

（3）与生产经营活动有关的器具、工具、家具等，为5年；

（4）飞机、火车、轮船以外的运输工具，为4年；

（5）电子设备，为3年。

5. 固定资产的改建支出与大修理支出

固定资产的改建支出是指企业改变房屋、建筑物结构，延长使用年限等发生的支出。固定资产的改建支出，除税法规定以外，应当增加该固定资产原值，其中延长固定资产使用年限的，还应当适当延长折旧年限，并相应调整计算折旧。

固定资产的大修理支出，须符合以下条件：

（1）发生的支出达到取得固定资产的计税基础50%以上；

（2）发生修理后固定资产的使用寿命延长2年以上；

（3）发生修理后的固定资产生产的产品性能得到实质性改进或市场售价明显提高、生产成本显著降低；

（4）其他情况表明发生修理后的固定资产性能得到实质性改进，能够为企业带来经济利益的增加。

固定资产的大修理支出，应当作为长期待摊费用，从费用发生的次月起，分期摊销，摊销期限不得少于3年。

6. 固定资产加速折旧

企业的固定资产由于技术进步等原因，确需加速折旧的，可以缩短折旧年限或者采取加速折旧的方法，但有条件限制：

（1）由于技术进步，产品更新换代较快的固定资产；

（2）常年处于强震动、高腐蚀状态的固定资产。

采取缩短折旧年限方法的，最低折旧年限不得低于税法规定折旧年限的60%；采取加速折旧方法的，可以采取双倍余额递减法或者年数总和法。

（二）无形资产的税务处理

无形资产，指企业为生产产品，提供劳务、出租或者经营管理而持有的，没有实物形态的非货币性长期资产，包括专利权、商标权、著作权、土地使用权、非专利技术、商誉等。在计算应纳税所得额时，企业按照规定计算的无形资产摊销费用，准予扣除。

1. 无形资产的计税基础

无形资产按照以下方法确定计税基础：

（1）外购的无形资产，以购买价款、支付的相关税费以及直接归属于使该资产达到预定用途发生的其他支出为计税基础；

（2）自行开发的无形资产，以开发过程中符合资本化条件后至达到预定用途前发生的支出为计税基础；

（3）通过捐赠、投资、非货币性资产交换、债务重组等方式取得的无形资产，以该资产的公允价值和支付的相关税费为计税基础。

2. 无形资产的摊销

无形资产按照直线法计算的摊销费用，准予扣除。

无形资产的摊销年限不得低于 10 年。

作为投资或者受让的无形资产，有关法律规定或者合同约定了使用年限的，可以按照规定或者约定的使用年限分期摊销。

外购商誉的支出，在企业整体转让或者清算时，准予扣除。

3. 不得计算摊销费用扣除的无形资产

（1）自行开发的支出已在计算应纳税所得额时扣除的无形资产；

（2）自创商誉；

（3）与经营活动无关的无形资产；

（4）其他不得计算摊销费用扣除的无形资产。

（三）长期待摊费用

长期待摊费用指已经发生但应由本期和以后各期负担的分摊期限在 1 年以上的各项费用。长期待摊费用，自支出发生月份的次月起，分期摊销，摊销年限不得低于 3 年。

在计算应纳税所得额时，企业发生的下列支出作为长期待摊费用，按照规定摊销的，准予扣除：

（1）已足额提取折旧的固定资产的改建支出；

（2）租入固定资产的改建支出；

（3）固定资产的大修理支出；

（4）其他应当作为长期待摊费用的支出。

（四）存货

存货是指企业持有以备出售的产品或者商品、处在生产过程中的在产品、在生产或者提供劳务过程中耗用的材料和物料等。

存货按照以下方法确定成本：

（1）通过支付现金方式取得的存货，以购买价款和支付的相关税费为成本；

（2）通过支付现金以外的方式取得的存货，以该存货的公允价值和支付的相关税费为成本；

（3）通过生产性生物资产收获的农产品，以产出或者采收过程中发生的材料费、人工费和分摊的间接费用等必要支出为成本。

企业使用或者销售的存货的成本计算办法，可以在先进先出法、加权平均法、个别计价法中选用一种。计价方法一经选用，不得随意更改。

（五）投资资产

投资资产是指企业对外进行权益性投资和债权性投资形成的资产。企业在转让或者处置投资资产时，投资资产的成本，准予扣除。

投资资产按照如下方法确定成本：

（1）通过支付现金方式取得的投资资产，以购买价款为成本；

（2）通过支付现金以外的方式取得的投资资产，以该资产的公允价值和支付的相关税费为成本。

（六）生产性生物资产

生产性生物资产，为生产农产品、提供劳动或者出租等目的持有的生物资产，包括经济林、薪炭林、产畜和役畜等。

生产性生物资产按照以下方法确定计税基础：

（1）外购生产性生物资产，以购买价款和支付的相关税费为计税基础；

（2）通过捐赠、投资、非货币性资产交换、债务重组等方式取得的生产性生物资产，以该资产的公允价值和支付的相关税费为计税基础。

生产性生物资产按照直线法计算的折旧，准予扣除。

生产性生物资产计算折旧的最低年限如下：林木类生产性生物资产为 10 年，畜类生产性生物资产为 3 年。

四、亏损弥补

亏损，是指企业依照《企业所得税法》及其暂行条例的规定，将每一纳税年度的收入总额减除不征税收入、免税收入和各项扣除后小于零的数额。税法规定，企业每一纳税年度发生的亏损可以用下一年度的所得弥补，下一年的所得不足以弥补的，可以逐年延续弥补，但最长不得超过 5 年。而且，企业在汇总计算缴纳企业所得税时，其境外营业机构的亏损不得抵减境内营业机构的盈利。

企业筹办期间不计算为亏损年度，企业自开始生产经营的年度，为开始计算企业损益的年度。企业从事生产经营之前进行筹办活动期间发生的筹办费支出，不得计算为当期的亏损，企业可以在开始经营之日的当年一次性扣除，也可以按照新税法有关长期待摊费用的规定处理，但一经选定，不得改变。

税务机关对企业以前年度纳税情况进行检查时调增的应纳税所得额，凡企业以前年度发生亏损，且该亏损属于企业所得税法规定允许弥补的，应允许调增的应纳税所得额弥补该亏损。弥补该亏损后仍有余额的，按照企业所得税法规定计算缴纳企业所得税。

对企业发现以前年度实际发生的、按照税收规定应在企业所得税前扣除而未扣除或者少扣除的支出，企业做出专项申报及说明后，准予追补至该项目发生年度计算扣除，但追补确认期限不得超过5年。

企业由于上述原因多缴的企业所得税，可以在追补确认年度企业所得税应纳税款中抵扣，不足以抵扣的，可以向以后年度递延抵扣或申请退税。亏损企业追补确认以前年度未在企业所得税前扣除的支出，或盈利企业经过追补确认后出现亏损的，应首先调整该项支出所属的亏损额，然后再按照弥补亏损的原则计算以后年度多缴的企业所得税款，并按前款规定处理。

【例8-1】某企业2011年至2016年的企业所得税纳税申报表的主表"纳税调整后所得"如表8-1所示。

表8-1   **"纳税调整后所得"表**

年度	2011	2012	2013	2014	2015	2016
所得额（万元）	-500	-50	200	-180	-200	500

请分析2016年企业所得税缴纳情况并填写2011年至2016年的税前弥补亏损明细。

解析：2013年200万元所得用以弥补2011年的-500万元后，还剩下-300万元未弥补。2016年正好是亏损后的第五年，因此可以用来弥补2011年的-300万元，剩余200万元。2012年、2014年和2015年共亏损430万元，弥补亏损后还亏损230万元，因此2016年不用缴纳企业所得税。

2011年至2016年税前弥补亏损明细的填写如下：

1. 2011年填表（表8-2）

表8-2   **企业所得税弥补亏损明细表**

填报时间： 年   月   日   金额单位：元（列至角分）

行次	项目	年度	盈利额或亏损额	合并分立企业转入可弥补亏损额	当年可弥补的所得额	以前年度亏损弥补额					本年度实际弥补的以前年度亏损额	可结转以后年度弥补的亏损额
						前四年度	前三年度	前二年度	前一年度	合计		
		1	2	3	4	5	6	7	8	9	10	11
1	第一年											—
2	第二年											
3	第三年											
4	第四年											
5	第五年											
6	本年	2011	-500		-500		—	—	—	—		500
7	可结转以后年度弥补的亏损额合计											500

2. 2012 年填表（表 8-3）

表 8-3 　　　　　　　　　　　　企业所得税弥补亏损明细表

填报时间：　年　月　日　金额单位：元（列至角分）

行次	项目	年度	盈利额或亏损额	合并分立企业转入可弥补亏损额	当年可弥补的所得额	以前年度亏损弥补额					本年度实际弥补的以前年度亏损额	可结转以后年度弥补的亏损额
						前四年度	前三年度	前二年度	前一年度	合计		
			1	2	3	4	5	6	7	8	9	10	11
1	第一年											—
2	第二年					—						
3	第三年					—	—					
4	第四年					—	—	—				
5	第五年	2011	−500		−500	—	—	—	—			
6	本年	2012	−50		−50	—	—	—	—			500
7	可结转以后年度弥补的亏损额合计											550

经办人（签章）：　　　　　　　　　　　　　　　　　　　　　　法定代表人（签章）：

3. 2013 年填表（表 8-4）

表 8-4 　　　　　　　　　　　　企业所得税弥补亏损明细表

填报时间：　年　月　日　金额单位：元（列至角分）

行次	项目	年度	盈利额或亏损额	合并分立企业转入可弥补亏损额	当年可弥补的所得额	以前年度亏损弥补额					本年度实际弥补的以前年度亏损额	可结转以后年度弥补的亏损额
						前四年度	前三年度	前二年度	前一年度	合计		
			1	2	3	4	5	6	7	8	9	10	11
1	第一年											—
2	第二年					—						
3	第三年					—	—					
4	第四年	2011	−500		−500	—	—	0	0		200	300
5	第五年	2012	−50		−50	—	—	—				50
6	本年	2013	200		200	—	—	—	—		200	
7	可结转以后年度弥补的亏损额合计											350

4. 2014 年填表（表 8-5）

表 8-5　　　　　　　　　　企业所得税弥补亏损明细表

填报时间：　　年　月　日　金额单位：元（列至角分）

行次	项目	年度	盈利额或亏损额	合并分立企业转入可弥补亏损额	当年可弥补的所得额	以前年度亏损弥补额					本年度实际弥补的以前年度亏损额	可结转以后年度弥补的亏损额
						前四年度	前三年度	前二年度	前一年度	合计		
		1	2	3	4	5	6	7	8	9	10	11
1	第一年											—
2	第二年					—						
3	第三年	2011	−500		−500	—	—		200	200	0	300
4	第四年	2012	−50		−50				0	0	0	50
5	第五年	2013	200		200				—		0	
6	本年	—	−180		−180						0	180
7	可结转以后年度弥补的亏损额合计											530

5. 2015 年填表（表 8-6）

表 8-6　　　　　　　　　　企业所得税弥补亏损明细表

填报时间：　　年　月　日　金额单位：元（列至角分）

行次	项目	年度	盈利额或亏损额	合并分立企业转入可弥补亏损额	当年可弥补的所得额	以前年度亏损弥补额					本年度实际弥补的以前年度亏损额	可结转以后年度弥补的亏损额
						前四年度	前三年度	前二年度	前一年度	合计		
		1	2	3	4	5	6	7	8	9	10	11
1	第一年											—
2	第二年	2011	−500		−500	—		200	0	200	0	300
3	第三年	2012	−50		−50		0	0	0		0	50
4	第四年	2013	200		200	—						
5	第五年	2014	−180		−180							180
6	本年	2015	−200		−200						0	200
7	可结转以后年度弥补的亏损额合计											730

6. 2016 年填表（表 8-7）

表 8-7　　　　　　　　　　企业所得税弥补亏损明细表

填报时间：　　年　月　日　　金额单位：元（列至角分）

行次	项目	年度	盈利额或亏损额	合并分立企业转入可弥补亏损额	当年可弥补的所得额	以前年度亏损弥补额					本年度实际弥补的以前年度亏损额	可结转以后年度弥补的亏损额
						前四年度	前三年度	前二年度	前一年度	合计		
		1	2	3	4	5	6	7	8	9	10	11
1	第一年	2011	-500		-500		200	0	0	200	300	—
2	第二年	2012	-50		-50	—	0	0	0	0	50	0
3	第三年	2013	200		200	—						
4	第四年	2014	-180		-180	—	—	—	0	0	150	30
5	第五年	2015	-200		-200	—	—	—	—			200
6	本年	2016	500		500						500	
7	可结转以后年度弥补的亏损额合计											230

五、企业清算

企业清算，指企业按章程规定解散以及由于破产或其他原因宣布终止经营后，对企业的财产、债权、债务进行全面清查，并进行收取债权、清偿债务和分配剩余财产的经济活动。依照法律法规、章程协议终止经营或重组中取消独立纳税人资格的企业，应按照国家有关规定进行清算，并就清算所得计算缴纳企业所得税。

清算所得，指企业的全部资产可变现价值或者交易价格减除资产净值、清算费用、相关税费等后的余额。

投资方企业从被清算企业分得的剩余资产，其中相当于从被清算企业累计未分配利润和累计盈余公积中应当分得的部分，应当确认为股息所得；剩余资产扣除上述股息所得后的余额，超过或者低于投资成本的部分，应当确认为投资转让所得或者损失。

六、企业应纳税额的计算

（一）居民企业应纳税额的计算

居民企业应缴纳所得税额等于应纳税所得额乘以适用税率，基本计算公式为：

$$应纳税额＝应纳税所得额×适用税率－减免税额－抵免税额$$

【例 8-2】某企业为居民企业，2015 年经营业务如下：

（1）取得销售收入 2 500 万元；

（2）销售成本为 1 100 万元；

（3）发生销售费用 670 万元（其中广告费 450 万元），管理费用 480 万元（其中业务招待费 15 万元），财务费用 60 万元；

（4）销售税金为 160 万元（含增值税 120 万元）；

（5）营业外收入为 70 万元，营业外支出为 50 万元（含通过公益性社会团体向贫困山区捐赠的 30 万元，支付税收滞纳金 6 万元）；

（6）计入成本、费用中的实发工资为 150 万元，拨缴职工工会经费 3 万元，支出职工福利费和职工教育经费 29 万元。

要求：计算该企业 2015 年度实际应缴纳的企业所得税。

解析：

（1）会计利润总额 = 2 500+70−1 100−670−480−60−40−50 = 170（万元）

（2）准予扣除的广告费和业务宣传费 = 2 500×15% = 375（万元）

应调增应纳税所得额 = 450−375 = 75（万元）

（3）准予扣除的业务招待费 = 15×60% = 9（万元）

应调增应纳税所得额 = 15−9 = 6（万元）

（4）准予扣除的捐赠支出 = 170×12% = 20.4（万元）

应调增应纳税所得额 = 30−20.4 = 9.6（万元）

（5）税收滞纳金不允许扣除，应调增应纳税所得额 6 万元。

（6）准予扣除的三项经费 = 150×（2%+14%+2.5%）= 27.75（万元）

应调增应纳税所得额 = 3+29−27.75 = 4.25（万元）

（7）应纳税所得额 = 170+75+6+9.6+6+4.25 = 270.85（万元）

（8）该企业 2008 年应缴纳的企业所得税 = 270.85×25% = 67.71（万元）

（二）境外所得税抵扣税额的计算

企业取得的下列所得已在境外缴纳的所得税税额，可以从其当期应纳税额中抵免，抵免限额为该项所得依照本法规定计算的应纳税额；超过抵免限额的部分，可以在以后五个年度内，用每年度抵免限额抵免当年应抵税额后的余额进行抵补。

（1）居民企业来源于中国境外的应税所得；

（2）非居民企业在中国境内设立机构、场所，取得发生在中国境外但与该机构、场所有实际联系的应税所得。

【例 8-3】某居民企业境内应税所得为 100 万元，境外应税所得为 30 万元。境内税率为 25%，境外税率为 20%，求该企业当年应该缴纳的企业所得税。

解析：

应纳所得税 =（100+30）×25%−可抵免税额

可抵免税额的计算：

抵免限额 = 30×25% = 7.5（万元）

境外实纳税额 = 30×20% = 6（万元）

因为境外实纳税额<抵免限额，所以可抵免税额为境外实纳税额。

应纳所得税＝（100+30）×25%−6＝32.5−6＝26.5（万元）

如果上例中境外所得税税率为30%，则：

应纳所得税＝（100+30）×25%−可抵免税额

可抵免税额的计算：

抵免限额＝30×25%＝7.5（万元）

境外实纳税额＝30×30%＝9（万元）

因为境外实纳税额大于抵免限额，所以可抵免税额为抵免限额。

应纳所得税＝（100+30）×25%−7.5＝32.5−7.5＝25（万元）

当境外实纳税额小于抵免限额（即按中国的税率计算的应纳税额）时，以上公式中的可抵免税额为实纳税额；而当境外实纳税额大于抵免限额（即按中国的税率计算的应纳税额）时，以上公式中的可抵免税额为抵免限额。

（三）非居民企业应纳税额的计算

对于在中国境内未设立机构、场所的，或者虽设立机构、场所但取得的所得与其机构、场所没有实际联系的非居民企业的所得，按照下列方法计算其应纳税所得额：

股息、红利等权益性投资收益和利息、租金、特许权使用费所得，以收入全额为应纳税所得额；

转让财产所得，以收入全额减除财产净值后的余额为应纳税所得额；

其他所得，参照前两项规定的方法计算应纳税所得额。

 第三节　税收优惠

税收优惠，是国家对某一部分特定企业和课税对象给予减轻或免除税收负担的一种措施。税法规定的企业所得税的税收优惠方式包含免税、减税、加计扣除、加速折旧、减计收入、税额抵免等。

一、免征与减征优惠

企业的下列所得，可以免征、减征企业所得税。企业如果从事国家限制或禁止发展的项目，不得享受企业所得税优惠。

（一）从事农、林、牧、渔业项目所得

1. 免征部分

（1）蔬菜、谷物、薯类、油料、豆类、棉花、麻类、水果、坚果的种植；

（2）农作物新品种选育；

（3）中药材种植；

（4）林木的培育和种植；

（5）牲畜、家禽饲养；

（6）林产品采集；

（7）灌溉、农产品加工、兽医、农技推广、农机作业与维修等农业服务项目；

（8）远洋捕捞。

2. 减半征收部分

（1）花卉、茶及饮料作物、香料作物的种植；

（2）海水养殖、内陆养殖。

（二）从事国家重点扶持的公共基础设施项目投资经营所得

企业所得税法所称国家重点扶持的公共基础设施项目，是指《公共基础设施项目企业所得税优惠目录》规定的港口码头、机场、铁路、公路、电力、水利等项目。

企业从事国家重点扶持的公共基础设施项目的投资经营的所得，自项目取得第一笔生产经营收入所属纳税年度起，第一年至第三年免征企业所得税，第四年至第六年减半征收企业所得税。

企业承包经营、承包建设和内部自建自用本条规定的项目，不得享受本条规定的企业所得税优惠。

（三）从事符合条件的环境保护、节能节水项目的所得

符合条件的环境保护、节能节水项目，包括公共污水处理、公共垃圾处理、沼气综合开发利用、节能减排技术改造、海水淡化等。

环境保护、节能节水项目的所得，自项目取得第一笔生产经营收入所属纳税年度起，第一年至第三年免征企业所得税，第四年至第六年减半征收企业所得税。

在减免期限内转让的，受让方自受让之日起，可以在剩余期限内享受规定的减免税优惠；减免税期限届满后转让的，受让方不得就该项目重复享受减免税优惠。

（四）符合条件的技术转让所得

一个纳税年度内，居民企业转让技术所有权所得不超过 500 万元的部分，免征企业所得税；超过 500 万元的部分，减半征收企业所得税。

二、高新技术企业优惠

国家重点扶持的高新技术企业按 15% 的税率征收企业所得税。

国家需要重点扶持的高新技术企业，是指拥有核心自主知识产权，并同时符合下列条件的企业：产品（服务）属于《国家重点支持的高新技术领域》规定的范围，研究开发费用占销售收入的比例不低于规定比例，高新技术产品（服务）收入占企业总收入的比例不低于规定比例（60%），科技人员占企业职工总数的比例不

低于规定比例，高新技术企业认定管理办法规定的其他条件。

研究开发费用占销售收入的比例不低于规定比例，且近3个会计年度的研究开发费用占销售收入总额的比例符合如下要求：最近一年销售收入小于5 000万元的企业，比例不低于6%；最近一年销售收入在5 000万元至20 000万元的企业，比例不低于4%；最近一年销售收入在20 000万元以上的企业，比例不低于3%。其中，企业在中国境内发生的研究开发费用总额占全部研究开发费用总额的比例不低于60%。企业注册成立时间不足3年的，按实际经营年限计算。

科技人员占企业职工总数的比例不低于规定比例，是指具有大学专科以上学历的科技人员占企业当年职工总数的30%以上，其中研发人员占企业当年职工总数的10%以上。

三、小型微利企业优惠

小型微利企业按20%所得税税率征收企业所得税。小型微利企业的条件如下：

（1）工业企业，年度应纳税所得额不超过30万元，从业人数不超过100人，资产总额不超过3 000万元。

（2）其他企业，年度应纳税所得额不超过30万元，从业人数不超过80人，资产总额不超过1 000万元。

仅就来源于我国所得负有我国纳税义务的非居民企业不适用上述规定。

四、加计扣除优惠

企业为开发新技术、新产品、新工艺发生的研究开发费用，未形成无形资产计入当期损益的，在据实扣除的基础上，再按研发费用的50%加计扣除；形成无形资产的，按照无形资产的150%摊销。

企业安置残疾人员的，在按照支付给残疾职工工资据实扣除的基础上，再按照支付残疾职工工资的100%加计扣除。

五、创投企业优惠

创投企业从事国家需要重点扶持和鼓励的创业投资的，可以按投资额的一定比例抵扣应纳税所得额。

创业投资企业采取股权投资方式投资于未上市的中小高新技术企业2年以上的，可以按照其投资额的70%在股权持有满2年的当年，抵扣该创业投资企业的应纳税所得额；当年不足以抵扣的，可以在以后纳税年度结转抵扣。

例如，某企业2013年1月1日向另一企业（未上市的中小高新技术企业）投资100万元，股权持有至2014年12月31日，则甲企业2014年可抵扣应纳税所得额为70万元。

六、加速折旧优惠

企业的固定资产由于技术进步等原因，确需加速折旧的，可以缩短折旧年限，或者采取加速折旧的方法。可采用以上折旧方法的固定资产是指：由于技术进步，产品更新换代较快的固定资产，常年处于强震动、高腐蚀状态的固定资产。

采取缩短折旧年限方法的，最低折旧年限不得低于规定折旧年限的60%。

采取加速折旧方法的，可以采用双倍余额递减法或者年数总和法。

七、减计收入优惠

企业综合利用资源，生产符合国家产业政策规定的产品所取得的收入，按规定税额的90%计入收入总额。

综合利用资源，是指企业以《资源综合利用企业所得税优惠目录》规定的资源作为主要原材料，生产国家非限制和禁止并符合国家和行业相关标准的产品。

八、税额抵免优惠

企业购置并实际使用相关规定的环境保护、节能节水、安全生产等专用设备的，该专用设备的投资额的10%可从企业当年的应纳税额中抵免；当年不足以抵免的，可以在以后5个纳税年度结转抵免。

享受该优惠的企业，应当实际购置并自身实际投入使用规定的专用设备。

企业购置上述设备在5年内转让、出租的，应当停止享受企业所得税优惠，并补缴已经抵免的企业所得税税款。转让的受让方可以按照该专用设备的投资额的10%抵免当年企业所得税应纳税额；当年应纳税额不足以抵免的，可以在以后5个纳税年度结转抵免。

企业同时从事不同企业所得税待遇的项目的，其优惠项目应单独计算所得，并合理分摊企业的期间费用；没有单独计算的，不得享受企业所得税优惠。

九、民族自治地方的优惠

民族自治地方的自治机关，对本民族自治地方的企业应缴纳的企业所得税中属于地方分享的部分，可以决定减征或免征。自治州、自治县决定减征或者免征的，须报省、自治区、直辖市人民政府批准。

对民族自治地方内从事国家限制和禁止行为的行业，不得减征或者免征企业所得税。

十、非居民企业优惠

非居民企业按10%的所得税税率征收企业所得税。这里的非居民企业，是指在中国境内未设立机构、场所，或者虽设立机构、场所但所得与其机构、场所无实际联系的企业。

该类非居民企业取得的下列所得免征企业所得税：外国政府向中国政府提供贷款取得的利息所得，国际金融组织向中国政府和居民企业提供优惠贷款取得的利息所得，经国务院批准的其他所得。

除以上优惠外，还有关于软件产业、证券投资产业、基金产业等的相关优惠政策，以及其他优惠政策，不一一赘述。

第四节　企业所得税纳税申报

一、纳税地点

（一）居民企业的纳税地点

除税收法律、行政法规另有规定的外，居民企业以企业登记注册地为纳税地点；但登记注册地在境外的，以实际管理机构所在地为纳税地点。

居民企业在中国境内设立不具有法人资格的营业机构的，应当汇总计算并缴纳企业所得税。企业汇总计算并缴纳企业所得税时，应当统一核算应纳税所得额，具体办法由国务院财政、税务主管部门另行制定。

（二）非居民企业的纳税地点

非居民企业在中国境内设立机构、场所的，以机构、场所所在地为纳税地点。非居民企业在中国境内设立两个或者两个以上机构、场所的，经税务机关审核批准，可以选择由其主要机构、场所汇总缴纳企业所得税。

在中国境内未设立机构、场所的，或者虽设立机构、场所，但取得的所得与其所设机构、场所没有实际联系的非居民企业，以扣缴义务人所在地为纳税地点。

除国务院另有规定的外，企业之间不得合并缴纳企业所得税。

二、纳税期限

企业所得税按年计征，分月或者分季预缴，年终汇算清缴，多退少补。

企业所得税的纳税年度，自公历 1 月 1 日起至 12 月 31 日止。企业在一个纳税年度的中间开业，或者由于合并、关闭等原因终止经营活动，使该纳税年度的实际经营期不足 12 个月的，应当以其实际经营期为一个纳税年度。企业清算时，应当以清算期间作为一个纳税年度。

自年度终了之日起 5 个月内，企业应向税务机关报送年度企业所得税纳税申请表，并汇算清缴，结清应缴应退税款。

企业在年度中间终止经营活动的，应当自实际经营终止之日起 60 日内，向税务机关办理当期企业所得税汇算清缴。

三、纳税申报

按月或按季预缴的，企业应当自月份或者季度终了之日起 15 日内，向税务机关报送预缴企业所得税纳税申报表，预缴税款。

企业在报送企业所得税纳税申报表时，应当按照规定附送财务会计报告和其他有关资料。纳税人在规定的申报期申报确有困难的，可报经主管税务机关批准，延期申报。

（一）企业所得税纳税申报的基本构成

（1）企业所得税年度纳税申请表（A 类）及其附表，该表为查账征收的企业所得税纳税人汇算清缴时填报。

（2）企业所得税预缴申请表（A 类），为查账征收的企业所得税纳税人预缴企业所得税时填报。

（3）企业所得税月（季）度预缴纳税申请表（B 类），为核定征收的企业所得税纳税人缴纳企业所得税时填报。

（4）中华人民共和国企业所得税扣缴报告表，为企业所得税扣缴义务人代扣代缴所得税时填报。

（二）企业所得税申报的准备事项

（1）做好年终盘点工作，对企业的资产及债权进行盘点核对，对清理出来需报批的财产损失，连同年度内发生的财产损失，及时准备报批材料向主管税务机关报批。它主要包括：

①自然灾害、战争、政治事件等不可抗力或者人为管理责任，导致库存现金、银行存款、存货、交易性金融资产、固定资产的损失；

②应收、预付账款发生的坏账损失；

③存货、固定资产、无形资产、长期投资因发生永久或实质性损害而确认的财产损失（注意各项目永久或实质性损害的情形，要充分利用）；

④因被投资方解散、清算等发生的投资损失（不包括转让损失）；

⑤按规定可以税前扣除的各项资产评估损失；

⑥因政府规划搬迁、征用等发生的财产损失；

⑦国家规定允许从事信贷业务之外的企业间的直接借款损失。

（2）检查有无应计未计、应提未提费用，在 12 月份及时做出补提补计，做到应提均提、应计均计。

①检查固定资产折旧计提情况，无形资产、长期待摊费用摊销情况，对漏计折旧、漏计摊销的予以补提补计。

②检查福利费和职工教育经费计提情况，这两项费用是法定的可以按计税工资

比例进行税前扣除的费用，是企业的一项权益，应计提。工会经费不缴纳的不用计提。

（3）查阅以前年度的所得税纳税申报资料（最好建立纳税调整台账），查找与本期纳税申报有关系的事项。它主要包括：

①未弥补亏损；

②纳税调整事项，如未摊销完的开办费、广告费等。

（4）对年度账务进行梳理，整理本年度发生的纳税调整事项，做到心中有数。能通过账务处理的，最好在年度结账前进行处理。

（5）注意其他税种的"汇算清缴"。企业所得税纳税申报是对账务进行的一次详细的梳理过程，其间发现的其他涉税问题也应一并处理。如视同销售漏交的增值税，未按查补缴纳的增值税计缴的城市维护建设税、教育费附加，未及时申报的印花税等。税务机关在对企业所得税汇算清缴时也会对相关涉税问题一并检查并做出处理。

（6）年度中做预缴申报时，在不造成多缴所得税的情况下，需做纳税调整的尽量做纳税调整。虽然不做纳税调整不构成偷税，但这样做的好处一是能及时记录反映纳税调整事项，二是能及时反映调整后的应纳税所得额。

（7）对于预缴申报时不能及时做纳税调整的事项，应养成及时记录的习惯。

（8）对于与企业所得税相关的主要税务法规，结合最新的此类税法，每年至少要细读一遍。

（9）在某些事项的处理上当与主管税务机关理解不一致或与税务机关内部人员理解不一致时，宜采用稳妥、保险的处理方法。

（三）纳税申报填写方法

2014 年国家税务总局发布的《中华人民共和国企业所得税年度纳税申请表（A类，2014 年版）》（见表 8-8）第 63 号公告修订了企业所得税年度纳税申请表。实施时间为自 2015 年 1 月 1 日起，适用于查账征收的企业所得税纳税人，即实行查账征收的企业所得税纳税人，从 2014 年度企业所得税汇算清缴开始，适用该申请表。

修订后的申报表共 41 张，包含 1 张基础信息表，1 张主表，6 张收入费用明细表，15 张纳税调整表，1 张亏损弥补表，11 张税收优惠表，4 张境外所得抵免表，2张汇总纳税表。

表 8-8　　　　　　　中华人民共和国企业所得税年度纳税申请表（A 类）

金额单位：元（列至角分）

行次	类别	项目	金额
1	利润总额计算	一、营业收入（填写 A101010＼101020＼103000）	
2		减：营业成本（填写 A102010＼102020＼103000）	
3		税金及附加	
4		销售费用（填写 A104000）	
5		管理费用（填写 A104000）	
6		财务费用（填写 A104000）	
7		资产减值损失	
8		加：公允价值变动收益	
9		投资收益	
10		二、营业利润（1-2-3-4-5-6-7+8+9）	
11		加：营业外收入（填写 A101010＼101020＼103000）	
12		减：营业外支出（填写 A102010＼102020＼103000）	
13		三、利润总额（10+11-12）	
14	应纳税所得额计算	减：境外所得（填写 A108010）	
15		加：纳税调整增加额（填写 A105000）	
16		减：纳税调整减少额（填写 A105000）	
17		减：免税、减计收入及加计扣除（填写 A107010）	
18		加：境外应税所得抵减境内亏损（填写 A108000）	
19		四、纳税调整后所得（13-14+15-16-17+18）	
20		减：所得减免（填写 A107020）	
21		减：抵扣应纳税所得额（填写 A107030）	
22		减：弥补以前年度亏损（填写 A106000）	
23		五、应纳税所得额（19-20-21-22）	

表8-8（续）

行次	类别	项目	金额
24		税率（25%）	
25		六、应纳税所得额（23×24）	
26		减：减免所得税税额（填写A107040）	
27		减：抵免所得税税额（填写A107050）	
28		七、应纳税额（25-26-27）	
29	应纳 税额 计算	加：境外所得应纳所得税税额（填写A108000）	
30		减：境外所得抵免所得税税额（填写A108000）	
31		八、实际应纳所得税税额（28+29-30）	
32		减：本年累计实际已预缴的所得税税额	
33		九、本年应补（退）所得税税额（31-32）	
34		其中：总机构分摊本年应补（退）所得税税额（填写A109000）	
35		财政集中分配本年应补（退）所得税税额（填写A109000）	
36		总机构主体生产经营部门分摊本年应补（退）所得税税额（填写A109000）	
37	附列 资料	以前年度多缴的所得税税额在本年抵减额	
38		以前年度应缴未缴在本年入库的所得税税额	

申报基本流程如图8-1所示。

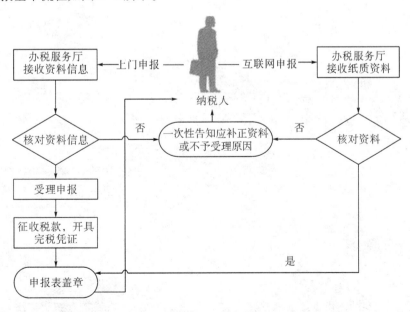

图8-1　企业所得税申报缴纳流程

基本规范：

（1）办税服务厅接收纳税人申报资料信息，核对资料信息是否齐全，是否符合法定形式，填写内容是否完整，是否与税收优惠备案审批信息一致，符合的即时办结；不符合的当场一次性告知应补正资料或不予受理原因。

（2）为纳税人提供申报纳税办理指引，辅导纳税人申报纳税，提示纳税人填写税收优惠栏目。

（3）对在税务机关做出特别纳税调整决定前预缴税款的企业，在收到调整补税通知书补缴税款时，按照应补缴税款所属年度的先后顺序确定已预缴税款的所属年度，以预缴入库日为截止日，分别计算应加收的利息。

（4）纳税人可通过财税库银电子缴税系统或银行卡（POS 机）等方式缴纳税款，办税服务厅应按规定开具完税凭证。

（5）办税服务厅人员在相应申报表上签名并加盖业务专用章，一份返还纳税人，一份作为资料归档，一份作为税收会计核算的原始凭证。

（6）在办税服务厅或商业密集区提供自助办税设备。

第九章 个人所得税

● 第一节 个人所得税概述

个人所得税是以自然人取得的各类应税所得为征收对象而征收的一种所得税，是政府利用税收对个人收入进行调节的一种手段。个人所得税的征税对象不仅包括个人，还包括具有自然人性质的企业。

从世界范围看，个人所得税的税制模式有三种，即分类征收制、综合征收制与混合征收制。分类征收制，就是对纳税人不同来源、性质的所得项目，分别按照不同的税率征税；综合征收制，是对纳税人全年的各项所得加以汇总，就其总额进行征税；混合征收制，是对纳税人不同来源、性质的所得先分别按照不同的税率征税，然后将全年的各项所得进行汇总征税。三种不同的征收模式各有其优缺点。目前，我国个人所得税的征收采用的是分类征收制。个人所得税在组织财政收入、提高公民纳税意识，尤其在调节个人收入分配差距方面具有重要作用。

一、个人所得税的纳税义务人

个人所得税的纳税义务人，包括中国公民、个体工商业户、个人独资企业、合伙企业投资者、在中国有所得的外籍人员（包括无国籍人员）和我国香港、澳门、台湾同胞。个人所得税的纳税义务人依据居所和时间两个标准可分为居民纳税义务人和非居民纳税义务人。

（一）居民纳税人

居民纳税人负有无限纳税义务。其所取得的应纳税所得，不管是来源于中国境内，还是中国境外，都要在中国缴纳个人所得税。根据《中华人民共和国个人所得税法》（以下简称《个人所得税法》）的规定，居民纳税人是指在中国境内有住所，或者无住所而在中国境内居住满1年的个人。

居民纳税人包括两类：

（1）在中国境内有住所的人。

（2）无住所而在境内居住满一年的人。居住满一年是指在一个纳税年度中在中国境内居住365日，临时离境的，不扣减日数。临时离境，是指在一个纳税年度中一次不超过30日或者多次累计不超过90日的离境。

（二）非居民纳税人

非居民纳税人，指在中国境内无住所又不居住或者在境内居住不满一年的个人。也就是说，习惯性居住地不在中国境内，而且不在中国居住，或者在一个纳税年度内，在中国境内居住不满一年的个人。在实践中，主要是指外籍人员，华侨或我国港、澳、台同胞。

非居民纳税人只就其来源于我国境内的所得缴纳个人所得税，履行有限纳税义务。

二、个人所得税的征税对象

个人所得税的征税对象是个人取得的应税所得。《个人所得税法》列举的征税范围共有11项，具体包括：工资、薪金所得，个体工商户的生产、经营所得，对企、事业单位的承包、承租经营所得，劳务报酬所得，稿酬所得，特许权使用费所得，利息、股息、红利所得，财产租赁所得，财产转让所得，偶然所得，经国务院财政部门确定征税的其他所得。个人所得税形式包括现金、实物、有价证券和其他形式的经济利益。

（一）工资、薪金所得

（1）应征税的项目：除工资、薪金外，奖金、年终加薪、劳动分红、津贴、补贴也按工资、薪金缴纳个人所得税。

（2）不予征税或免税的项目：独生子女补贴，执行公务员工资制度未纳入基本工资总额的补贴、津贴差额和家属成员的副食补贴，托儿补助费，差旅费津贴、误餐补助。

3. 特殊规定

（1）实行内部退养的个人在办理内部退养手续后至法定离退休年龄之间从原任职单位取得的工资、薪金，按"工资、薪金所得"计征个人所得税。办理内退手续后从原单位取得的一次性收入应按办理内退手续后至法定离退休年龄之间的所属月份进行平均，并与领取当月的"工资、薪金"所得合并后减除当月费用扣除标准，以余额为基数确定适用税率，再将当月工资、薪金加上取得的一次性收入，减去费用扣除标准，按适用税率计征个人所得税；办理内退手续后至法定离退休年龄之间重新就业取得的"工资、薪金"所得，应与其从原单位取得的同一月份的"工资、薪金"所得合并，并依法自行向主管税务机关申报个人所得税。

（2）退休人员再任职取得的收入，在减除按税法规定的扣除标准后，按"工资、薪金所得"应税项目缴纳个人所得税。

（3）公司职工取得的用于购买国有股权的劳动分红按"工资、薪金"计征个人所得税。

（4）以单车承包或承租方式运营，出租车驾驶员从事客货营运取得的收入按"工资、薪金"计征个人所得税。

（5）企业和单位对营销业绩突出的雇员以培训班、研讨会、工作考察等名义组织旅游活动，通过免收差旅费、旅游费对个人实行的营销业绩奖励（包括实物、有价证券等），全额并入营销人员当期的工资、薪金，按"工资、薪金"计征个人所得税。

（二）个体工商户的生产、经营所得

（1）个体工商户从事工业、手工业、建筑业、交通运输业、商业、饮食业、服务业、修理业以及其他行业生产、经营取得的所得。

（2）个人经政府有关部门批准，取得执照，从事办学、医疗、咨询以及其他有偿服务活动取得的所得。

（3）上述个体工商户及个人取得的与生产经营有关的各项应税所得。

（4）其他个人从事个体工商业生产、经营取得的所得。

个体工商户和从事生产经营的个人，取得与生产经营活动无关的其他各项应税所得应分别按照有关规定，计算征收个人所得税。取得银行存款的利息所得、对外投资取得的股息所得，应按"利息、股息、红利所得"项目的规定单独计征个人所得税。

（三）对企事业单位的承包、承租经营所得

（1）个人对企事业单位承包、承租经营后，工商登记改变为个体工商户的，应按个体工商户的生产、经营所得项目征收个人所得税。

（2）个人对企事业单位承包、承租经营后，工商登记仍为企业的，不论分配方式如何，均应先按照企业所得税的有关规定缴纳企业所得税，然后再根据有关规定缴纳个人所得税。

（四）劳务报酬所得

劳务报酬所得是指个人从事设计、装潢、安装、制图、化验、测试、医疗、法律、会计、咨询、讲学、新闻、广播、翻译、审稿、书画、雕刻、影视、演出、表演、广告、展览、技术服务、介绍服务、经纪服务、代办服务以及其他劳务取得的所得。

区分劳务报酬所得和工资、薪金所得的重要标准是：是否存在雇佣与被雇佣关系。

（五）稿酬所得

稿酬所得是指个人因其作品以图书、报刊形式出版、发表而取得的所得。这里所说的作品，包括文学作品、书画作品、摄影作品以及其他作品。作者去世后，财产继承人取得的遗作稿酬，亦应征收个人所得税。

特殊规定：

（1）任职、受雇于报刊等单位的记者、编辑等专业人员，在本单位的报刊上发表作品取得的所得，应与其当月工资收入合并按工资薪金项目征税；其他人员在本单位的报刊上发表作品取得的所得，应按稿酬项目征收个人所得税。

（2）出版社的专业作者的作品，由本社以图书形式出版取得的稿费收入按稿酬项目征收个人所得税。

（六）特许权使用费所得

特许权使用费所得是指个人提供专利权、商标权、著作权、非专利技术及其他特许权的使用权取得的所得。特许权主要包括以下四种权利：专利权、商标权、著作权、非专利技术。

提供著作权的使用权取得的所得，不包括稿酬的所得，对于作者将自己的文字作品手稿原件或复印件公开拍卖（竞价）取得的所得，属于提供著作权的使用所得，故应按特许权使用费所得项目征收个人所得税。

个人取得特许权的经济赔偿收入，应按"特许权使用费所得"应税项目缴纳个人所得税，税款由支付赔款的单位或个人代扣代缴。

（七）利息、股息、红利所得

利息、股息、红利所得指个人拥有债权、股权而取得的利息、股息、红利所得。有关规定如下：

（1）个人从银行及其他储蓄机构开设的用于支付电话、水、电、煤气等有关费用，或者用于购买股票等方面的投资、生产经营业务往来结算以及其他用途，取得的利息收入，应依法缴纳个人所得税。税款由结付利息的储蓄机构代扣代缴。

（2）个人取得量化资产：对职工个人以股份形式取得的仅作为分红依据，不拥有所有权的企业量化资产，不征收个人所得税；对职工个人以股份形式取得的企业量化资产参与企业分配而获得的股息、红利，按"利息、股息、红利"项目征收个人所得税。

（八）财产租赁所得

财产租赁所得指个人出租建筑物、土地使用权、机器设备、车船以及其他财产取得的所得。个人取得的财产转租收入，属于"财产租赁所得"的征税范围。

房地产开发企业与商店购买者个人签订协议，以优惠价格出售其开发的商店给购买者个人，购买者个人在一定期限内必须将购买的商店无偿提供给房地产企业对外出租使用。购买者个人少支付的购房价款，按"财产租赁所得"征税。

（九）财产转让所得

财产转让所得指个人转让有价证券、股权、建筑物、土地使用权、机器设备、车船以及其他财产取得的所得。有关具体规定如下：

（1）对股票转让所得暂不征收个人所得税。

（2）量化资产股份转让：集体所有制企业在改制为股份合作制企业时，对职工个人以股份形式取得的拥有所有权的企业量化资产，暂缓征收个人所得税；待个人将股份转让时，就其转让收入额，减除个人取得该股份时实际支付的费用支出和合理转让费用后的余额，按"财产转让所得"项目计征个人所得税。

（3）个人出售自有住房：

①个人出售自有住房取得的收入应按"财产转让所得"项目征收个人所得税。

②个人出售已购公有住房，其应纳税所得额为个人出售已购公有住房的销售价，减除住房面积标准的经济适用房价款、原支付超过住房面积标准的房价款、向财政或原产权单位缴纳的所得收益以及税法规定的合理费用后的余额。

③对个人转让自用5年以上并且是家庭唯一生活用房取得的所得，继续免征个人所得税。

（十）偶然所得

偶然所得是指个人得奖、中奖以及其他偶然性质的所得。

个人因参加企业的有奖销售活动而取得的赠品所得，应按"偶然所得"计征个人所得税。

（十一）其他所得

根据财政部、国家税务总局的规定，对超过国家利率支付给储户的揽储奖金，按"其他所得"征税。

三、个人所得税的税率

个人所得税本着"税负从轻、区别对待、分类调节"的原则，规定了超额累进税率和比例税率两种形式，分别从不同个人所得确定了三种适用税率。

（一）工资、薪金所得

工资、薪金所得适用3%~45%的七级超额累进税率，如表9-1所示。

表9-1 工资、薪金所得个人所得税税率表

级数	含税级距	不含税级距	税率（%）	速算扣除数
1	不超过1 500元的	不超1 455元的	3	0
2	超过1 500元至4 500元的部分	超过1 455元至4 155元的部分	10	105
3	超过4 500元至9 000元的部分	超过4 155元至7 755元的部分	20	555

表9-1(续)

级数	含税级距	不含税级距	税率(%)	速算扣除数
4	超过 9 000 元至 35 000 元的部分	超过 7 755 元至 27 255 元的部分	25	1 005
5	超过 35 000 元至 55 000 元的部分	超过 27 255 元至 41 255 元的部分	30	2 755
6	超过 55 000 元至 80 000 元的部分	超过 41 255 元至 57 505 元的部分	35	5 505
7	超过 80 000 元的部分	超过 57 505 元的部分	45	13 505

注：表中所列含税级距与不含税级距，均为按照税法规定缴纳有关费用后的所得额。

（二）个体工商户的生产经营所得和对企事业单位的承包经营、承租经营所得

个体工商户的生产经营所得和对企事业单位的承包经营、承租经营所得适用5%～35%的五级超额累进税率，如表9-2所示。

表9-2　　　　　　　　个体工商户的生产、经营所得和
对企事业单位的承包经营、承租经营所得个人所得税税率表

级数	全年含税应纳税所得额	全年不含税应纳税所得额	税率(%)	速算扣除数
1	不超过 15 000 元的	不超过 14 250 元的	5	0
2	超过 15 000 元至 30 000 元的部分	超过 14 250 元至 27 750 元的部分	10	750
3	超过 30 000 元至 60 000 元的部分	超过 27 750 元至 51 750 元的部分	20	3 750
4	超过 60 000 元至 100 000 元的部分	超过 51 750 元至 79 750 元的部分	30	9 750
5	超过 100 000 元的部分	超过 79 750 元的部分	35	14 750

注：表中所列含税级距与不含税级距，均为按照税法规定缴纳有关费用后的所得额。含税级距适用于个体工商户的生产、经营所得和由纳税人负担税款的承包经营、承租经营所得；不含税级距适用于由他人（单位）代付税款的承包经营、承租经营所得。

（三）其他所得

劳务报酬所得，稿酬所得，特许权使用费所得，财产租赁所得，财产转让所得，利息、股息、红利所得，偶然所得和其他所得，适用20%的比例税率。

1. 减征规定

稿酬所得，适用20%的比例税率，并按应纳税额减征30%，体现了对稿酬这种知识性勤劳所得的特殊政策。

对个人出租住房取得的所得按10%的税率征收个人所得税。

2. 加成征税规定

对劳务报酬所得一次收入畸高的，规定在适用20%税率征税的基础上，实行加成征税办法。即对个人一次取得劳务报酬，其应纳税所得额超过20 000元以上的部分，按照20%～50%的三级超额累进税率加成征收，如表9-3所示。

表 9-3　　　　　　　　劳务报酬所得个人所得税税率表

级距	劳务报酬所得	税率（％）	税款加征
1	不超过 20 000 元部分	20	一成
2	超过 20 000 至 50 000 元部分	30	五成
3	超过 50 000 元部分	40	十成

四、所得来源地的确定

下列所得，不论支付地点是否在中国境内，均为来源于中国境内的所得：

（1）因任职、受雇、履约等而在中国境内提供劳务取得的所得；

（2）将财产出租给承租人在中国境内使用而取得的所得；

（3）转让中国境内的建筑物、土地使用权等财产或者在中国境内转让其他财产取得的所得；

（4）许可各种特许权在中国境内使用而取得的所得；

（5）从中国境内的公司、企业以及其他经济组织或者个人取得的利息、股息、红利所得。

五、公益性捐赠与资助的扣除

个人以其所得向教育事业和其他公益事业提供的捐赠（指个人将其所得通过中国境内的社会团体、国家机关向教育和其他社会公益事业以及遭受严重自然灾害地区、贫困地区提供的捐赠），未超过纳税人申报的应纳税所得额 30％的部分，可以从其应纳税所得额中扣除。

为鼓励社会力量资助科研机构、高等院校的研究开发活动，个人以其个人所得（不含偶然所得、经国务院财政部门确定征税的其他所得），通过中国境内非营利性的社会团体、国家机关对非关联的科研机构和高等院校研究开发新产品、新技术、新工艺所发生的研究开发经费的资助，在缴纳个人所得税时，经主管税务机关审核确定，其资助支出可以全额在下月（工资、薪金所得）或下次（按次计征的所得）或当年（按年计征的所得）应纳税所得额中扣除，但不足抵扣的不得结转抵扣，纳税人直接对科研机构和高等院校提供的资助不允许在税前扣除。

六、税收优惠

（一）免税项目

（1）省级人民政府、国务院部委、中国人民解放军军以上单位，以及外国组织颁发的科学、教育、技术、文化、卫生、体育、环境保护等方面的奖金。

（2）国债和国家发行的金融债券利息。这里所说的国债利息，是指个人持有中华人民共和国财政部发行的债券而取得的利息所得；所说的国家发行的金融债券利息，是指个人持有经国务院批准发行的金融债券而取得的利息所得。

（3）按照国家统一规定发给的补贴、津贴，资深院士津贴。

（4）福利费、抚恤金、救济金。

（5）保险赔款。

（6）军人的转业费、复员费。

（7）按照国家统一规定发给干部、职工的安家费、退职费、退休工资、离休工资、离休生活补助费。

（二）减征个人所得税的项目

（1）残疾、孤老人员和烈属的所得。

（2）因严重自然灾害造成重大损失的。

（3）其他经国务院财政部门批准减税的。

（三）暂时免税项目

（1）外籍个人以非现金形式或实报实销形式取得的住房补贴、伙食补贴、搬迁费、洗衣费。

（2）外籍个人按合理标准取得的境内外出差补贴。

（3）外籍个人取得的探亲费、语言训练费、子女教育费等，经当地税务机关审核批准为合理的部分。可以享受免征个人所得税优惠的探亲费，仅限于外籍个人在我国的受雇地与其家庭所在地（包括配偶或父母居住地）之间搭乘交通工具，且每年不超过两次的费用。

（4）个人举报、协查各种违法、犯罪行为而获得的奖金。

（5）个人办理代扣代缴税款手续，按规定取得的扣缴手续费。

（6）个人转让自用达5年以上并且是唯一的家庭居住用房取得的所得。

（7）对按《国务院关于高级专家离休退休若干问题的暂行规定》和《国务院办公厅关于杰出高级专家暂缓离休审批问题的通知》精神，达到离休、退休年龄，但确因工作需要，适当延长离休、退休年龄的高级专家（指享受国家发放的政府特殊津贴的专家、学者），其在延长离休、退休期间的工资、薪金所得，视同退休工资、离休工资免征个人所得税。

（8）外籍个人从外商投资企业取得的股息、红利所得。

（9）凡符合下列条件之一的外籍专家取得的工资、薪金所得可免征个人所得税：

①根据世界银行专项贷款协议由世界银行直接派往我国工作的外国专家。

②联合国组织直接派往我国工作的专家。

③为联合国援助项目来华工作的专家。

④援助国派往我国专为该国无偿援助项目工作的专家。

⑤根据两国政府签订文化交流项目来华工作2年以内的文教专家，其工资、薪

金所得由该国负担的。

⑥根据我国大专院校国际交流项目来华工作 2 年以内的文教专家，其工资、薪金所得由该国负担的。

⑦通过民间科研协定来华工作的专家，其工资、薪金所得由该国政府机构负担的。

（10）彩票中奖所得，一次中奖收入在 1 万元以下的免税，超过 1 万元的全额征税。

（11）国有企业职工因企业破产，从破产企业取得的一次性安置费收入，免税。

第二节　个人所得税的计算

一、计税依据

个人所得税的计税依据是应纳税所得额。由于个人所得税的应税项目不同，并且取得某项所得所需费用也不相同，因此，计算个人应纳税所得额，需按不同应税项目分项计算。以某项应税项目的收入额减去税法规定的该项目费用减除标准后的余额，为该应税项目应纳税所得额。

（一）收入的形式

个人取得的应纳税所得包括现金、实物和有价证券。

（二）费用扣除的方法

在计算应纳税所得额时，除特殊项目外，一般允许从个人的应税收入中减去税法规定的扣除项目或扣除金额，包括为取得收入所支出的必要的成本或费用，仅就扣除费用后的余额征税。

我国现行的个人所得税采取分项确定、分类扣除的办法，根据其所得的不同情况分别实行定额、定率和会计核算三种扣除办法。对工资、薪金所得采用定额扣除办法；对个体工商户的生产、经营所得和对企事业单位承包经营、承租经营所得及财产转让所得，涉及生产、经营及有关成本或费用支出的，采取会计核算办法扣除有关成本、费用或规定的必要费用；对劳务报酬所得、稿酬所得、特许权使用费所得、财产租赁所得，采取定额和定率相结合的扣除办法；而利息、股息、红利所得和偶然所得，因不涉及必要费用的支付，所以不得扣除任何费用。

（三）每次收入的确定

（1）劳务报酬所得：只有一次性收入的，以取得该项收入为一次；属于同一事项连续取得收入的，以一个月内取得的收入为一次。

（2）稿酬所得：以每次出版发表取得的收入为一次；同一作品再版取得的所得，应视作另一次稿酬所得计征个人所得税；同一作品在报刊上连载取得收入，以连载完成后取得的所有收入合并为一次。

（3）特许权使用费所得：以某项使用权的一次转让所取得的收入为一次。

（4）财产租赁所得：以一个月内取得的收入为一次。

（5）利息、股息、红利所得，偶然所得，其他所得：以每次取得的收入为一次。

二、个人所得税应纳税额的计算

（一）工资、薪金所得应纳税额的计算

1. 一般情况

一般情况下，工资、薪金所得以个人每个月收入额固定减除3 500元费用后的余额为应纳税所得额。计算公式为：

应纳税所得额＝每月工资收入－费用扣除数（3 500）

应纳个人所得税税额＝应纳税所得额×适用税率－速算扣除数

【例9-1】王某当月取得工资收入9 000元，当月个人承担住房公积金、基本养老保险金、医疗保险金、失业保险金共计1 000元，费用扣除额为3 500元。则李某当月应纳税所得额是多少？

解析：

应纳税额＝（9 000－1 000－3 500）×10%－105＝345（元）

对在中国境内无住所而在中国境内取得工资、薪金所得的纳税人和在中国境内有住所而在中国境外取得工资、薪金所得的纳税人，在减除3 500元费用的基础上，再附加减除1 300元。其计算公式为：

应纳税所得额＝月工资、薪金收入额－4 800

附加减除费用标准为1 300元所适用的具体范围是：

（1）在中国境内的外商投资企业和外国企业中工作的外籍人员；

（2）应聘在中国境内企事业单位、社会团体、国家机关中工作的外籍专家；

（3）在中国境内有住所而在中国境外任职或者受雇取得工资、薪金所得的个人；

（4）财政部确定的其他人员。

此外，附加减除费用也适用于华侨和我国香港、澳门、台湾同胞。

【例9-2】某在华工作的外籍专家6月份取得在华公司所发工资、薪金15 000元，计算其应缴纳的个人所得税。

解析：应纳税额＝（15 000－4 800）×25%－1 005＝1 545（元）

2. 特殊情况

（1）关于个人取得全年一次性奖金应纳个人所得税的计算方法。

①如当月工资超过费用扣除标准（够缴税标准），则工资、奖金分别计算。

即：先将当月取得的全年一次性奖金，除以 12 个月，按其商数确定适用税率和速算扣除数。

【例9-3】中国公民张某 2016 年 12 月份工资为 5 000 元，12 月份除当月工资以外，还取得全年一次性奖金 12 000 元。计算张某 2016 年 12 月应缴纳个人所得税税额。

解析：

12 月工资应纳税额 =（5 000-3 500）×3%-0=45（元）

全年一次性奖金的个人所得税计算：12 000÷12=1 000（元），适用税率为 3%。

全年一次性奖金应纳税额 =12 000×3%=360（元）

张某合计应纳个人所得税 =360+45=405（元）

②当月工资未超过费用扣除标准（不够缴税标准）：工资、奖金合并计算。

即：发放年终一次性奖金的当月，雇员当月工资、薪金所得低于税法规定的费用扣除额，应将全年一次性奖金减除"雇员当月工资、薪金所得与费用扣除额的差额"后的余额，按上述办法确定全年一次性奖金的适用税率和速算扣除数。

【例9-4】王某为中国公民，2016 年在我国境内 1～12 月每月的绩效工资为 2 500元，12 月 31 日又一次性领取年终奖 20 000 元（兑现绩效工资）。计算王某取得该笔奖金应缴纳的个人所得税。

解析：

该笔奖金适用的税率和速算扣除数为：

每月奖金平均额 =［20 000-（3 500-2 500）］÷12=1 583（元）

根据工资、薪金七级超额累进税率的规定，适用的税率为 10%，速算扣除数为 105。

该笔奖金应缴纳个人所得税为：

应纳税额 =［20 000-（3 500-2 500）］×10%-105=1 795（元）

（2）全年一次性奖金外的各种名目奖金，与当月工资、薪金合并计税。

【例9-5】职工刘某 2016 年 10 月工资为 3 600 元，另取得季度考勤奖 600 元。计算其应纳个人所得税税额。

解析：应纳个人所得税税额 =（3 600+600-3 500）×3%=21（元）

（3）对"双薪制"的计税方法。

对单独作为一个月的工资、薪金所得计征个人所得税。即："双薪"所得原则上不再扣除费用，应全额作为应纳税所得额按适用税率计算纳税。

取得"双薪"当月的工资不够缴税，工资与双薪合并；取得"双薪"当月的工资够缴税，工资与双薪各自计算。

【例9-6】王某为中国公民，2016 年在我国境内 1～12 月每月的工资为 4 500 元，12 月得到双薪。计算王某 12 月份应缴纳的个人所得税。

解析：

缴纳个人所得税＝［（4 500-3 500）×3%］+（4 500×10%-105）=375（元）

【例9-7】王某为中国公民，2016年在我国境内1~12月每月的工资为2 500元，12月得到双薪。计算王某12月份应缴纳的个人所得税。

解析：缴纳个人所得税＝（2 500+2 500-3 500）×3%=45（元）

（二）个体工商户的生产、经营所得应纳税额的计算

1. 实行查账征收的个体工商户

对于实行查账征收的个体工商户，其生产、经营的应纳税所得额是每一纳税年度的收入总额，减除成本、费用以及损失后的余额。计算公式为：

应纳税所得额=全年收入总额-（成本+费用+损失+准予扣除的税金）

应纳个人所得税税额=应纳税所得额×适用税率-速算扣除数

投资者的费用扣除标准为42 000元/年（3 500元/月）。投资者工资不得在税前扣除。

2. 实行核定征收的个体工商户

有下列情形之一，采用核定征收的方式：

（1）按照国家的有关规定应当设置账簿而未设置账簿的；

（2）虽设置账簿，但账目混乱或者成本资料、收入凭证、费用凭证残缺不全，难以查账的；

（3）纳税人发生纳税义务，未按照规定期限办理纳税申报的，经税务机关责令限期申报，逾期还不申报的。

（三）企事业单位的承包、承租经营所得应纳个人所得税的计算

企事业单位的承包经营、承租经营所得是指个人承包经营、承租经营以及转包、转租，按次取得的工资、薪金性质的所得。企事业单位的承包经营、承租经营所得适用税率为五级超额累进税率。必要费用的扣除标准为42 000元/年（3 500元/月），实际减除的是相当于个人的生计费用及其他费用。

企事业单位的承包经营、承租经营所得应纳税额的计算公式为：

应纳税所得额=每一纳税年度的收入总额-必要费用

=年度税后净利润+工资-上交的承包费+固定费用

应纳税额=应纳税所得额×适用税率-速算扣除数

【例9-8】王某为中国公民，2016年承包经营一个招待所，全年承包收入是80 000元（已扣除上交的承包费），计算王某2016年应缴纳的个人所得税。

解析：应纳税额=（80 000-3 500×12）×20%-3 750=3 850（元）

（四）劳务报酬所得应纳个人所得税的计算

劳务报酬所得适用税率为20%。对劳务收入一次性畸高的可以采用加成征收的方法。对一次取得劳务报酬应纳税所得额超过20 000元至50 000元的部分，依照税法规定计算应纳税额后，按应纳税额加成征收5成，超过50 000元的部分再加征

10成。因此，劳务报酬所得实际实行20%、30%、40%三级超额累加税率。

应纳税所得额的计算：

1. 每次劳务报酬收入不足4 000元的

$$应纳税所得额＝每次劳务报酬额－800元$$

2. 每次劳务报酬收入超过4 000元的

$$应纳税所得额＝每次劳务报酬额×（1－20\%）$$

【例9-9】王某利用业余时间取得一项设计收入40 000元，计算该收入应缴纳的个人所得税。

解析：

应纳税所得额＝40 000×（1－20%）＝32 000（元）

应纳个人所得税税额＝32 000×20%＋（32 000－20 000）×20%×50%＝6 400＋1 200＝7 600（元）

（五）稿酬所得应纳税额的计算

税法规定，对稿酬所得，按应纳税额减征30%，因而实际税率相当于14%。

应纳税所得额的确定：

1. 稿酬收入不超过4 000元的

$$应纳税所得额＝每次稿酬收入额－800元$$

2. 每次稿酬收入超过4 000元的

$$应纳税所得额＝每次稿酬收入额×（1－20\%）$$

稿酬所得按次计税，即每次出版、发表取得的收入为一次，稿酬所得适用20%的比例税率，并免纳30%的税额。计算公式为：

$$应纳个人所得税税额＝应纳税所得额×适用税率×（1－30\%）$$

【例9-10】王某在某杂志上发表一篇文章，获得稿酬3 600元，王某应缴纳的个人所得税是多少？

解析：应纳个人所得税税额＝（3 600－800）×20%×（1－30%）＝392（元）

若在上例中，孙某本次获得的稿酬为6 000元，则应缴纳个人所得税税额为：

应纳个人所得税税额＝6 000×（1－20%）×20%×（1－30%）＝672（元）

（六）特许权使用费所得应纳税额的计算

特许权使用费所得每次收入，是指一项特许权的一次许可使用所取得的收入。纳税人采用同一合同转让一项特许权分期（跨月）取得收入的，应合并为一次收入计算应纳税额。

个人取得特许权使用费所得每次收入不超过4 000元的，可以扣除费用800元；每次收入在4 000元以上的，可以扣除20%的费用，其余额为应纳税所得额。特许权使用费所得适用20%的税率。计算公式为：

$$应纳个人所得税税额＝应纳税所得额×20\%$$

【例9-11】某单位高级工程师刘先生于2016年8月取得特许权使用费收入

3 000元，9 月又取得一项特许权使用费收入 4 500 元。计算刘先生这两项收入应缴纳的个人所得税。

解析：应纳个人所得税＝（3 000-800）×20%+4 500×（1-20%）×20%＝1 160（元）

（七）利息、股息、红利所得应纳税额的计算

利息、股息、红利所得，是指个人拥有债权、股权而取得的利息、股息、红利所得。计算缴纳个人所得税的方法是：以每次利息、股息、红利所得为应纳税所得额，适用 20% 的税率。计算公式为：

$$应纳个人所得税税额＝应纳税所得额×20\%$$

（八）财产租赁所得应纳税额的计算

财产租赁所得一般以个人每次取得的收入，定额或者定率减除规定费用后的余额为应纳税所得额。每次收入不超过 4 000 元的，定额减除费用 800 元，每次收入在 4 000 元以上的，定率减除 20% 的费用。财产租赁所得以一个月内取得的收入为一次。

$$财产租赁应纳税所得额＝每次取得财产租赁收入-合理费用-费用扣除标准$$

财产租赁所得的个人所得税的适用税率为 20%。但个人按市场价格出租居民住房用于居住取得的所得，暂按 10% 的税率征收个人所得税。计算公式为：

$$应纳个人所得税税额＝应纳税所得额×20\%$$

【例9-12】王某 2016 年 2 月获得房屋出租收入 8 500 元，当月发生修缮费 2 000 元。依财产租赁所得项目计算王某 2 月份应纳个人所得税。

应纳税所得额＝8 500×（1-20%）-800＝6 000（元）

王某 2 月应纳个人所得税＝6 000×10%＝600（元）

（九）财产转让所得应纳税额的计算

财产转让所得，以一次转让财产收入额（不管分多少次支付，均应合并为一次转让财产收入）减去财产原值和合理费用后的余额为应纳税所得额。财产转让所得应纳税所得额的计算公式为：

$$应纳税所得额＝每次转让财产收入额-财产原值-合理费用$$

【例9-13】王某 2016 年 4 月 1 日将一套居住了 4 年的普通住房出售，原值 30 万元，售价 64 万元，售房中发生费用 3 万元。计算王某出售房屋应缴纳的个人所得税。

解析：应纳个人所得税＝（64-30-3）×20%＝6.2（万元）

（十）偶然所得和其他所得应纳税额的计算

偶然所得，是指个人得奖、中奖以及其他偶然性质的所得。其中，得奖，是指参加各种有奖竞赛活动，取得名次获得的奖金；中奖，是指参加各种有奖活动，如有奖销售、有奖储蓄或购买彩票，经过规定程序，抽中、摇中号码而取得的奖金。

其他所得和偶然所得，适用的个人所得税税率为 20%。其计算公式为：

$$应纳税额＝应纳税所得额×20\%$$
$$＝每次收入额×20\%$$

（十一）其他所得应纳税所得额的计算

$$应纳税额 = 应纳税所得额 \times 20\%$$

三、个人所得税的会计处理

（一）代扣代缴个人所得税

1. 支付工资、薪金代扣代缴个人所得税的会计核算

支付工资、薪金所得的单位扣缴工资、薪金所得应纳的个人所得税税款，实际上是个人工资、薪金所得的一部分。计提工资时，借记"管理费用"等科目，贷记"应付职工薪酬"科目；代扣时，借记"应付职工薪酬"科目，贷记"应交税费——应交个人所得税"科目；上交代扣的个人所得税时，借记"应交税费——应交个人所得税"科目，贷记"银行存款"科目。

代扣代缴义务人收到手续费后编制会计分录为：

借：银行存款

　　贷：应交税费——应交代扣个人所得税

然后，冲减企业管理费用，编制会计分录为：

借：应交税费——应交代扣个人所得税

　　贷：管理费用

【例9-14】某企业给员工王某发放月工资6 000元，计算企业代扣个人所得税税额及进行的账务处理。

解析：

张某应缴个人所得税=（6 000-3 500）×10%-105=145（元）

（1）企业代扣时

借：应付职工薪酬　　　　　　　　　　　　　　　　　6 000

　　贷：库存现金或银行存款　　　　　　　　　　　　　5 855

　　　　应交税费——应交个人所得税　　　　　　　　　　145

（2）实际缴纳时

借：应交税费——应交个人所得税　　　　　　　　　　　145

　　贷：银行存款　　　　　　　　　　　　　　　　　　　145

2. 支付劳务报酬、特许权使用费代扣代缴个人所得税的会计核算

企业扣缴时借记"管理费用""无形资产"等账户，贷记"应交税费——应交个人所得税""库存现金"等账户。实际缴纳时，借记"应交税费——应交个人所得税"账户，贷记"银行存款"账户。

【例9-15】中方某企业支付王某一次性工程设计费42 000元，企业应代扣代缴个人所得税8 080元。该企业如何进行账务处理？

解析：

（1）企业代扣时

借：管理费用   8 080

  贷：应交税费——应交个人所得税   8 080

（2）实际缴纳时

借：应交税费——应交个人所得税   8 080

  贷：银行存款   8 080

3. 企业支付稿酬代扣代缴个人所得税的会计核算

企业支付稿酬时借记"生产成本"等账户，贷记"应交税费——应交个人所得税""库存现金""银行存款"等账户。

实际缴纳时，借记"应交税费——应交个人所得税"账户，贷记"银行存款"账户。

【例9-16】某作家出版专著的稿酬为3万元，出版社为其代扣代缴个人所得税3 360元。该出版社如何进行账务处理？

解析：

（1）代扣代缴个人所得税时

借：生产成本   3 360

  贷：应交税费——应交个人所得税   3 360

（2）实际缴纳时

借：应交税费——应交个人所得税   3 360

  贷：银行存款   3 360

4. 向个人购买财产（财产转让）代扣代缴个人所得税的会计核算

企业向个人购买财产属于购建企业固定资产项目的，支付的税金应作为企业购建固定资产的价值组成部分，借记"固定资产"账户，贷记"银行存款""应交税费——应交个人所得税"账户。

企业向个人购买资产属于无形资产项目的，支付的税金应作为企业取得无形资产的价值组成部分，借记"无形资产"账户，贷记"银行存款""应交税费——应交个人所得税"账户。

实际缴纳时，借记"应交税费——应交个人所得税"账户，贷记"银行存款"账户。

5. 向股东支付股利代扣代缴个人所得税的会计核算

企业经股东大会决定，宣告发放现金股利时，按应支付给股东的现金股利，借记"利润分配"账户，贷记"应付股利"账户。

实际支付现金股利时，借记"应付股利"账户，贷记"库存现金"（或银行存款）、"应交税费——应交个人所得税"账户。

企业向个人分配股息、利润，代扣个人所得税的会计处理：

（1）计算应代扣的个人所得税、支付股息、利润时

借：应付利润

　　贷：应交税费——应交代扣个人所得税

　　　　库存现金

（2）缴纳税款时

借：应交税费——应交代扣个人所得税

　　贷：银行存款

（二）自行申报缴纳个人所得税

对采用自行申报缴纳个人所得税的纳税人，除实行查账征收的个体工商户外，一般不单独进行会计核算，只需保管好按主管税务机关核定征收额所缴纳的个人所得税税票就可以。

实行查账征收的个体工商户，在计算应纳个人所得税时，借记"利润分配"账户，贷记"应交税费——应交个人所得税"账户。

实际缴纳时，借记"应交税费——应交个人所得税"账户，贷记"银行存款"账户。

（三）代扣代缴手续费的会计处理

根据税法规定，税务机关对扣缴义务人按照所扣缴的税款，付给2%的手续费。扣缴义务人可将其用于代扣代缴费用开支和奖励代扣代缴工作做得较好的办税人员。该费用由税务机关按月填开收入退还书发给扣缴义务人，扣缴义务人按收入退还书到指定银行办理税款退库手续。

代扣代缴义务人收到手续费后编制会计分录为：

借：银行存款

　　贷：应交税费——应交代扣个人所得税

然后，冲减企业管理费用，编制会计分录为：

借：应交税费——应交代扣个人所得税

　　贷：管理费用

 第三节　个人所得税的纳税申报与缴纳

个人所得税的纳税办法，有自行申报和代扣代缴两种形式。具备自行申报条件的纳税义务人，应按照国家的有关规定办理纳税申报。同时扣缴义务人也应按照国家的有关规定办理全员全额扣缴申报。

一、自行申报纳税

（一）自行申报纳税的纳税义务人

符合下列情形的，为自行申报的纳税义务人：

（1）年所得 12 万元以上的；

（2）从中国境内两处或两处以上取得工资薪金所得的；

（3）从中国境外取得所得的；

（4）取得应纳税所得，没有扣缴义务人的；

（5）国务院规定的其他情形。

（二）自行申报纳税的纳税期限

1. 年所得 12 万元以上的纳税人

年所得 12 万元以上的纳税人在年度终了后 3 个月内向主管税务机关办理纳税申报。

2. 个体工商户

（1）账册健全的，应在取得纳税所得的次月 7 日内预缴，年度终了后 3 个月内汇算清缴，多退少补。

（2）账册不健全的，各地税务机关按照《税收征管法》及其实施细则的有关规定确定。

3. 承包承租经营的企事业单位

（1）年终一次取得收入的，自取得收入之日起 30 日内申报纳税；

（2）年内分次取得收入的，应在取得每次所得后的 7 日内申报预缴，年度终了后 3 个月内汇算清缴，多退少补。

4. 境外所得

（1）年度结税的，结清税款后的 30 日内，向中国主管税务机关申报纳税；

（2）即时减税或免税的，自次年 1 月 1 日起的 30 日内，向中国主管税务机关申报纳税。

5. 个人独资企业和合伙企业

（1）按年计算，分月或分季预缴的，每月或每季度终了后 7 日内预缴，年度终了后 3 个月内汇算清缴，多退少补；

（2）年度中间合并、分立、终止的，在停止生产经营之日起 60 日内，向主管税务机关办理个人所得税的汇算清缴，以其实际经营期为一个纳税年度；

（3）年度中间开业的，以其实际经营期为一个纳税年度。

（二）纳税地点

《个人所得税自行纳税申报办法（试行）》规定：

（1）在中国境内有任职、受雇单位的，向任职、受雇单位所在地主管税务机关申报。

（2）从两处或者两处以上取得工资、薪金所得的，选择并固定向其中一处单位所在地主管税务机关申报。

（3）从中国境外取得所得的，向中国境内户籍所在地主管税务机关申报。在中国境内有户籍，但户籍所在地与中国境内经常居住地不一致的，选择并固定向其中一地主管税务机关申报。在中国境内没有户籍的，向中国境内经常居住地主管税务机关申报。

（4）个体工商户向实际经营所在地主管税务机关申报。

（5）个人独资、合伙企业投资者兴办两个或两个以上企业的，区分不同情形确定纳税申报地点：

①兴办的企业全部是个人独资性质的，分别向各企业的实际经营管理所在地主管税务机关申报。

②兴办的企业中含有合伙性质的，向经常居住地主管税务机关申报。

③兴办的企业中含有合伙性质的，个人投资者经常居住地与其兴办企业的经营管理所在地不一致的，选择并固定向其参与兴办的某一合伙企业的经营管理所在地主管税务机关申报。

（6）除以上情形外，纳税人应当向取得所得所在地主管税务机关申报。

（三）自行申报方式

自行申报的方式有四种：

（1）本人直接申报纳税。

（2）委托他人申报纳税。

（3）邮寄申报。

（4）网上申报。

二、代扣代缴

（一）扣缴义务人和代扣代缴的范围

1. 扣缴义务人

凡支付个人应纳税所得的企业（公司）、事业单位、机关、社团组织、军队、驻华机构、个体户等单位或个人，为个人所得税的扣缴义务人。

2. 代扣代缴的范围

代扣代缴的范围是除个体工商户的生产经营所得外的其他事项内容。

（二）扣缴义务人的义务及应承担的责任

（1）应按规定履行代扣代缴的义务。

（2）扣缴义务人对纳税人的应扣未扣的税款，扣缴义务人应承担未扣税款50%以上3倍以下的罚款。

（3）代扣代缴期限：扣缴义务人每月所扣的税款，应在次月7日内入缴国库。

三、核定征收

核定征收是对无法查账征收的纳税人所采用的一种征收方式。

个人所得税纳税申报表如表9-4、表9-5所示。

表9-4　　　　　　　　　　个人所得税自行纳税申报表（A表）

税款所属期：自　　年　　月　　日至　　　年　　月　　日　　　　　金额单位：元（列至角分）

姓名		国籍（地区）		身份证件类型		身份证件号码																	
自行申报情形		□从中国境内两处或者两处以上取得工资、薪金所得　　　　　　　□没有扣缴义务人 □其他情形																					

任职受雇单位名称	所得期间	所得项目	收入额	免税所得	税前扣除项目								减除费用	准予扣除的捐赠额	应纳税所得额	税率（%）	速算扣除数	应纳税额	减免税额	已缴税额	应补（退）税额
					基本养老保险费	基本医疗保险费	失业保险费	住房公积金	财产原值	允许扣除的税费	其他	合计									
1	2	3	4	5	6	7	8	9	10	11	12	13	14	15	16	17	18	19	20	21	22

谨声明：此表是根据《中华人民共和国个人所得税法》及其实施条例和国家相关法律、法规规定填写的，是真实的、完整的、可靠的。

纳税人签字：　　　　　　　　　　　　　　　　　　　　　年　月　日

代理机构（人）公章： 经办人： 经办人执业证件号码：	主管税务机关受理专用章： 受理人：
代理申报日期：　年　月　日	受理日期：　年　月　日

国家税务总局监制

第九章 个人所得税

填表说明：

1. 适用范围

本表适用于"从中国境内两处或者两处以上取得工资、薪金所得的""取得应纳税所得，没有扣缴义务人的"，以及"国务院规定的其他情形"的个人所得税申报。纳税人在办理申报时，须同时附报附件2——个人所得税基础信息表（B表）。

2. 申报期限

次月十五日内。自行申报纳税人应在此期限内将每月应纳税款缴入国库，并向税务机关报送本表。纳税人不能按规定期限报送本表时，应当按照《税收征管法》及其实施细则的有关规定办理延期申报。

3. 本表各栏填写如下：

（1）表头项目

①税款所属期：是指纳税人取得所得应纳个人所得税税款的所属期间，应填写具体的起止年月日。

②姓名：填写纳税人姓名。中国境内无住所个人，其姓名应当用中、外文同时填写。

③国籍（地区）：填写纳税人的国籍或者地区。

④身份证件类型：填写能识别纳税人唯一身份的有效证照名称。

a. 在中国境内有住所的个人，填写身份证、军官证、士兵证等证件名称。

b. 在中国境内无住所的个人，如果税务机关已赋予18位纳税人识别号的，填写"税务机关赋予"；如果税务机关未赋予的，填写护照、港澳居民来往内地通行证、台湾居民来往大陆通行证等证照名称。

⑤身份证件号码：填写能识别纳税人唯一身份的号码。

a. 在中国境内有住所的纳税人，填写身份证、军官证、士兵证等证件上的号码。

b. 在中国境内无住所的纳税人，如果税务机关赋予18位纳税人识别号的，填写该号码；没有，则填写护照、港澳居民来往内地通行证、台湾居民来往大陆通行证等证照上的号码。

税务机关赋予境内无住所个人的18位纳税人识别号，作为其唯一身份识别码，由纳税人到主管税务机关办理初次涉税事项，或扣缴义务人办理该纳税人初次扣缴申报时，由主管税务机关赋予。

⑥自行申报情形：纳税人根据自身情况在对应框内打"√"。

（2）表内各栏

纳税人在填报"从中国境内两处或者两处以上取得工资、薪金所得的"时，第1~4列须分行列示各任职受雇单位发放的工薪；同时，另起一行在第4列"收入额"栏填写上述工薪的合计数，并在此行填写第5~22列。

纳税人在填报"取得应纳税所得，没有扣缴义务人的"和"国务院规定的其他情形"时，需分行列示。

第1列"任职受雇单位名称"：填写纳税人任职受雇单位的名称全称。在多家单位任职受雇的，须分行列示。如果没有，则不填。

第2列"所得期间"：填写纳税人取得所得的起止时间。

第3列"所得项目"：按照税法第二条规定的项目填写。纳税人取得多项所得时，须分行填写。

第4列"收入额"：填写纳税人实际取得的全部收入额。

第 5 列"免税所得"：是指税法第四条规定可以免税的所得。

第 6~13 列"税前扣除项目"：是指按照税法及其他法律、法规规定，可在税前扣除的项目。

第 6~9 列"基本养老保险费、基本医疗保险费、失业保险费、住房公积金"四项，是指按照国家规定，可在个人应纳税所得额中扣除的部分。

第 10 列"财产原值"：该栏适用于"财产转让所得"项目的填写。

第 11 列"允许扣除的税费"：该栏适用于"劳务报酬所得、特许权使用费所得、财产租赁所得和财产转让所得"项目的填写。

①适用"劳务报酬所得"时，填写劳务发生过程中实际缴纳的税费；

②适用"特许权使用费"时，填写提供特许权过程中发生的中介费和相关税费；

③适用"财产租赁所得"时，填写修缮费和出租财产过程中发生的相关税费；

④适用"财产转让所得"时，填写转让财产过程中发生的合理税费。

第 12 列"其他"：是指法律、法规规定的其他可以在税前扣除的项目。

第 13 列"合计"：为各所得项目对应税前扣除项目的合计数。

第 14 列"减除费用"：是指税法第六条规定可以在税前减除的费用。没有的，则不填。

第 15 列"准予扣除的捐赠额"：是指按照税法及其实施条例和相关税收政策规定，可以在税前扣除的捐赠额。

第 16 列"应纳税所得额"：根据相关列次计算填报。第 16 列＝第 4 列－第 5 列－第 13 列－第 14 列－第 15 列。

第 17 列"税率"及第 18 列"速算扣除数"：按照税法第三条规定填写。部分所得项目没有速算扣除数的，则不填。

第 19 列"应纳税额"：根据相关列次计算填报。第 19 列＝第 16 列×第 17 列－第 18 列。

第 20 列"减免税额"：是指符合税法规定可以减免的税额。其中，纳税人取得"稿酬所得"时，其根据税法第三条规定可按应纳税额减征的 30%，填入此栏。

第 21 列"已缴税额"：是指纳税人当期已实际被扣缴或缴纳的个人所得税税款。

第 22 列"应补（退）税额"：根据相关列次计算填报。第 22 列＝第 19 列－第 20 列－第 21 列。

表 9-5 　　　　　　　　　　个人所得税纳税申报表

（适用于年所得 12 万元以上的纳税人申报）

所得年份：　　年　填表日期：　　年　月　日　　　　　　　　金额单位：元（列至角分）

纳税人姓名		国籍（地区）		身份证照类型		身份证照号码									
任职、受雇单位		任职受雇单位税务代码		任职受雇单位所属行业		职务				职业					
在华天数		境内有效联系地址				境内有效联系地址邮编				联系电话					
此行由取得经营所得的纳税人填写	经营单位纳税人识别号					经营单位纳税人名称									

表9-5(续)

所得项目	年所得额			应纳税所得额	应纳税额	已缴(扣)税额	抵扣税额	减免税额	应补税额	应退税额	备注
	境内	境外	合计								
1. 工资、薪金所得											
2. 个体工商户的生产、经营所得											
3. 对企事业单位的承包经营、承租经营所得											
4. 劳务报酬所得											
5. 稿酬所得											
6. 特许权使用费所得											
7. 利息、股息、红利所得											
8. 财产租赁所得											
9. 财产转让所得											
其中：股票转让所得	—	—	—	—	—	—			—	—	
个人房屋转让所得											
10. 偶然所得											
11. 其他所得											
合计											

我声明，此纳税申报表是根据《中华人民共和国个人所得税法》及有关法律、法规的规定填报的，我保证它是真实的、可靠的、完整的。

　　　　纳税人（签字）

代理人（签章）：
联系电话：

　　税务机关受理人（签字）：　　税务机关受理时间：　年　月　日　受理申报税务机关名称（盖章）

　　填表说明：

　　1. 本表根据《个人所得税法》及其实施条例和《个人所得税自行纳税申报办法（试行）》制定，适用于年所得12万元以上纳税人的年度自行申报。

　　2. 负有纳税义务的个人，可以由本人或者委托他人于纳税年度终了后3个月以内向主管税务机关报送本表。不能按照规定期限报送本表时，应当在规定的报送期限内提出申请，经当地税务机关批准，可以适当延期。

　　3. 填写本表应当使用中文，也可以同时用中文、外文两种文字填写。

　　4. 本表各栏的填写说明如下：

　　（1）所得年份和填表日期：

　　申报所得年份：填写纳税人实际取得所得的年度；

　　填表日期：填写纳税人办理纳税申报的实际日期。

197

（2）身份证照类型：

填写纳税人的有效身份证照（居民身份证、军人身份证、护照、回乡证等）名称。

（3）身份证照号码：

填写中国居民纳税人的有效身份证照上的号码。

（4）任职、受雇单位：

填写纳税人的任职、受雇单位名称。纳税人有多个任职、受雇单位时，填写受理申报的税务机关主管的任职、受雇单位。

（5）任职、受雇单位税务代码：

填写受理申报的任职、受雇单位在税务机关办理税务登记或者扣缴登记的编码。

（6）任职、受雇单位所属行业：

填写受理申报的任职、受雇单位所属的行业。其中，行业应按国民经济行业分类标准填写，一般填至大类。

（7）职务：

填写纳税人在受理申报的任职、受雇单位所担任的职务。

（8）职业：

填写纳税人的主要职业。

（9）在华天数：

由中国境内无住所的纳税人填写在税款所属期内在华实际停留的总天数。

（10）境内有效联系地址：

填写纳税人的住址或者有效联系地址。其中，中国有住所的纳税人应填写其经常居住地址。中国境内无住所居民住在公寓、宾馆、饭店的，应当填写公寓、宾馆、饭店名称和房间号码。

经常居住地，是指纳税人离开户籍所在地后连续居住一年以上的地方。

（11）经营单位纳税人识别号、纳税人名称：

纳税人取得的年所得中含个体工商户的生产、经营所得和对企事业单位的承包经营、承租经营所得时填写本栏。

纳税人识别号：填写税务登记证号码。

纳税人名称：填写个体工商户、个人独资企业、合伙企业名称，或者承包承租经营的企事业单位名称。

（12）年所得额：

填写在纳税年度内取得相应所得项目的收入总额。年所得额按《个人所得税自行纳税申报办法》的规定计算。

各项所得的计算，以人民币为单位。所得以非人民币计算的，按照税法实施条例第四十三条的规定折合成人民币。

（13）应纳税所得额：

填写按照个人所得税有关规定计算的应当缴纳个人所得税的所得额。

（14）已缴（扣）税额：

填写取得该项目所得在中国境内已经缴纳或者扣缴义务人已经扣缴的税款。

（15）抵扣税额：

填写个人所得税法允许抵扣的在中国境外已经缴纳的个人所得税税额。

（16）减免税额：

填写个人所得税法允许减征或免征的个人所得税税额。

（17）同一所得项目按次（月）取得的所得，有未缴或少缴税款的，填写在应补税额栏目；有多缴税款的，填写在应退税额栏目，并附送实际多缴税款的完税凭证和相关资料，由主管税务机关核实后办理退税。

（18）本表为 A4 横式，一式两联，第一联报税务机关，第二联由纳税人留存。

第十章 其他销售税类实务

 ## 第一节 城市维护建设税与教育费附加

一、城市维护建设税

（一）城市维护建设税概述

1. 概念

城市维护建设税是为了扩大和稳定城市维护建设资金来源，对从事工商经营活动的单位和个人，以其实际缴纳的增值税、消费税税额为计税依据（营改增前为增值税、消费税、营业税"三税"），按照规定的税率计算征收的专项用于城市维护建设的一种附加税（以下简称城建税）。现行城建税的基本规范，是 1985 年 2 月 8 日国务院发布并于同年 1 月 1 日实施的《中华人民共和国城市维护建设税暂行条例》，以及 2010 年 10 月 18 日国务院发布的《关于统一内外资企业和个人城市建设税和教育费附加制度的通知》。

2. 特点

城建税是一种具有受益性质的行为税，具有以下特点：

（1）征税范围广。城建税以增值税、消费税为税基，意味着对所有纳税人都要征收城建税，因此征税范围广。

（2）是一种附加税。城建税随增值税、消费税同时附征，征管办法也比对其相关规定办理。

（3）根据城镇规模设计税率，体现税务公平。

（4）税款专款专用。城建税所征税款要求保证用于城市的公用事业及公共设施的维护和建设。

（二）城市维护建设税的纳税人

城建税是对从事经营活动，缴纳增值税、消费税的单位和个人征收的一种税。

城建税纳税人，是缴纳增值税、消费税的各类企业、单位和个人。自 2010 年 12 月 1 日起，对外商投资企业、外国企业及外籍个人也开始征收城建税。

（三）税率

城建税的适用税率按照纳税人所在地的不同，设置了三档地区差别比例税率。即：

（1）纳税人所在地为市区的，税率为 7%；

（2）纳税人所在地为县城、建制镇的，税率为 5%；

（3）纳税人所在地不在市区、县城或者建制镇的，税率为 1%；开采海洋石油资源的中外合作油（气）田所在地在海上的，其城建税使用税率为 1%。

城建税的适用税率，应当按纳税人所在地的规定税率执行。但是，对下列两种情况，可按缴纳主税种所在地的规定税率就地缴纳城建税：

第一种情况：由受托方代扣代缴、代收代缴增值税与消费税的单位和个人，其代扣代缴、代收代缴的城建税按受托方所在地适用税率执行。

第二种情况：流动经营等无固定纳税地点的单位和个人，在经营地缴纳增值税与消费税的，其城建税的缴纳按经营地适用税率执行。

（四）应纳税额的计算

城建税纳税人的应纳税额是由纳税人实际缴纳的增值税与消费税税额决定的。其计算公式为：

应纳税额＝纳税人实际缴纳的增值税、消费税税额（营改增前还有营业税）×适用税率

【例 10-1】位于某市区的一家企业 2016 年 10 月份共缴纳增值税、消费税和关税 562 万元，其中关税 102 万元。试计算该企业 10 月份应缴纳的城建税。

解析：关税不属于城建税和教育费附加的计税依据。该企业位于市区，城建税税率适用 7%。

应缴纳城建税＝（562-102）×7%＝32.2（万元）

（五）城市维护建设税的会计处理

1. 会计科目的设置

企业应该设置"应交税费——应交城建税"账户，该账户的贷方反映企业按税法规定计算出的应当缴纳的城建税，借方反映企业实际向税务机关缴纳的城建税，余额在贷方，反映企业应缴而未缴的城建税。

2. 会计处理

按企业会计准则规定，企业按规定计算应该缴纳的城建税，记入"税金及附加"账户，贷记"应交税费——应交城市维护建设税"账户。

（1）发生业务时

借：主营业务税金及附加

　　贷：应交税费——应交城建税

（2）缴纳时

借：应交税费——应交城建税

　　贷：银行存款

如，【例10-1】中企业应作如下会计分录：

借：税金及附加　　　　　　　　　　　　　　　　　322 000

　　贷：应交税费——应交城市维护建设税　　　　　322 000

（六）税收优惠

城建税原则上不单独减免，但因其附加性质，当主税发生减免时，城建税相应地发生税收减免。具体有以下几种情况：

（1）城建税按减免后实际缴纳的增值税、消费税税额计征，即随主税的减免而减免。

（2）对于因减免而需进行主税退库的，城建税也可同时退库。

（3）海关对进口产品代征的增值税、消费税，不征收城建税。

（4）对增值税、消费税实行先征后返、先征后退、即征即退办法的，除另有规定的外，对随主税附征的城建税和教育费附加，一律不退（返）还。

（5）为支持国家重大水利工程建设，对国家重大水利工程建设基金免征城市维护建设税。

（七）征收方式

1. 城建税的纳税期限和纳税地点

按照规定，城建税应当与增值税、消费税同时缴纳，自然其纳税期限和纳税地点也与其相同。比如，某施工企业所在地在 A 市，而本期它在 B 市承包工程，按规定应当就其工程结算收入在 B 市缴纳增值税，相应地，也应当在 B 市缴纳与增值税相应的城建税。

2. 预缴税款

对于按规定以 1 日、3 日、5 日、10 日、15 日为一期缴纳增值税、消费税的纳税人，应在按规定预缴该主税的同时，预缴相应的城建税。

3. 纳税申报

企业应当于月度终了后在进行增值税、消费税申报的同时，进行城建税的纳税申报。

4. 税款缴纳

对于以一个月为一期缴纳增值税、消费税的施工企业，应当在缴纳当月全部税额时，同时按照纳税申报表确定的应纳税额全额缴纳城建税。

城市维护建设税纳税申报表（填写样表）如表 10-1 所示。

表 10-1 　　　　　　　　　城市维护建设税纳税申报表（填写样表）

填表日期：2016 年 7 月 31 日

纳税人识别号	2301 1069××××		金额单位：元（列至角分）		
纳税人名称	哈尔滨市×××有限公司	税款所属期间	2016 年 7 月 1 日至 2016 年 7 月 31 日		
计税依据	计税金额	税率	应纳税额	已纳税额	应补（退）税额
1	2	3	4＝2×3	5	6＝4-5
增值税	876 931	7%	61 385.17		
合计	876 931		61 385.17		
如纳税人填报，由纳税人填写以下各栏		如委托代理人填报，由代理人填写以下各栏			备注
会计主管（签章）　纳税人（公章）		代理人名称		代理人（公章）	
		代理人地址			
		经办人		电话	
以下由税务机关填写					
收到申报表日期			接收人		

二、教育费附加

（一）概念

教育费附加是对缴纳增值税、消费税的单位和个人，就其实际缴纳的税额为计算依据征收的一种附加费。（在这里要明确的是，教育费附加是"费"而不是"税"，只是国家规定由税务机关代征）它是为加快地方教育事业，增加地方教育经费的资金而征收的一项专用基金。1984 年，国务院颁布了《关于筹措农村学校办学经费的通知》，开征了农村教育事业经费附加。1985 年，中共中央做出了《关于教育体制改革的决定》，指出必须在国家增拨教育基本建设投资和教育经费的同时，充分调动企事业单位和其他各种社会力量办学的积极性，开辟多种渠道筹措经费。为此，国务院于 1986 年 4 月 28 日颁布了《征收教育费附加的暂行规定》，决定从同年 7 月 1 日开始在全国范围内征收教育费附加。

（二）教育费附加的征收范围

教育费附加和地方教育附加向缴纳增值税、消费税（营改增前为增值税、消费税、营业税"三税"）的单位和个人征收，以其实际缴纳的税额为计税依据，分别与增值税、消费税同时缴纳。

我国自 2010 年 12 月 1 日起，对外商投资企业、外国企业及外籍个人征收教育费附加，对外资企业 2010 年 12 月 1 日（含）之后发生纳税义务的增值税、消费税征收教育费附加。

（三）征收计征比率

教育费附加计征比率曾几经变化。目前，按照 1994 年 2 月 7 日《国务院关于教育费附加征收问题的紧急通知》的规定，现行教育附加征收比率为 3%。地方教育附加征收率从 2010 年起统一为 2%。

（四）征收计算

教育费附加和地方教育费附加的计算公式为：

应纳教育费附加或地方教育附加＝（实际缴纳的增值税＋消费税）×征收比率（3%或 2%）

（五）会计处理

1. 会计科目的设置

企业应该设置"应交税费——应交教育费附加"账户。该账户的贷方反映企业按税法规定计算出的应当缴纳的教育费附加，借方反映企业实际向税务机关缴纳的教育费附加，余额在贷方反映企业应缴而未缴的教育费附加。

2. 会计处理

按企业会计准则规定，企业按规定计算应该缴纳的教育费附加，记入"税金及附加"账户，贷记"应交税费——应交教育费附加"账户。

（1）发生业务时

借：税金及附加

　　贷：应交税费——应交教育费附加

（2）缴纳时

借：应交税费——应交教育费附加

　　贷：银行存款

【例 10-2】某企业 2016 年 8 月实际缴纳增值税 60 万元，应纳教育费附加的适用附加率为 3%，地方教育费附加率为 2%。计算该企业当月应纳教育费附加并编制会计分录。

解析：

（1）应纳教育费附加＝60×3%＝1.8（万元）

应纳地方教育费附加＝60×2%＝1.2（万元）

（2）会计分录

月末计提时：

借：税金及附加　　　　　　　　　　　　　　　　　　　　30 000

　　贷：其他应交款——应交教育费附加　　　　　　　　　　18 000

　　　　　　　　　——应交地方教育费附加　　　　　　　　12 000

次月上交时：

借：其他应交款——应交教育费附加 18 000

    ——应交地方教育费附加 12 000

  贷：银行存款 30 000

（六）申报与缴纳

纳税人申报增值税、消费税的同时，申报、缴纳教育费附加。

海关进口产品征收增值税、消费税，不征收教育费附加。

教育费附加由地方税务局负责征收。

城建税、教育费附加、地方教育附加税（费）申报表（填写样表）如表 10-2 所示。

表 10-2 城建税、教育费附加、地方教育附加税（费）申报表（填写样表）

税款所属期限：自 2016 年 6 月 1 日至 2016 年 6 月 30 日

纳税人识别号：×××××××××××××××××××

填表日期：2016 年 7 月 10 日   金额单位：元（列至角分）

纳税人信息	名称	北京市×××商贸有限公司		√单位 □个人					
	登记注册类型	其他有限责任公司	所属行业	批发和零售业					
	身份证件号码	350205××××××××	联系方式	5222388					

税（费）种	计税（费）依据				税率（征收率）	本期应纳税（费）额	本期减免税（费）额		本期已缴税（费）额	本期应补（退）税（费）额
	增值税		消费税	合计			减免性质代码	减免额		
	一般增值税	免抵税额								
	1	2	3	4=1+2+3	5	6=4×5	7	8	9	10=6-8-9
城建税	10 000			10 000	7%	700				700
教育费附加	10 000			10 000	3%	300				300
地方教育费附加	10 000			10 000	2%	200				200
—										
合计	—	—				1 200				

以下由纳税人填写：	
纳税人声明	此纳税申报表是根据《中华人民共和国城市维护建设税暂行条例》《国务院征收教育费附加的暂行规定》《财政部关于统一地方教育附加政策有关问题的通知》和国家有关税收规定填报的，是真实的、可靠的、完整的。
纳税人签章 ××× 代理人签章	代理人身份证号

表10-2(续)

以下由税务机关填写：				
受理人		受理日期	年 月 日	受理税务机关签章

本表一式两份，一份纳税人留存，一份税务机关留存。

减免性质代码：减免性质代码按照国家税务总局制定下发的最新《减免性质及分类表》中的最细项减免性质代码填报。

第二节　资源税

资源税是以特定自然资源为纳税对象的一种税，就是国家对国有资源，如我国宪法规定的城市土地、矿藏、水流、森林、山岭、草原、荒地、滩涂等，根据国家的需要，对使用某种自然资源的单位和个人，为取得应税资源的使用权而征收的一种税。

征收资源税的作用主要有三个：第一，促进企业之间开展平等竞争；第二，促进对自然资源的合理开发利用；第三，为国家筹集财政资金。

一、资源税的纳税人与纳税范围

（一）资源税的纳税人

《中华人民共和国资源税暂行条例》规定，资源税是对在中华人民共和国领域及管辖海域从事应税矿产品开采和生产盐的单位和个人课征的一种税。资源税的纳税义务人是指在中华人民共和国领域及管辖海域开采应税资源的矿产品或者生产盐的单位和个人。

单位，是指国有企业、集体企业、私有企业、股份制企业、其他企业和行政单位、事业单位、军事单位、社会团体及其他单位。个人，是指个体经营者及其他个人。其中，其他单位和其他个人包括外商投资企业、外国企业和外籍人员。

（二）资源税的纳税范围

（1）原油，指专门开采的天然原油，不包括人造石油。

（2）天然气，指专门开采或与原油同时开采的天然气，暂不包括煤矿生产的天然气。

（3）煤炭，指原煤，不包括洗煤、选煤及其他煤炭制品。

（4）其他非金属矿原矿，是指上列产品和井矿盐以外的非金属矿原矿。

（5）黑色金属矿原矿，是指纳税人开采后自用、销售的，用于直接入炉冶炼或作为主产品先入选精矿，制造人工矿，再最终入炉冶炼的金属矿石原矿。

（6）有色金属矿原矿，是指纳税人开采后自用、销售的，用于直接入炉冶炼或作为主产品先入选精矿，制造人工矿，再最终入炉冶炼的金属矿石原矿。

（7）盐，包括固体盐和液体盐。固体盐是指海盐原盐、湖盐原盐和井矿盐。液体盐（俗称卤水）是指氯化钠含量达到一定浓度的溶液，是用于生产碱和其他产品的原料。

二、资源税税率

资源税采取从价定率或者从量定额的办法计征，分别以应税产品的销售额乘以纳税人具体适用的比例税率或者以应税产品的销售数量乘以纳税人具体适用的定额税率计算，实施"级差调节"的原则。级差调节是指运用资源税对因资源存储状况、开采条件、资源优劣、地理位置等客观存在的差别而产生的资源级差收入，通过实施差别税额标准进行调节。资源条件好的，税率、税额高一些；资源条件差的，税率、税额低一些。

资源税税目税率表如表 10-3 所示。

表 10-3　　　　　　　　　　资源税税目税率表

税目		税率
一、原油		销售额的 6%～10%
二、天然气		销售额的 6%～10%
三、煤炭		销售额的 2%～10%
四、其他非金属矿原矿	普通非金属矿原矿	每吨或者每立方米 0.5～20 元
	贵重非金属矿原矿	每千克或者每克拉 0.5～20 元
五、黑色金属矿原矿		每吨 2～30 元
六、有色金属矿原矿	稀土矿	每吨 0.4～60 元
	其他有色金属矿原矿	每吨 0.4～30 元
七、盐	固体盐	每吨 10～60 元
	液体盐	每吨 2～10 元

资源税具体适用的税额、税率是在表 10-3 的幅度范围中按等级来确定的，等级的划分，按《中华人民共和国资源税暂行条例实施细则》所附的《几个主要品种的矿山资源等级表》执行。

纳税人开采或者生产不同税目应税产品的，应当分别核算不同税目应税产品的销售额或者销售数量；未分别核算或者不能准确提供不同税目应税产品的销售额或者销售数量的，从高适用税率。

三、减免税

资源税贯彻普遍征收、级差调节的思想，因此规定的减免税项目比较少。有下列情形之一的，减征或者免征资源税：

（1）在开采原油过程中用于加热、修井的原油，免税。

（2）纳税人在开采或者生产应税产品过程中，因意外事故或者自然灾害等原因遭受重大损失的，由省、自治区、直辖市人民政府酌情决定减税或者免税。

（3）铁矿石资源税按规定税额的40%征收。

（4）尾矿再利用的，不再征收资源税。

（5）国务院规定的其他减税、免税项目。

四、资源税的计算

资源税的应纳税额，按照从价定率或者从量定额的办法，分别以应税产品的销售额乘以纳税人具体适用的比例税率或者以应税产品的销售数量乘以纳税人具体适用的定额税率计算。

（一）从价计征资源税的计算

实行从价计征的，纳税人开采原油、天然气、煤炭的以应税产品的销售额从价计征资源税。

销售额是指为纳税人销售应税产品向购买方收取的全部价款和价外费用，但不包括收取的增值税销项税额。

纳税人以人民币以外的货币计算销售额的，应当折合成人民币计算。其销售额的人民币折合率可以选择销售额发生的当天或者当月1日的人民币汇率中间价。纳税人应在事先确定采用折合率计算方法，确定后1年内不得变更。

$$应纳资源税 = 应税产品销售额 \times 适用税率$$

【例10-3】某油田某月销售原油3 000吨，开具增值税专用发票取得销售额20 000万元，增值税税额3 400万元。按资源税税目税率表的规定，其适用的税率为8%。计算该油田当月用缴纳的资源税。

解析：应纳税额 = 20 000 × 8% = 1 600（万元）

（二）从量定额征收的计算

实行从量定额征收的，根据应税产品的课税数量和规定的单位税额可以计算应纳税额。

销售数量，包括纳税人开采或者生产应税产品的实际销售数量和视同销售的自用数量。纳税人不能准确提供应税产品销售数量的，以应税产品的产量或者主管税务机关确定的折算比换算成的数量为计征资源税的销售数量。

$$应纳资源税 = 应税产品课税数量 \times 单位税额$$

因无法准确掌握纳税人移送使用原矿数量的，可将其精矿按选矿比折算成原矿数量，以此作为课税数量。其计算公式为：

$$选矿比=精矿数量\div耗用原矿数量$$

【例10-4】某铜矿厂当年8月销售铜矿石原矿50 000吨，移送入选精矿6 000吨，选矿比为20%。该矿山按规定适用税率为12元/吨单位税额。请计算该矿山8月份应纳资源税税额。

解析：

（1）外销铜矿石原矿的应纳税额=课税数量×单位税额=50 000×12=600 000（元）

（2）因无法准确掌握入选精矿的原矿数量，按选矿比计算应纳税额：

应纳税额=入选精矿÷选矿比×单位税额=6 000÷20%×12=360 000（元）

（3）8月应纳税额=600 000+360 000=960 000（元）

五、资源税的会计处理

（一）资源税的账户设置

企业缴纳的资源税，通过"应交税费——应交资源税"科目进行核算。该科目贷方反映企业应缴纳的资源税税额；借方反映企业已经缴纳或允许抵扣的资源税税额；余额在贷方，表示企业应缴而未缴的资源税税额。

（二）资源税的会计处理

1. 销售应税产品的核算

企业销售应税产品时，按规定计算出应税产品应缴纳的资源税税额，借记"税金及附加"科目，贷记"应交税费——应交资源税"科目；实际缴纳税款时，借记"应交税费——应交资源税"科目，贷记"银行存款"科目。

【例10-5】某煤矿本月对外销售原煤1 000 000吨，该煤矿的原煤资源税单位税额为0.8元/吨，应纳资源税800 000元。则会计处理为：

借：税金及附加　　　　　　　　　　　　　　　　　800 000
　　贷：应交税费——应交资源税　　　　　　　　　　　　800 000

2. 发生自用业务时的核算

企业自产自用应税产品，应在移送使用环节，计算出应缴纳的资源税税额，借记"生产成本""制造费用"等科目，贷记"应交税费——应交资源税"科目。

3. 收购未税矿产品的核算

按照税法规定，收购未税矿产品的单位为资源税的扣缴义务人。企业应按收购未税矿产品实际支付的收购价款以及代扣代缴的资源税，作为收购矿产品的成本。

收购未税矿产品时，应按实际支付的收购价款，借记"材料采购"等科目，贷记"银行存款"等科目；同时按应代扣代缴的资源税税额，借记"材料采购"等科目，贷记"应交税费——应交资源税"科目；实际缴纳资源税时，借记"应交税费

——应交资源税"科目,贷记"银行存款"科目。

4. 外购液体盐加工固体盐的核算

按规定企业外购液体盐加工固体盐的,所购入液体盐缴纳的资源税可以抵扣。

在会计核算中,购入液体盐时,按所允许抵扣的资源税,借记"应交税费——应交资源税"科目,按外购价款扣除允许抵扣资源税后的数额,借记"材料采购"等科目,按应支付的全部价款,贷记"银行存款""应付账款"等科目;企业加工成固体盐后,在销售时,按计算出的销售固体盐应缴的资源税,借记"税金及附加"科目,贷记"应交税费——应交资源税"科目;将销售固体盐应纳资源税扣抵液体盐已纳资源税后的差额上缴时,借记"应交税费——应交资源税"科目,贷记"银行存款"科目。

六、资源税的申报缴纳

(一)纳税义务发生时间

根据《中华人民共和国资源税暂行条例》(以下简称《资源税暂行条例》)及实施细则的规定:

(1)纳税人销售应税产品,其纳税义务发生时间分三种情况:

①纳税人采取分期收款结算方式的,其纳税义务发生时间,为销售合同规定的收款日期的当天;

②纳税人采取预收货款结算方式的,其纳税义务发生时间,为发出应税产品的当天;

③纳税人采取其他结算方式的,其纳税义务发生时间,为收讫销售款或者取得索取销售款凭据的当天。

(2)纳税人自产自用应税产品的纳税义务发生时间,为移送使用应税产品的当天。

(3)扣缴人代扣代缴税款的纳税义务发生时间,为支付货款的当天。

(二)纳税期限

纳税人据以计算应纳资源税税额的期限。现行资源税的纳税期限,由主管税务机关根据纳税人应纳税额等实际情况分别核定为1日、3日、5日、10日、15日或者1个月。以1个月为一期纳税的,自期满之日起10日内申报纳税;以1日、3日、5日、10日、15日为一期纳税的,自期满之日起5日内预缴税款,于次月1日起10日内申报纳税并结清上月税款。纳税人不能按固定期限纳税的,经核准可以按次纳税。扣缴义务人解缴税款的期限,比照上述对纳税人的规定执行。

(三)纳税地点

《资源税暂行条例》规定,纳税人应缴纳的资源税,应当向应税产品的开采地或者生产所在地主管税务机关缴纳。

纳税人在本省、自治区、直辖市内开采或生产应税产品，其纳税地点需要调整的，由省、自治区、直辖市税务机关决定。

跨省开采资源税应税产品的单位，其下属生产单位与核算单位不在同一省、自治区、直辖市的，对其开采的矿产品，一律在开采地纳税。其应纳税款由独立核算、自负盈亏的单位按照开采地的实际销售量（或者自用量）及适用的单位税额计算划拨。

扣缴义务人代扣代缴的资源税，应当向收购地主管税务机关缴纳。

（四）纳税申报

资源税纳税申报表如表10-4、表10-5、表10-6、表10-7所示。

表10-4　　　　　　　　　资源税纳税申报表

根据国家税收法律、法规及资源税有关规定制定本表。纳税人不论有无销售额，均应按照税务机关核定的纳税期限填写本表，并向当地税务机关申报。

税款所属时间：自　年　月　日至　年　月　日

填表日期：　年　月　日

纳税人识别号：□□□□□□□□□□□□□□□□□□□

金额单位：元（列至角分）

纳税人名称	（公章）		法定代表人姓名		注册地址		生产经营地址	
开户银行及账号			登记注册类型			电话号码		
税目	子目	折算率或换算比	计量单位	计税销售量	计税销售额	适用税率	本期应纳税额	本期减免税额	本期已缴税额	本期应补（退）税额
1	2	3	4	5	6	7	8①=6×7 8②=5×7	9	10	11=8-9-10
合计		—	—	—						
授权声明	如果你已委托代理人申报，请填写下列资料： 　为代理一切税务事宜，现授权_____（地址）为本纳税人的代理申报人，任何与本申报表有关的往来文件，都可寄予此人。 　授权人签字：			申报人声明	本纳税申报表是根据国家税收法律、法规及相关规定填写的，我确定它是真实的、可靠的、完整的。 　声明人签字：			

主管税务机关：　　　　　　　　接收人：　　　　　　　　接收日期：　年　月　日

本表一式两份，一份纳税人留存，一份税务机关留存。

填表说明:

1. 本表为资源税纳税申报表主表,适用于缴纳资源税的纳税人填报(另有规定者除外)。本表包括三个附表,分别为资源税纳税申报表附表(一)、附表(二)、附表(三),由开采或生产原矿类、精矿类税目的纳税人以及发生减免税事项的纳税人填写。除"本期已缴税额"需要填写外,纳税人提交附表后,本表由系统自动生成,无须纳税人手工填写,仅需签章确认(特殊情况下需要手工先填写附表,再填写主表的例外)。

2. "纳税人识别号":税务登记证件号码。"纳税人名称":税务登记证件所载纳税人的全称。"填表日期":纳税人申报当日日期。"税款所属时间":纳税人申报的资源税应纳税额的所属时间,应填写具体的起止年、月、日。

3. 第1栏"税目":是指规定的应税产品名称,多个税目的,可增加行次。

4. 第2栏"子目":反映同一税目下适用税率、折算率或换算比不同的明细项目。子目名称由各省、自治区、直辖市、计划单列市税务机关根据本地区实际情况确定。

5. 第3栏"折算率或换算比":反映精矿销售额折算为原矿销售额或者原矿销售额换算为精矿销售额的比值。除煤炭折算率由纳税人所在省、自治区、直辖市财税部门或其授权地市级财税部门确定外,其他应税产品的折算率或换算比由当地省级财税部门确定。

6. 第4栏"计量单位":反映计税销售量的计量单位,如吨、立方米、千克等。

7. 第5栏"计税销售量":反映计征资源税的应税产品销售数量,包括应税产品实际销售和视同销售两部分。从价计征税目计税销售额对应的销售数量视为计税销售量自动导入本栏。计税销售量即课税数量。

8. 第6栏"计税销售额":反映计征资源税的应税产品销售收入,包括应税产品实际销售和视同销售两部分。

9. 第7栏"适用税率":从价计征税目的适用税率为比例税率,如原油资源税税率为6%,即填6%;从量计征税目的适用税率为定额税率,如某税目每立方米3元,即填3。

10. 第8栏"本期应纳税额":反映本期按适用税率计算缴纳的应纳税额。从价计征税目应纳税额的计算公式为8①=6×7;从量计征税目应纳税额的计算公式为8②=5×7。

11. 第9栏"本期减免税额":反映本期减免的资源税税额。如不涉及减免税事项,纳税人不需填写附表(三),系统会将其"本期减免税额"默认为0。

12. 第10栏"本期已缴税额":填写本期应纳税额中已经缴纳的部分。

13. 第11栏"本期应补(退)税额":本期应补(退)税额=本期应纳税额-本期减免税额-本期已缴税额。

14. 中外合作及海上自营油气田按照《国家税务总局关于发布<中外合作及海上自营油气田资源税纳税申报表>的公告》(2012年第3号)进行纳税申报。

第十章　其他销售税类实务

表 10-5 　　　　　　　　资源税纳税申报表附表（一）

（原矿类税目适用）

纳税人识别号：□□□□□□□□□□□□□□□□□□□□

纳税人名称：（公章）

税款所属时间：自　年　月　日至　年　月　日　　　　　金额单位：元（列至角分）

序号	税目	子目	原矿销售额	精矿销售额	折算率	精矿折算为原矿的销售额	允许扣减的运杂费	允许扣减的外购矿购进金额	计税销售额	计量单位	原矿销售量	精矿销售量	平均选矿比	精矿换算为原矿的销售量	计税销售量
	1	2	3	4	5	6＝4×5	7	8	9＝3+6-7-8	10	11	12	13	14＝12×13	15＝11+14
1															
2															
3															
4															
5															
6															
7															
8															
合计															

填表说明：

1. 凡开采以原矿为征税对象的应税产品的纳税人需填写此表。原矿类税目是指以原矿为征税对象的各种应税产品品目。此表反映计税销售额、计税销售量的计算过程，并自动导入主表。表中各栏如有发生数额，从价计征资源税纳税人均应如实填写；无发生数额的，应填写 0。如不涉及折算，从价计征资源税纳税人应将其折算率和平均选矿比填写为 1；不涉及运杂费、外购矿购进金额扣减的，第 7、8 栏填写 0。从量计征资源税纳税人只需填写原矿销售量、精矿销售量和计量单位、平均选矿比（不需要换算的，平均选矿比应填写 1），系统将自动计算出计税销售量，本表第 3 到第 9 栏不需要填写。

2. "税目"：填写规定的应税产品名称。多个税目的，可增加行次。煤炭、原油、天然气、井矿盐、湖盐、海盐等视同原矿类税目填写本表。"子目"：同一税目适用税率、折算率不同的，作为不同的子目分行填写。子目名称由各省、自治区、直辖市、计划单列市税务机关根据本地区实际情况确定。

3. 第 3 栏 "原矿销售额"：填写纳税人当期应税原矿产品的销售额，包括实际销售和视同销售两部分。

4. 第 4 栏 "精矿销售额"：填写纳税人当期应税精矿产品的销售额，包括实际销售和视同销售两部分。

5. 第7栏"允许扣减的运杂费"、第8栏"允许扣减的外购矿购进金额"：填写根据资源税现行规定准予扣减的运杂费用、外购矿（即外购已税产品）购进金额。允许扣减的运杂费和允许扣减的外购矿购进金额，可按当期发生额根据有关规定扣减。当期不足以扣减或未扣减的，可结转下期扣减。

运杂费和外购矿购进金额需要进行折算的，应按规定折算后作为允许扣减的运杂费和允许扣减的外购矿购进金额。

6. 第10栏"计量单位"：填写计税销售量的计量单位，如吨、立方米、千克等。

7. 本表各应税产品的销售量均包括视同销售数量，但不含外购矿的购进量。应税产品的销售量按其增值税发票等票据注明的数量填写或计算填写；发票上未注明数量的，填写与应税产品销售额相应的销售量。

8. 除煤炭折算率由省级财税部门或其授权地市级财税部门确定外，本表中的折算率、平均选矿比均按当地省级财税部门确定的数值填写。在用市场法计算折算率时需用到平均选矿比。平均选矿比＝加工精矿耗用的原矿数量÷精矿数量。煤炭平均选矿比的计算公式为：平均选矿比＝1÷平均综合回收率。平均综合回收率＝洗选煤数量÷入洗前原煤数量×100%。

9. 通过本表计算的计税销售额、计税销售量，即为主表相应栏次的计税销售额、计税销售量。

表 10-6 　　　　　　　　　**资源税纳税申报表附表（二）**

（精矿类税目适用）

纳税人识别号：□□□□□□□□□□□□□□□□□□□

纳税人名称：（公章）

税款所属时间：自　年　月　日至　年　月　日　　　金额单位：元（列至角分）

序号	税目	子目	原矿销售额	精矿销售额	换算比	原矿换算为精矿的销售额	允许扣减的运杂费	允许扣减的外购矿购进金额	计税销售额	计量单位	原矿销售量	精矿销售量	平均选矿比	原矿换算为精矿的销售量	计税销售量
1	2	3	4	5	6=3×5	7	8	9=4+6-7-8	10	11	12	13	14=11÷13	15=12+14
1															
2															
3															
4															
5															
6															
7															
8															
合计															

填表说明：

1. 凡开采以精矿为征税对象的应税产品的纳税人需填写此表。精矿类税目是指以精矿为征税对象的各种应税产品品目。此表反映计税销售额、计税销售量的计算过程，并自动导入主表。表中各栏如有发生数额，从价计征资源税纳税人均应如实填写；无发生数额的，应填写0。如不涉及换算，从价计征资源税纳税人应将其换算比和平均选矿比填写为1；不涉及运杂费、外购矿购进金额扣减的，第7、8栏填写0。从量计征资源税纳税人只需填写原矿销售量、精矿销售量和计量单位、平均选矿比（不需要换算的，平均选矿比应填写1），系统将自动计算出计税销售量，本表第3到第9栏不需要填写。

2. "税目"：填写规定的应税产品名称。多个税目的，可增加行次。

"子目"：同一税目适用税率、换算比不同的，作为不同的子目分行填写。子目名称由各省、自治区、直辖市、计划单列市税务机关根据本地区实际情况确定。以金锭、原矿加工品等为征税对象的税目视同精矿类税目填写本表。精矿销售在栏次4、12填写，原矿或原矿销售均在栏次3、11填写（纳税人既销售自采原矿，又销售自采原矿加工的精矿或粗金，应当分为两个子目填写）。单位精矿需要耗用的精矿或原矿数量在栏次13填写。

3. 第3栏"原矿销售额"：填写纳税人当期应税原矿产品的销售额，包括实际销售和视同销售两部分。

4. 第4栏"精矿销售额"：填写纳税人当期应税精矿产品的销售额，包括实际销售和视同销售两部分。

5. 第7栏"允许扣减的运杂费"、第8栏"允许扣减的外购矿购进金额"：填写根据资源税现行规定准予扣减的运杂费用、外购矿（即外购已税产品）购进金额。允许扣减的运杂费和允许扣减的外购矿购进金额，可按当期发生额根据有关规定扣减。当期不足以扣减或未扣减的，可结转下期扣减。

运杂费和外购矿购进金额需要进行换算的，应按规定换算后作为允许扣减的运杂费和允许扣减的外购矿购进金额。

6. 第10栏"计量单位"：填写计税销售量的计量单位，如吨、立方米、千克等。

7. 本表各应税产品的销售量均包括视同销售数量，但不含外购矿的购进量。应税产品的销售量按其增值税发票等票据注明的数量填写或计算填写；发票上未注明数量的，填写与应税产品销售额相应的销售量。

8. 本表中的换算比、平均选矿比按当地省级财税部门确定的数值填写。在用市场法计算换算比时需用到平均选矿比。平均选矿比＝加工精矿耗用的原矿数量÷精矿数量。

9. 通过本表计算的计税销售额、计税销售量，即为主表相应栏次的计税销售额、计税销售量。

表 10-7   **资源税纳税申报表附表（三）**

（减免税明细）

纳税人识别号：☐☐☐☐☐☐☐☐☐☐☐☐☐☐☐☐☐☐

纳税人名称：（公章）

税款所属时间：自　年　月　日至　　年　月　日　　　金额单位：元（列至角分）

序号	税目	子目	减免项目名称	计量单位	减免税销售量	减免税销售额	适用税率	减免性质代码	减征比例	本期减免税额
	1	2	3	4	5	6	7	8	9	10①=6×7×9 10②=5×7×9
1										
2										
3										
4										
5										
6										
7										
8										
合计			—	—			—	—	—	

填表说明：

1. 本附表适用于有减免资源税项目的纳税人填写。如不涉及减免税事项，纳税人不需填写本附表，系统会将其"本期减免税额"默认为 0。

2. "纳税人识别号"填写税务登记证件号码。"纳税人名称"填写税务登记证件所载纳税人的全称。

3. 第 1 栏"税目"：填写规定的应税产品名称。多个税目的，可增加行次。

4. 第 2 栏"子目"：同一税目适用的减免性质代码、税率不同的，视为不同的子目，按相应的计税销售额分行填写。

5. 第 3 栏"减免项目名称"：填写现行资源税规定的减免项目名称，如符合条件的衰竭期矿山、低品位矿等。

6. 第 4 栏"计量单位"：填写计税销售量的计量单位，如吨、立方米、千克等。

7. 第 5 栏"减免税销售量"：填写减免资源税项目对应的应税产品销售数量，由从量定额计征资源税的纳税人填写。减免税销售量需要通过平均选矿比换算的，应在换算后填写。

8. 第 6 栏"减免税销售额"：填写减免资源税项目对应的应税产品销售收入，由从价定率计征资源税的纳税人填写。减免税销售额需要折算或换算的，应在折算或换算后填写。

9. 第 7 栏"适用税率"：从价计征税目的适用税率为比例税率，如原油资源税税率为 6%，即填 6%；从量计征税目的适用税率为定额税率，如某税目每立方米 3 元，即填 3。

10. 第 8 栏"减免性质代码"：填写规定的减免性质代码。

11. 第 9 栏"减征比例"：填写减免税额占应纳税额的比例。免税项目的减征比例按 100% 填写。原油、天然气资源税按综合减征比例填写，其减征比例计算公式为：减征比例＝（综合减征率÷适用税率）×100%，综合减征率＝适用税率–实际征收率。

12. 第 10 栏"本期减免税额"：填写本期应纳税额中按规定应予以减免的部分。从价定率计征资源税的纳税人适用的计算公式为：本期减免税额＝减免税销售额×适用税率×减征比例。从量定额计征资源税的纳税人适用的计算公式为：本期减免税额＝减免税销售量×适用税率×减征比例。本期减免税额由系统自动导入资源税纳税申报表。

● 第三节　土地增值税

土地增值税是对有偿转让国有土地使用权以及地上建筑物和其他附着物产权，取得增值收入的单位和个人征收的一种税。征收土地增值税增强了政府对房地产开发和交易市场的调控，有利于抑制炒买炒卖土地获取暴利的行为，也增加了国家财政收入。现行土地增值税规范是 1993 年的《中华人民共和国土地增值税暂行条例》（以下简称《土地增值税暂行条例》）和 1995 年财政部发布的《中华人民共和国土地增值税暂行条例实施细则》（以下简称《实施细则》）。

土地增值税具有以转让房地产取得的增值额为征税对象、征税面广、采用扣除法和评估法计算增值额、超率累进税率，并实行按次征收的特点。开征土地增值税，是国家运用税收手段规范房地产市场秩序，合理调节土地增值收益分配，维护国家权益，促进房地产业健康发展的重要举措。

一、土地增值税的纳税人与纳税范围

（一）土地增值税的纳税人

土地增值税的纳税人为转让国有土地使用权及地上建筑物和其他附着物产权，并取得收入的单位和个人。其中包括在中国境内以出售或者其他方式有偿转让国有土地使用权、地上建筑物（包括地上、地下的各种附属设施）及其附着物（以下简称转让房地产）并取得收入的国有企业、集体企业、私营企业、外商投资企业、外国企业、外国机构、股份制企业、其他企业、行政单位、事业单位、社会团体、其他单位、个体经营者和其他个人。

（二）土地增值税的纳税范围

土地增值税的课税对象是有偿转让国有土地使用权及地上建筑物和其他附着物产权所取得的增值额。

1. 基本征税范围

（1）土地增值税只对"转让"国有土地使用权的行为征税，对转让非国有土地

和"出让"国有土地使用权的行为不征税。

（2）土地增值税既对转让国有土地使用权的行为征税，也对转让地上建筑物及其他附着物产权的行为征税。

（3）土地增值税只对"有偿转让"的房地产征税，对以"继承、赠与"等方式无偿转让的房地产，不征税。

2. 特殊征税范围

（1）房地产开发企业将开发的房产转为自用或者用于出租等商业用途，如果产权没有发生转移，不征收土地增值税。

（2）房地产的互换，由于发生了房产转移，因此属于土地增值税的征税范围。但是对于个人之间互换自有居住用房的行为，经过当地税务机关审核，可以免征土地增值税。

（3）房地产的出租，指产产所有者或土地使用者，将房产或土地使用权租赁给承租人使用，由承租人向出租人支付租金的行为。

（4）房地产的抵押，指房产所有者或土地使用者作为债务人或第三人向债权人提供不动产作为清偿债务的担保而不转移权属的法律行为。

（5）房地产的代建行为，是指房地产开发公司代客户进行房地产的开发，开发完成后向客户收取代建收入的行为。

（6）房地产的重新评估，按照财政部门的规定，国有企业在清产核资时对房地产进行重新评估而产生的评估增值，因其既没有发生房地产权属的转移，房产产权、土地使用权人也未取得收入，所以不属于土地增值税征税范围。

（7）合作建房，对于一方出地，另一方出资金，双方合作建房，建成后按比例分房自用的，暂免征收土地增值税；但建成后转让的，应征收土地增值税。

凡在我国境内转让房地产并取得收入的单位和个人，除税法规定免税的外，均应依照土地增值税条例规定缴纳土地增值税。换言之，凡发生应税行为的单位和个人，不论其经济性质，也不分内、外资企业或中、外籍人员，无论是专营还是兼营房地产业务，均有缴纳土地增值税的义务。

二、土地增值税税率、应税收入与扣除项目

（一）税率

土地增值税实行四级超率累进税率，如表 10-8 所示。

表 10-8　　　　　　　　　　土地增值税四级超率累进税率表

档次	级 距	税率	速算扣除系数	税额计算公式	说明
1	增值额未超过扣除项目金额 50%的部分	30%	0%	增值额 30%	扣除项目指取得土地使用权所支付的金额，开发土地的成本、费用，新建房及配套设施的成本、费用或旧房及建筑物的评估价格，与转让房地产有关的税金，财政部规定的其他扣除项目
2	增值额超过扣除项目金额 50%，未超过 100%的部分	40%	5%	增值额 40%－扣除项目金额 5%	
3	增值额超过扣除项目金额 100%，未超过 200%的部分	50%	15%	增值额 50%－扣除项目金额 15%	
4	增值额超过扣除项目金额 200%的部分	60%	35%	增值额 60%－扣除项目金额 35%	

上面所列四级超率累进税率，每级"增值额未超过扣除项目金额"的比例，均包括本比例数。

（二）应税收入的确定

根据《土地增值税暂行条例》及《实施细则》的规定，纳税人转让房地产取得的应税收入，应包括转让房地产的全部价款及有关的经济收益。从收入形式来看，它包括货币收入、实物收入和其他收入，不允许从中减除任何成本费用。

对取得的实物收入，要按收入时的市场价格折算成货币收入；对取得的无形资产收入，要进行专门的评估，在确定其价值后折算成货币收入。

对取得的收入为外国货币的，应当以取得收入当天或当月 1 日国家公布的市场汇价折合成人民币。当月以分期收款方式取得的外币收入，也应该按照实际收款日或收款当月 1 日国家公布的市场汇价折合成人民币。

（三）扣除项目的确定

计算土地增值税的应纳税额，并不是直接对转让房地产所取得的收入征税，而是要对收入额减除国家规定的各项扣除项目金额后的余额计算征税。因此，计算土地增值税，首要的是确定扣除项目，可以分为如下六类：

1. 取得土地使用权所支付的金额

取得土地使用权所支付的金额包括纳税人为取得土地使用权所支付的地价款和按国家统一规定缴纳的有关费用。具体为：以出让方式取得土地使用权的，为支付的土地出让金；以行政划拨方式取得土地使用权的，为转让土地使用权时按规定补交的出让金；以转让方式得到土地使用权的，为支付的地价款。

2. 开发土地和新建房及配套设施的成本

开发土地和新建房及配套设施的成本包括土地征用及拆迁补偿费、前期工程费、建筑安装工程费、基础设施费、公共设施配套费、开发间接费用。这些成本允许按实际发生额扣除。

3. 开发土地和新建房及配套设施的费用

开发土地和新建房及配套设施的费用是指销售费用、管理费用、财务费用。根据新会计制度规定，与房地产开发有关的费用直接计入当期损益，不按房地产项目进行归集或分摊。为了便于计算操作，《实施细则》规定，财务费用中的利息支出，凡能够按转让房地产项目计算分摊，并提供金融机构证明的，允许据实扣除，但最高不能超过按商业银行同类同期贷款利率计算的金额，其他房地产开发费用按取得土地使用权所支付的金额及房地产开发成本之和的 5% 以内予以扣除。凡不能提供金融机构证明的，利息不单独扣除，三项费用的扣除按取得土地使用权所支付的金额及房地产开发成本的 10% 以内计算扣除。

4. 旧房及建筑物的评估价格

旧房及建筑物的评估价格是指在转让已使用的房屋及建筑物时，由政府批准设立的房地产评估机构评定的重置成本价乘以成新度折扣率后的价值，并由当地税务机关参考评估机构的评估而确认的价格。

5. 与转让房地产有关的税金

与转让房地产有关的税金是指在转让房地产时缴纳的城市维护建设税、印花税。因转让房地产缴纳的教育费附加，也可视同税金予以扣除。

6. 其他扣除

对从事房地产开发的纳税人，可按取得土地使用权所支付的金额与房地产开发成本之和加计 20% 扣除。应当指出的是，此条优惠只适用于从事房地产开发的纳税人，除此之外的其他纳税人不适用。这样规定，是为了抑制炒买炒卖房地产投机行为，保护正常开发投资者的积极性。

三、土地增值税的计算

（一）增值额的确定

土地增值税纳税人转让房地产所取得的收入减除规定的扣除项目金额后的余额，为增值额。准确核算增值额，需要有准确的房地产转让收入额和扣除项目的金额。在实际房地产交易活动中，有些纳税人由于不能准确提供房地产转让价格或扣除项目金额，致使增值额不准确，直接影响应纳税额的计算和缴纳。因此，《土地增值税暂行条例》规定，有隐瞒、虚报房地产成交价格，或提供扣除项目金额不实，或转让房地产的成交价格低于房地产评估价格而无正当理由的，按照房地产评估价格计算征收。

（二）应纳税额的计算

土地增值税按照纳税人转让地产所取得的增值额和规定的税率计算征收。土地增值税的公式为：

$$应纳土地增值税 = \sum（每级距的土地增值额 \times 税率）$$

式中，"增值额"为纳税人转让房地产所取得的收入减除扣除项目金额后的余额。

在实际工作中，分步计算比较繁琐，所以计算土地增值税税额，可按增值额乘以适用的税率减去扣除项目金额乘以速算扣除系数的简便方法计算。具体公式如下：

1. 增值额未超过扣除项目金额 50% 的

$$土地增值税税额＝增值额×30\%$$

2. 增值额超过扣除项目金额 50%，未超过 100% 的

$$土地增值税税额＝增值额×40\%-扣除项目金额×5\%$$

3. 增值额超过扣除项目金额 100%，未超过 200% 的

$$土地增值税税额＝增值额×50\%-扣除项目金额×15\%$$

4. 增值额超过扣除项目金额 200% 的

$$土地增值税税额＝增值额×60\%-扣除项目金额×35\%$$

式中，5%、15%、35% 为速算扣除系数。

【例 10-6】某工业企业转让一幢 20 年前建造的厂房，当时造价为 100 万元，无偿取得土地使用权。如果按现行市场价的材料、人工费计算，建造同样的房子需要 600 万元，该房子为 7 成新，按 500 万元出售，支付有关税费共计 27.5 万元。计算企业转让旧房应缴纳的土地增值税税额。

解析：

（1）评估价格＝600×70%＝420（万元）

（2）允许扣除的税金为 27.5 万元。

（3）扣除项目金额合计＝420+27.5＝447.5（万元）

（4）增值额＝500-447.5＝52.5（万元）

（5）增值率＝52.5÷447.5×100%＝11.73%

（6）应纳税额＝52.5×30%-447.5×0＝15.75（万元）

四、土地增值税的会计处理

（一）账户设置

企业应当在"应交税费"科目下设"应交土地增值税"明细科目，专门用来核算土地增值税的发生和缴纳情况，其贷方反映企业计算出的应交土地增值税，其借方反映企业实际缴纳的土地增值税，余额在贷方，反映企业应交而未交的土地增值税。

（二）会计处理

1. 主营房地产业务的企业土地增值税的会计处理

对于专门从事房地产经营的企业，应当直接计入"税金及附加"科目，如房地产开发企业应该根据计算的应纳土地增值额，借记"税金及附加"科目，贷记"应交税费——应交土地增值税"，在实际缴纳土地增值税时，借记"应交税费——应交土地增值税"科目，贷记"银行存款"科目。

2. 非主营房地产业务的企业土地增值税的账务处理

对于非主营业务的企业，在转让房地产时，则应分情况进行会计处理。

（1）转让以支付土地出让金等方式取得的国有土地使用权，原已纳入"无形资产"核算的，其转让时计算应缴纳的土地增值税：

借：其他业务支出

　　贷：应交税费——应交土地增值税

（2）转让的国有土地使用权已连同地上建筑物及其他附着物一并在"固定资产"科目核算的，其转让房地产（包括地上建筑物及其他附着物）时计算应缴纳的土地增值税：

借：固定资产清理

　　贷：应交税费——应交土地增值税

（3）转让以行政划拨方式取得的国有土地使用权，如仅转让国有土地使用权，转让时计算应缴纳的土地增值税：

借：其他业务支出

　　贷：应交税费——应交土地增值税

如国有土地使用权连同地上建筑物及其他附着物一并转让，转让时计算应缴纳的土地增值税：

借：固定资产清理

　　贷：应交税费——应交土地增值税

（4）上述缴纳土地增值税时：

借：应交税费——应交土地增值税

　　贷：银行存款

五、土地增值税的税收优惠

（一）建造普通标准住宅的税收优惠

纳税人建造普通标准住宅出售，增值额未超过扣除项目金额20%的，免征土地增值税。增值额超过扣除项目金额20%的，应就其全部增值额按规定计税。

普通标准住宅指按所在地一般民用住宅标准建造的居民用住宅，不包括高级公寓、别墅、度假村等。

对于纳税人既要建造普通标准住宅，又要建造其他房地产的，应分别核算增值额；不分别核算或者不能准确核算增值额的，其建造的普通标准住宅不免税。

（二）因国家建设需要依法征用、收回的房地产

对因国家建设需要依法征用、收回的房地产，免征土地增值税。

（三）因城市规划、国家建设的需要而搬迁，由纳税人自行转让原房地产的税收优惠

因城市规划、国家建设的需要而搬迁，由纳税人自行转让原房地产的，经税务机关审核，免征土地增值税。

（四）对企事业单位、社会团体以及其他组织转让旧房作为公共租赁住房房源的税收优惠

对企事业单位、社会团体以及其他组织转让旧房作为公共租赁住房房源的且增值额未超过扣除项目金额20%的，免征土地增值税。

六、土地增值税的征收管理

（一）纳税义务发生时间

（1）以一次交割、付清价款方式转让房地产的，在办理过户、登记手续前一次性缴纳全部税额。

（2）以分期收款方式转让的，先计算出应纳税总额，然后根据合同约定的收款日期和约定的收款比例确定应纳税额。

（3）项目全部竣工结算前转让房地产的：

①纳税人进行小区开发建设的，其中一部分房地产项目先行开发并已经转让出去，但小区内的部分配套设施往往在转让后才建成。在这种情况下，税务机关可以对先行转让的项目，在取得收入时预征土地增值税。

②纳税人以预售方式转让房地产的，对在办理结算和转交手续前就取得的收入，税务机关也可以预征土地增值税。具体办法由各省、自治区、直辖市地方税务局根据当地情况制定。

凡采用预征方法征收土地增值税的，在该项目全部竣工办理清算时，都需要对土地增值税进行清算，根据应征税额和已征税额进行结算，多退少补。

（二）纳税地点

土地增值税纳税人发生应税行为应向房地产所在地主管税务机关缴纳税款（房地产所在地，是指房地产的坐落地）。纳税人转让的房地产坐落在两个或两个以上地区的，应按房地产所在地分别申报纳税。

（1）纳税人是法人的，当转让的房地产坐落地与其机构所在地或经营所在地一致时，则在办理税务登记的原管辖税务机关申报纳税即可；如果转让的房地产坐落地与机构所在地或经营所在地不一致时，则应在房地产坐落地所管辖的税务机关申报纳税。

（2）纳税人是自然人的，当转让的房地产坐落地与其居住所在地一致时，则在居住所在地税务机关申报纳税；当转让的房地产坐落地与其居住所在地不一致时，在办理过户手续所在地的税务机关申报纳税。

（三）纳税申报

纳税人应在转让房地产合同签订后 7 日内，到房地产所在地主管税务机关办理纳税申报，并向税务机关提交房屋及建筑物产权、土地使用权证书，土地转让、房产买卖合同，房地产评估报告及其他与转让房地产有关的资料，然后在税务机关规定的期限内缴纳土地增值税。非房地产开发公司还需要提供与转让房地产有关的税金的完税凭证。

1. 申报要求

（1）凡领取工商营业执照，并已办理税务登记的房地产开发企业，不论是否取得转让收入，均应于每季终了后 10 日内办理纳税申报手续。取得转让收入的，应同时缴纳土地增值税。

（2）其他纳税人均应自房地产转让合同签订之日起 7 日内，办理纳税登记申报手续，并于取得转让房地产收入的次月 10 日内缴纳土地增值税。

（3）纳税人办理纳税登记手续时，应先填报项目登记表和纳税申报表，然后持项目登记表和纳税申报表、房屋及建筑物产权证书、土地使用证证书、土地使用权转让合同、房屋买卖合同、房地产评估报告及其他与转让房地产有关的资料，向其主管税务机关办理纳税申报手续。

2. 申报流程

（1）核查房地产投资立项合同、批准证书和房地产转让合同，确认投资立项与转让的时间及房地产开发项目的性质。如属于免税项目，应向主管税务机关申请办理免征土地增值税的申报手续。

（2）核查"应收账款""预收账款""经营收入""其他业务收入""固定资产清理"账户及主要的原始凭证，确认本期应申报的转让房地产收入。

（3）核查土地使用权转让合同及付款凭证，确认土地出让金的实际缴付金额。

（4）核查"开发成本"账户及开发建筑承包合同与付款凭证，确认土地征用及拆迁补偿费、前期工程费等开发支出。

（5）核查"财务费用"账户及相关借款合同，确认利息支出并按税法规定计算扣除。对于其他房地产开发费用，应根据利息分摊情况，以土地出让金和开发成本为基数按规定比例计算。

（6）核查"税金及附加"和"管理费用"账户及缴税原始凭证，确认与转让房地产有关的税金。

（7）核查有关旧房及建筑物房地产评估机构出具的评估报告及原始资料，确认重置成本价及成新度折扣率。

在经过以上步骤操作之后可计算得出土地增值额，按适用税率计算应纳税额。由于房地产开发项目投资大、工期长，在项目全部竣工结算前，难以计算纳税人转让房地产的增值额，一般按预收款收入的一定比例预缴税款，待竣工结算后清算，多退少补。因此，房地产企业土地增值税预缴申报，可主要依确认征免和核查转让房地产收入的程序进行操作。

土地增值税纳税申报表如表 10-9、表 10-10 所示。

表 10-9　　　　　　　**土地增值税纳税申报表（一）**

（从事房地产开发的纳税人适用）

税款所属时间：　　年　月　日　填表日期：　　年　月　日

面积单位：平方米

纳税人识别号：☐☐☐☐☐☐☐☐☐☐☐☐☐☐☐☐☐☐☐☐

金额单位：元（列至角分）

纳税人名称		项目名称		项目编号		项目地址	
业别		经济性质		纳税人地址		邮政编码	
开户银行		银行账号		主管部门		电话	
清算方式是否为核定征收							

项目		行次	金额			
			合计	普通住宅	非普通住宅	其他类型房地产
一、转让房地产收入总额　1＝2+3+4		1				
其中	货币收入	2				
	实物收入	3				
	其他收入	4				
二、扣除项目金额合计　5＝6+7+14+17+21		5				
1. 取得土地使用权所支付的金额		6				
2. 房地产开发成本　7＝8+9+10+11+12+13		7				
其中	土地征用及拆迁补偿费	8				
	前期工程费	9				
	建筑安装工程费	10				
	基础设施费	11				
	公共配套设施费	12				
	开发间接费用	13				
3. 房地产开发费用　14＝15+16		14				
其中	利息支出	15				
	其他房地产开发费用	16				

表10-9（续）

4. 与转让房地产有关的税金等　17＝18＋19＋20＋21		17				
其中	城市维护建设税	18				
	教育费附加	19				
	地方教育附加	20				
5. 财政部规定的其他扣除项目		21				
三、增值额　22＝1－5		22				
四、增值额与扣除项目金额之比（％）23＝22÷5		23	＊			
五、适用税率（核定征收率）（％）		24	＊			
六、速算扣除系数（％）		25	＊			
七、应缴土地增值税税额　26＝22×24－5×25		26				
八、减免税额（减免性质代码：＿＿＿＿＿）		27				
九、已缴土地增值税税额		28				
十、应补（退）土地增值税税额　29＝26－27－28		29				

授权代理人	（如果你已委托代理申报人，请填写下列资料）　为代理一切税务事宜，现授权＿＿＿＿＿＿（地址）为本纳税人的代理申报人，任何与本报表有关的来往文件都可寄与此人。　　　　　授权人签字：＿＿＿＿＿	纳税人声明	此纳税申报表是根据《中华人民共和国土地增值税暂行条例》及其《实施细则》的规定填报的，是真实的、可靠的、完整的。　声明人签字：＿＿＿＿＿

纳税人公章		法人代表签章		经办人员（代理申报人）签章		备注

以下部分由主管税务机关负责填写：					
审核记录	主管税务机关收到日期	接收人	审核日期		税务审核人员签章
					主管税务机关盖章

填表说明：

1. 适用范围

土地增值税纳税申报表（一），适用于凡从事房地产开发并转让的土地增值税纳税人。

2. 土地增值税纳税申报表（一）主要项目填表说明

（1）表头项目

纳税人识别号：填写税务机关为纳税人确定的识别号。

项目名称：填写纳税人所开发并转让的房地产开发项目全称。

经济性质：按所有制性质或资本构成形式分为国有、集体、私营、个体、股份制、外商投资和外国企业类型填写。

项目编号：是指在进行房地产项目登记时，税务机关按照一定的规则赋予的编号。此编号会跟随项目的预征清算全过程。

业别：填写纳税人办理工商登记时所确定的主营行业类别。

主管部门：按纳税人隶属的管理部门或总机构填写。外商投资企业不填。

开户银行：填写纳税人开设银行账户的银行名称；如果纳税人在多个银行开户的，填写其主要经营账户的银行名称。

银行账号：填写纳税人开设的银行账户的号码；如果纳税人拥有多个银行账户的，填写其主要经营账户的号码。

（2）表中项目

土地增值税纳税申报表（一）中各主要项目内容，应根据土地增值税的基本计税单位作为填报对象。纳税人如果在规定的申报期内转让两个或两个以上计税单位的房地产，对每个计税单位应分别填写一份申报表。

表第1栏"转让房地产收入总额"，按纳税人在转让房地产开发项目所取得的全部收入额填写。

表第2栏"货币收入"，按纳税人转让房地产开发项目所取得的货币形态的收入额填写。

表第3、4栏"实物收入""其他收入"，按纳税人转让房地产开发项目所取得的实物形态的收入和无形资产的收入额填写。

表第6栏"取得土地使用权所支付的金额"，按纳税人为取得该房地产开发项目所需要的土地使用权而实际支付（补交）的土地出让金（地价款）及按国家统一规定缴纳的费用的数额填写。

表第8栏至表第13栏，应根据《实施细则》规定的从事房地产开发所实际发生的各项开发成本的具体数额填写。要注意，如果有些房地产开发成本是属于整个房地产项目的，而该项目同时包含了两个或两个以上的计税单位，要对该成本在各计税项目之间按一定比例进行分摊。

表第15栏"利息支出"，按纳税人进行房地产开发实际发生的利息支出中符合《实施细则》第七条（三）规定的数额填写。如果不单独计算利息支出的，则本栏数额填写"0"。

表第16栏"其他房地产开发费用"，应根据《实施细则》第七条（三）的规定填写。

表第18栏至表第20栏，按纳税人转让房地产时所实际缴纳的税金数额填写。

表第21栏"财政部规定的其他扣除项目"，是指根据《土地增值税暂行条例》和《实施细则》规定所确定的财政部规定的扣除项目的合计数。

表第24栏"适用税率"，应根据《土地增值税暂行条例》规定的四级超率累进税率，按所适用的最高一级税率填写；如果纳税人建造普通标准住宅出售，增值额未超过扣除项目金额20%的，本栏填写"0"；以核定征收作为清算方式的，填写核定征收率。

表第25栏"速算扣除系数"，应根据《实施细则》第十条的规定找出速算扣除系数来填写。

表第27栏"减免性质代码"：按照国家税务总局制定下发的最新《减免性质及分类表》中的最细项减免性质代码填报。

表第28栏"已缴土地增值税税额"，按纳税人已经缴纳的土地增值税的数额填写。

表中每栏按照"普通住宅、非普通住宅、其他类型房地产"分别填写。

表 10-10   **土地增值税纳税申报表（二）**

（非从事房地产开发的纳税人适用）

税款所属时间：   年   月   日   填表日期：   年   月   日

面积单位：平方米

纳税人识别号： ☐☐☐☐☐☐☐☐☐☐☐☐☐☐☐☐☐☐

金额单位：元（列至角分）

纳税人名称		项目名称			项目地址		
业别		经济性质			纳税人地址		邮政编码
开户银行		银行账号			主管部门		电话
项目					行次		金额
一、转让房地产收入总额 1=2+3+4					1		
其中	货币收入				2		
	实物收入				3		
	其他收入				4		
5 二、扣除项目金额合计 （1）5=6+7+10+15 （2）5=11+12+14+15							
（1）提供评估价格	1. 取得土地使用权所支付的金额				6		
	2. 旧房及建筑物的评估价格 7=8×9				7		
	其中：旧房及建筑物的重置成本价				8		
	成新度折扣率				9		
	3. 评估费用				10		
（2）提供购房发票	1. 购房发票金额				11		
	2. 发票加计扣除金额 12=11×5%×13				12		
	其中：房产实际持有年数				13		
	3. 购房契税				14		
4. 与转让房地产有关的税金等 15=16+17+18+19					15		
其中	城市维护建设税				16		
	印花税				17		
	教育费附加				18		
	地方教育附加				19		
三、增值额 20=1-5					20		
四、增值额与扣除项目金额之比（%）21=20÷5					21		

表10-10（续）

五、适用税率（%）	22	
六、速算扣除系数（%）	23	
七、应缴土地增值税税额 24＝20×22-5×23	24	

授权代理人	（如果你已委托代理申报人，请填写下列资料） 　　为代理一切税务事宜，现授权_____（地址）为本纳税人的代理申报人，任何与本报表有关的来往文件都可寄与此人。 　　授权人签字：_____	纳税人声明	此纳税申报表是根据《中华人民共和国土地增值税暂行条例》及其《实施细则》的规定填报的，是真实的、可靠的、完整的。 　　　　　　声 明 人 签字：

纳税人公　章	法人代表签章	经办人员（代理申报人）签章		备注

以下部分由主管税务机关负责填写：					
主管税务机关收到日期		接收人		审核日期	税务审核人员签章
审核记录					主管税务机关盖章

填表说明：

1. 适用范围

土地增值税纳税申报表（二）适用于非从事房地产开发的纳税人。该纳税人应在签订房地产转让合同后的七日内，向房地产所在地主管税务机关填报土地增值税纳税申报表（二）。

2. 土地增值税纳税申报表（二）主要项目填表说明

（1）表头项目

纳税人识别号：填写税务机关为纳税人确定的识别号。

项目名称：填写纳税人转让的房地产项目全称。

经济性质：按所有制性质或资本构成形式分为国有、集体、私营、个体、股份制、外商投资企业等类型填写。

业别：按纳税人的行业性质分为行政单位、事业单位、企业、个人等。

主管部门：按纳税人隶属的管理部门或总机构填写。外商投资企业不填。

（2）表中项目

土地增值税纳税申报表（二）的各主要项目内容，应根据纳税人转让的房地产项目作为填报对象。纳税人如果同时转让两个或两个以上房地产的，应分别填报。

表第1栏"转让房地产收入总额"，按纳税人转让房地产所取得的全部收入额填写。

表第2栏"货币收入"，按纳税人转让房地产所取得的货币形态的收入额填写。

表第3、4栏"实物收入""其他收入"，按纳税人转让房地产所取得的实物形态的收入和无形资产等其他形式的收入额填写。

表第6栏"取得土地使用权所支付的金额"，按纳税人为取得该转让房地产项目的土地使用权而实际支付（补交）的土地出让金（地价款）数额及按国家统一规定缴纳的费用填写。

表第 7 栏"旧房及建筑物的评估价格"，是指根据《土地增值税暂行条例》和《实施细则》的规定，按重置成本法评估旧房及建筑物并经当地税务机关确认的评估价格的数额。本栏由第 8 栏与第 9 栏相乘得出。如果本栏数额能够直接根据评估报告填报，则本表第 8、9 栏可以不必再填报。

表第 8 栏"旧房及建筑物的重置成本价"，是指按照《土地增值税暂行条例》和《实施细则》规定，由政府批准设立的房地产评估机构评定的重置成本价。

表第 9 栏"成新度折扣率"，是指按照《土地增值税暂行条例》和《实施细则》的规定，由政府批准设立的房地产评估机构评定的旧房及建筑物的新旧程度折扣率。

表第 15 栏至表第 19 栏，按纳税人转让房地产时实际缴纳的税金的数额填写。

表第 22 栏"适用税率"，应根据《土地增值税暂行条例》规定的四级超率累进税率，按所适用的最高一级税率填写。

表第 23 栏"速算扣除系数"，应根据《土地增值税暂行细则》第十条的规定找出相关速算扣除系数填写。

第十一章　费用性税种

● 第一节　房地产税

　　房产税是以房屋为征税对象，按房屋的计税余值或租金收入为计税依据，向产权所有人征收的一种财产税。现行的房产税是我国推进利改税以后开征的，1986年9月15日，国务院正式发布了《中华人民共和国房产税暂行条例》，从1986年10月1日开始实施。自2011年1月28日开始，上海、重庆开始试点房产税改革，将居民自住房纳入征税范围。

　　房产税具有如下特点：①房产税属于财产税中的个别财产税，其征税对象只是房屋；②征收范围限于城镇的经营性房屋；③根据房屋的经营使用方式的不同规定不同的征税办法，对于自用的房屋，按房产计税余值征收，对于出租、出典的房屋按租金收入征税。

一、房产税的纳税人与纳税范围

（一）房产税的纳税人

　　房产税的纳税人为负有缴纳房产税义务的单位与个人，即房产税由产权所有人缴纳。其中：

　　（1）产权属国家所有的，由经营管理单位纳税；产权属集体和个人所有的，由集体单位和个人纳税。

　　（2）产权出典的，由承典人纳税。

　　（3）产权所有人、承典人不在房屋所在地的，或者产权未确定及租典纠纷未解决的，由房产代管人或者使用人纳税。

（4）无租使用其他房产的问题。纳税单位和个人无租使用房产管理部门、免税单位及纳税单位的房产，应由使用人代为缴纳房产税。

（5）自 2009 年 1 月 1 日起，外商投资企业、外国企业和组织以及外籍个人，依照《中华人民共和国房产税暂行条例》缴纳房产税。

（二）房产税的纳税范围

房产税以房产为征税对象。所谓房产，是指由屋面和围护结构（有墙或两边有柱），能够遮风避雨，可供人们在其中生产、学习、工作、娱乐、居住或储藏物资的场所。房地产开发企业建造的商品房，在出售前，不征收房产税；但对出售前房地产开发企业已使用或出租、出借的商品房应按规定征收房产税。

房产税暂行条例规定，房产税在城市、县城、建制镇和工矿区征收。城市、县城、建制镇、工矿区的具体征税范围，由各省、自治区、直辖市人民政府确定。

（1）城市是指国务院批准设立的市。

（2）县城是指县人民政府所在地的地区。

（3）建制镇是指经省、自治区、直辖市人民政府批准设立的建制镇。

（4）工矿区是指工商业比较发达、人口比较集中、符合国务院规定的建制镇标准但尚未设立建制镇的大中型工矿企业所在地。开征房产税的工矿区须经省、自治区、直辖市人民政府批准。

房产税的征税范围不包括农村，这主要是为了减轻农民的负担。因为农村的房屋，除农副业生产用房外，大部分是农民居住用房。对农村房屋不纳入房产税征税范围，有利于农业发展，繁荣农村经济，促进社会稳定。

三、房产税的税率、计税依据及计算

（一）税率

我国现行房产税采用的是比例税率。《中华人民共和国房产税暂行条例》（以下简称《房产税暂行条例》）和财税〔2008〕24 号文件规定，依照房产余值（房产余值为房产原值一次减除 10% ~ 30%）计算缴纳的，税率为 1.2%；依照房产租金收入计算缴纳的，税率为 12%，其中对个人出租住房，税率为 4%。

（二）计税依据

房产税的计税依据是房产的计税价值或房产的租金收入。按照房产计税价值征税的，称为从价计征；按照房产租金收入计征的，称为从租计征。

1. 从价计征

《房产税暂行条例》规定，房产税依照房产原值一次减除 10% ~ 30% 后的余值计算缴纳。各地扣除比例由当地省、自治区、直辖市人民政府确定。这样规定，既有利于各地区根据本地情况，因地制宜地确定计税余值，又有利于平衡各地税收负担，简化计算手续，提高征管效率。

房产原值是指纳税人按照会计制度规定，在会计核算账簿"固定资产"科目中记载的房屋原价。房产原值：应包括与房屋不可分割的各种附属设备或一般不单独计算价值的配套设施，主要有暖气、卫生、通风等。纳税人对原有房屋进行改建、扩建的，要相应增加房屋的原值。

2. 从租计征

按照房产租金收入计征的，称为从租计征，房产出租的，以房产租金收入为房产税的计税依据。

所谓房产的租金收入，是房屋产权所有人出租房产使用权所得的报酬，包括货币收入和实物收入。对于出租房产，租赁双方签订的租赁合同约定有免租期限的，免收租金期间由产权所有人按照房产原值缴纳房产税。

出租的地下建筑，按照出租地上房屋建筑的有关规定计算征收房产税。

（三）应纳税额的计算

房产税的计税依据有两种，应纳税额的计算也分两种。

1. 从价计征

其公式为：

$$应纳税额=应税房产原值×（1-扣除比例）×年税率1.2\%$$

2. 从租计征

其公式为：

$$应纳税额=租金收入×12\%（或4\%）$$

【例11-1】某企业一幢房产原值600万元，已知房产税税率为1.2%，当地规定的房产税扣除比例为30%。该房产年度应缴纳的房产税税额为多少？

解析：从价计征的房产税以房产余值作为计税依据。

应纳房产税=6 000 000×（1-30%）×1.2%=50 400（元）

【例11-2】某公民有房屋10间，他拿出其中5间出租给某百货商店，年租金为180 000元。计算其应纳的房产税。

解析：年应纳房产税=180 000×12%=21 600（元）

（四）房产税的会计处理

房产税实行的是按年征收，分期缴纳。企业计算出应纳房产税时，借记"管理费用"账户，贷记"应交税费——应交房产税"账户。如按期缴纳须分月摊销时，借记"待摊费用"账户，贷记"应交税费——应交房产税"账户。向税务机关缴纳税款时，借记"应交税费——应交房产税"账户，贷记"银行存款"等账户。每月摊销应分摊的房产税时，借记"管理费用"账户，贷记"待摊费用"账户。

（1）房产税分录在计算时：

借：管理费用

　　贷：应交税费——应交房产税

（2）实际缴纳时：

借：应交税费——应交房产税

　　贷：银行存款

【例11-2】某工企业应税房产评估价值为300万元。当地政府规定房产税分季缴纳，在每季度开始月份缴清该季税款，房产税税率为2%。计算该企业应该缴纳的房产税并作会计处理。

解析：

每季应纳房产税税额＝3 000 000×2%÷4＝15 000（元）

（1）根据上述计算结果，会计分录如下：

借：管理费用　　　　　　　　　　　　　　　　　　15 000

　　贷：应交税费——应交房产税　　　　　　　　　　　　15 000

（2）实际缴纳税款时，作如下分录：

借：应交税费——应交房产税　　　　　　　　　　　15 000

　　贷：银行存款　　　　　　　　　　　　　　　　　　15 000

（五）税收优惠

房产税的税收优惠是根据国家政策需要和纳税人的负担能力制定的。由于房产税属地方税，因此给予地方一定的减免权限，有利于地方因地制宜地处理问题。目前，房产税的优惠政策主要有：

（1）对国家机关、人民团体、军队自用的房产免征房产税。但上述免税单位的出租房产不属于免税范围。

（2）对由国家财政部门拨付事业经费的单位自用的房产免征房产税。但如学校的工厂、商店、招待所等应照章纳税。

（3）对宗教寺庙、公园、名胜古迹自用的房产免征房产税。但经营用的房产不免。

（4）对个人所有非营业用的房产免征房产税。但个人拥有的营业用房或出租的房产，应照章纳税。

5. 经财政部批准免税的其他房产。

（六）房产税的申报缴纳

1. 纳税义务发生时间

（1）纳税人将原有房产用于生产经营，从生产经营之月起，缴纳房产税；

（2）纳税人自行新建房屋用于生产经营，从建成之次月起，缴纳房产税；

（3）纳税人委托施工企业建设的房屋，从办理验收手续之次月起，缴纳房产税。

（4）纳税人购置新建商品房，自房屋交付使用之次月起，缴纳房产税；

（5）纳税人购置存量房，自办理房屋权属转移、变更登记手续，房地产权属登记机关签发房屋权属证书之次月起，缴纳房产税；

（6）纳税人出租、出借房产，自交付出租、出借房产之次月起，缴纳房产税；

（7）房地产开发企业自用、出租、出借该企业建造的商品房，自房屋使用或交付之次月起，缴纳房产税。

2. 纳税期限

房产税实行按年计算、分期缴纳的征收方法，具体纳税期限由省、自治区、直辖市人民政府确定。

3. 纳税地点

房产税在房产所在地缴纳。房产不在同一地方的纳税人，应按房产的坐落地点分别向房产所在地的税务机关纳税。

4. 纳税申报

房产税的纳税人应按照条例的有关规定，及时办理纳税申报，并如实填写房产税纳税申报表，如表 11-1 所示。

表 11-1　　　　　　　　　　　　　房产税纳税申报表

税款所属期：自　　年　月　日至　　年　月　日　填表日期：　　年　月　日

面积单位：平方米

纳税人识别号：□□□□□□□□□□□□□□□□□□

金额单位：元（列至角分）

纳税人信息	名称		纳税人分类	单位□　个人□		
	登记注册类型	*	所属行业	*		
	身份证照类型	身份证□　护照□ 军官证□　其他__	联系人		联系方式	

一、从价计征房产税

	房产原值	其中：出租房产原值	计税比例	税率	计税月份数	本期应纳税额	减免性质代码	减免税房产的原值	本期减免税额	本期已缴税额	本期应补（退）税额
1											
2											
3											
合计			*	*	*		*				

二、从租计征房产税

本期应税租金收入	适用税率	本期应纳税额	本期已缴税额	本期应补（退）税额

表11-1(续)

1		4%□ 12%□		
2		4%□ 12%□		
3		4%□ 12%□		
合计		*		

以下由纳税人填写：		
纳税人声明	此纳税申报表是根据《中华人民共和国房产税暂行条例》和国家有关税收规定填报的，是真实的、可靠的、完整的。	
纳税人签章	代理人签章	代理人身份证号

以下由税务机关填写：			
受理人	受理日期	年 月 日	受理税务机关签章

本表一式两份，一份纳税人留存，一份税务机关留存。

填写说明：

1. 本表依据《中华人民共和国税收征收管理法》《中华人民共和国房产税暂行条例》制定。本表分为一主表两附表，附表1为从价计征房产税税源明细表，附表2为从租计征房产税税源明细表。

2. 本表适用于在中华人民共和国境内申报缴纳房产税的单位和个人。

3. 纳税人识别号（必填）：纳税人为非自然人的，应当按照办理税务登记时税务机关赋予的编码填写。纳税人为自然人的，应当按照本人有效身份证件上标注的号码填写。

4. 纳税人名称（必填）：党政机关、企事业单位、社会团体的，应按照国家人事、民政部门批准设立或者工商部门注册登记的全称填写；纳税人是自然人的，应当按照本人有效身份证件上标注的姓名填写。

5. 纳税人分类（必选）：个人是指自然人。

6. 登记注册类型：单位，根据税务登记证或组织机构代码证中登记的注册类型填写；纳税人是企业的，根据国家统计局《关于划分企业登记注册类型的规定》填写。

7. 所属行业：根据《国民经济行业分类》（GB/T 4754-2011）填写。

8. 身份证照类型：纳税人为自然人的，必选。选择类型为：身份证、护照、军官证、其他，必选一项，选择"其他"的，请注明证件的具体类型。

9. 联系人、联系方式：填写单位法定代表人或纳税人本人姓名、常用联系电话及地址。

10. 房产原值：本项为从价计征房产税税源明细表相应数据项的汇总值。

第二节 城镇土地使用税

城镇土地使用税是以开征范围的土地为征税对象，以实际占用的土地面积为计税标准，按规定税额对拥有土地使用权的单位和个人征收的一种资源税。现行的城镇土地使用税是依照现行《中华人民共和国城镇土地使用税暂行条例》（以下简称《城镇土地使用税暂行条例》）执行的。

目前土地使用税只在镇及镇以上城市开征，因此其全称为城镇土地使用税。开征土地使用税的目的是保护土地资源，使企业能够节约用地。

征收土地使用税的作用具体包括如下：

（1）能够促进土地资源的合理配置和节约使用，提高土地使用效益；

（2）能够调节不同地区因土地资源的差异而形成的级差收入；

（3）为企业和个人之间竞争创造公平的环境。

一、城镇土地使用税的纳税人及纳税范围

（一）纳税人

城镇土地使用税的纳税人是城镇土地使用税在城市、县城、建制镇、工矿区范围内使用土地的单位和个人。

（1）拥有土地使用权的单位和个人是纳税人。

（2）拥有土地使用权的单位和个人不在土地所在地的，其土地的实际使用人和代管人为纳税人。

（3）土地使用权未确定的或权属纠纷未解决的，其实际使用人为纳税人。

（4）土地使用权共有的，共有各方都是纳税人，由共有各方分别纳税。例如：几个单位共有一块土地使用权，一方占60%，另两方各占20%，如果算出的税额为100万元，则分别按60万元、20万元、20万元的数额负担土地使用税。

（二）征税范围

城镇土地使用税的征收范围为城市、县城、建制镇、工矿区。凡在上述范围内的土地，不论是属于国家所有还是集体所有，都是城镇土地使用税的征税对象。对农林牧渔业用地和农民居住用地，不征收土地使用税。需要注意的是：

（1）城市是指经国务院批准设立的市，其征税范围包括市区和郊区。

（2）县城是指县人民政府所在地，其征税范围为县人民政府所在地的城镇。

（3）建制镇是指经省、自治区、直辖市人民政府批准设立的，符合国务院规定的建制标准的镇，其征税范围为镇人民政府所在地。

（4）工矿区是指工商业比较发达，人口比较集中的大中型工矿企业所在地，工

矿区的设立必须经省、自治区、直辖市人民政府批准。

城市、县城、建制镇、工矿区的具体征税范围，由各省、自治区、直辖市人民政府划定。

二、税率、计税依据及计算

（一）税率

城镇土地使用税实行分级幅度税额。每平方米土地年税额规定如下：

（1）大城市为 1.5 元至 30 元；

（2）中等城市为 1.2 元至 24 元；

（3）小城市为 0.9 元至 18 元；

（4）县城、建制镇、工矿区为 0.6 元至 12 元。

省、自治区、直辖市人民政府，应当在税法规定的税额幅度内，根据市政建设状况、经济繁荣程度等，确定所辖地区的适用税额幅度。

市、县人民政府应当根据实际情况，将本地区土地划分为若干等级，在省、自治区、直辖市人民政府确定的税额幅度内，制定相应的适用税额标准，报省、自治区、直辖市人民政府批准执行。

（二）计税依据

城镇土地使用税以纳税义务人实际占用的土地面积为计税依据。

纳税义务人实际占用土地面积按下列方法确定：

（1）凡由省、自治区、直辖市人民政府确定的单位组织测定土地面积的，以测定的面积为准。

（2）尚未组织测量，但纳税人持有政府部门核发的土地使用证书的，以证书确认的土地面积为准。

（3）尚未核发土地使用证书的，应由纳税人申报土地面积，据以纳税，等到核发土地使用证以后再作调整。

（4）对在城镇土地使用税征税范围内单独建造的地下建筑用地，按规定征收城镇土地使用税。其中，已取得地下土地使用权证的，按土地使用权证确认的土地面积计算应征税款；未取得地下土地使用权证或地下土地使用权证上未标明土地面积的，按地下建筑垂直投影面积计算应纳税额。

对上述地下建筑用地暂按应征税款的 50% 征收城镇土地使用税。

（三）应纳税额的计算

城镇土地使用税的应纳税额依据纳税人实际占用的土地面积和适用单位税额计算。计算公式如下：

$$应纳税额 = 计税土地面积（平方米） \times 适用税额$$

【例 11-4】假设 A 企业占地面积为 8 000 平方米，当地城镇土地使用税为每平方米 5 元，计算 A 企业这年需要缴纳的城镇土地使用税。

解析：应纳税额＝8 000×5＝40 000（元）

三、城镇土地使用税的会计处理

（一）账户设置

按规定，企业缴纳的土地使用税应通过"应交税费——应交土地使用税"科目核算。该科目贷方反映企业应缴的土地使用税；借方反映企业已经缴纳的土地使用税；余额在贷方，表示应缴而未缴的土地使用税。

（二）会计处理

每月末，企业应按规定计算出应缴纳的土地使用税，做如下会计分录：

借：管理费用

　　贷：应交税费——应交土地使用税

企业按照规定的纳税期限缴纳税款时，做如下会计分录：

借：应交税费——应交土地使用税

　　贷：银行存款

【例 11-5】某城镇当地税务机关确定城镇土地使用税纳税期限为半年。2016 年 4 月企业开出支票缴纳上半年应纳城镇土地使用税税款 7 500 元。请根据实际缴纳的税款做会计分录。

解析：

企业应当根据实际缴纳的税款作如下会计分录：

借：应交税费——应交土地使用税　　　　　　　　　　　　　7 500

　　贷：银行存款　　　　　　　　　　　　　　　　　　　　　　　7 500

四、税收优惠

（一）法定免缴土地使用税的优惠

（1）国家机关、人民团体、军队自用的土地。这部分土地是指这些单位本身的办公用地和公务用地，如国家机关、人民团体的办公楼用地，军队的训练场用地等。

（2）由国家财政部门拨付事业经费的单位自用的土地。这部分土地是指这些单位本身的业务用地，如学校的教学楼、操场、食堂等占用的土地。

（3）宗教寺庙、公园、名胜古迹自用的土地。宗教寺庙自用的土地，是指举行宗教仪式等的用地和寺庙内的宗教人员生活用地。公园、名胜古迹自用的土地，是指供公共参观游览的用地及其管理单位的办公用地。以上单位的生产、经营用地和其他用地，不属于免税范围，应按规定缴纳土地使用税，如公园、名胜古迹中附设的营业单位如影剧院、饮食部、茶社、照相馆等使用的土地。

（4）直接用于农、林、牧、渔业的生产用地。这部分土地是指直接从事于种植养殖、饲养的专业用地，不包括农副产品加工场地和生活办公用地。

（5）经批准开山填海整治的土地和改造的废弃土地，从使用的月份起免缴土地使用税 5~10 年。

具体免税期限由各省、自治区、直辖市地方税务局在《城镇土地使用税暂行条例》规定的期限内自行确定。

（6）对非营利性医疗机构、疾病控制机构和妇幼保健机构等卫生机构自用的土地，免征城镇土地使用税。

（7）对企业办的学校、医院、托儿所、幼儿园，其用地能与企业其他用地明确区分的，免征城镇土地使用税。

（8）对免税单位无偿使用纳税单位的土地，免征城镇土地使用税。纳税单位无偿使用免税单位的土地，纳税单位应照章缴纳城镇土地使用税。纳税单位与免税单位共同使用共有使用权土地上的多层建筑，对纳税单位可按其占用的建筑面积占建筑总面积的比例计征城镇土地使用税。

（9）2016 年 1 月 1 日至 2018 年 12 月 31 日，对专门经营农产品的农产品批发市场、农贸市场使用的房产、土地，暂免征收房产税和城镇土地使用税。对同时经营其他产品的农产品批发市场和农贸市场使用的房产、土地，按其他产品与农产品交易场地面积的比例确定征免房产税和城镇土地使用税。

（二）省、自治区、直辖市地方税务局确定的土地使用税减免优惠

（1）个人所有的居住房屋及院落用地。

（2）房产管理部门在房屋调整改革前经租的居民住房用地。

（3）免税单位职工家属的宿舍用地。

（4）集体和个人办的各类学校、医院、托儿所、幼儿园用地。

五、申报与缴纳

（一）纳税义务发生时间

（1）纳税人购置新建商品房，自房屋交付使用之次月起，缴纳城镇土地使用税。

（2）纳税人购置存量房，自办理房屋权属转移、变更登记手续，房地产权属登记机关签发房屋权属证书之次月起，缴纳城镇土地使用税。

（3）纳税人出租、出借房产，自交付出租、出借房产之次月起，缴纳城镇土地使用税。

（4）以出让或者转让方式有偿取得土地使用权的，应由受让方从合同约定交付土地时间的次月起缴纳城镇土地使用税；合同未约定交付土地时间的，由受让方从合同签订的次月起缴纳城镇土地使用税。

（5）纳税人新征用的耕地，自批准征用之日起满 1 年时，开始缴纳城镇土地使

用税。

（6）纳税人新征用的非耕地，自批准征用次月起，缴纳城镇土地使用税。

（二）纳税地点

城镇土地使用税在土地所在地缴纳。

纳税人使用的土地不属于同一省、自治区、直辖市管辖的，由纳税人分别向土地所在地税务机关缴纳城镇土地使用税。在同一省、自治区、直辖市管辖范围内，纳税人跨地区使用的土地，其纳税地点由各省、自治区、直辖市地方税务局确定。

土地使用税由土地所在地的地方税务机关征收，其收入纳入地方财政预算管理。

（三）纳税申报

城镇土地使用税按年计算，分期缴纳。具体纳税期限由各省、自治区和直辖市人民政府根据当地的实际情况确定。目前各地一般规定为每个季度缴纳一次或者半年缴纳一次，每次征期为 15 天或者 1 个月。例如，北京市规定，纳税人全年应当缴纳的城镇土地使用税分为两次缴纳，纳税期限分别为 4 月 1 日至 4 月 15 日和 10 月 1 日至 10 月 15 日。

城镇土地使用税的纳税人应按照条例的有关规定及时办理纳税申报，并如实填写城镇土地使用税纳税申报表，如表 11-2 所示。

表 11-2 　　　　　　　　**城镇土地使用税纳税申报表**

税款所属期：自　　年　月　日至　　年　月　日　填表日期：　　年　月　日

面积单位：平方米

纳税人识别号：□□□□□□□□□□□□□□□□□□□□

金额单位：元（列至角分）

纳税人信息	名称		纳税人分类	单位□ 个人□
	登记注册类型	*	所属行业	*
	身份证件类型	身份证□ 护照□ 其他□	身份证件号码	
	联系人		联系方式	

表11-2(续)

	土地编号	宗地的地号	土地等级	税额标准	土地总面积	所属期起	所属期止	本期应纳税额	本期减免税额	本期已缴税额	本期应补(退)税额
申报纳税信息	*										
	*										
	*										
	*										
	*										
	*										
	*										
	*										
	*										
合计			*			*	*				

以下由纳税人填写:

纳税人声明	此纳税申报表是根据《中华人民共和国城镇土地使用税暂行条例》和国家有关税收规定填报的,是真实的、可靠的、完整的。		
纳税人签章		代理人签章	代理人身份证号

以下由税务机关填写:

受理人		受理日期	年 月 日	受理税务机关签章	

本表一式两份,一份纳税人留存,一份税务机关留存。

填表说明:

1. 本表适用于在中华人民共和国境内申报缴纳城镇土地使用税的单位和个人填写。

2. 本表为城镇土地使用税纳税申报表主表,依据《中华人民共和国税收征收管理法》《中华人民共和国城镇土地使用税暂行条例》制定。本表包括两个附表。附表一为城镇土地使用税减免税明细申报表,附表二为城镇土地使用税税源明细表。首次申报或变更申报时纳税人提交城镇土地使用税税源明细表后,本表由系统自动生成,无须纳税人手工填写,仅需签章确认。申报土地数量大于10个(不含10个)的纳税人,建议采用网络申报方式,并可选用本表的汇总版进行确认,完成申报。后续申报,纳税人税源明细无变更的,税务机关提供免填单服务,根据纳税人识别号,系统自动打印本表,纳税人签章确认即可完成申报。

3. 纳税人识别号(必填):填写税务机关赋予的纳税人识别号。

4. 纳税人名称(必填):党政机关、企事业单位、社会团体的,应按照国家人事、民政部门批准设立或者工商部门注册登记的全称填写;纳税人是自然人的,应当按照本人有效身份证件上标注的姓名填写。

5. 纳税人分类(必选):分为单位和个人,个人含个体工商户。

6. 登记注册类型*:纳税人是单位的,根据税务登记证或组织机构代码证中登记的注册类型填写;纳税人是企业的,根据国家统计局《关于划分企业登记注册类型的规定》填写。该项可由系统自动带出，无须纳税人填写。

7. 所属行业＊：根据《国民经济行业分类》（GB/T 4754-2011）填写。该项可由系统自动带出，无须纳税人填写。

8. 身份证件类型：填写能识别纳税人唯一身份的有效证照名称。纳税人为自然人的，必选。选择类型为：身份证、护照、其他，必选一项，选择"其他"的，请注明证件的具体类型。

9. 身份证件号码：填写纳税人身份证件上的号码。

10. 联系人、联系方式（必填）：填写单位法定代表人或纳税人本人姓名、常用联系电话及地址。

11. 土地编号＊：纳税人不必填写。由税务机关的管理系统赋予编号，以识别。

12. 宗地的地号：土地证件记载的地号。不同地号的土地应当分行填写。无地号的，不同的宗地也应当分行填写。

13. 土地等级（必填）：根据本地区关于土地等级的有关规定，填写纳税人占用土地所属的土地的等级。不同土地等级的土地，应当按照各个土地等级汇总填写。

14. 税额标准：根据土地等级确定，可由税务机关系统自动带出。

15. 土地总面积（必填）：此面积为全部面积，包括减免税面积。本项为城镇土地使用税税源明细表"占用土地面积"的汇总值。

16. 所属期起：税款所属期内税款所属的起始月份。起始月份不同的土地应当分行填写。默认为税款所属期的起始月份。但是，当城镇土地使用税税源明细表中土地取得时间晚于税款所属期起始月份的，所属期起为"取得时间"的次月；城镇土地使用税税源明细表中经核准的困难减免的起始月份晚于税款所属期起始月份的，所属期起为"经核准的困难减免的起始月份"；城镇土地使用税税源明细表中变更类型选择信息项变更的，变更时间晚于税款所属期起始月份的，所属期起为"变更时间"。

17. 所属期止：税款所属期内税款所属的终止月份。终止月份不同的土地应当分行填写。默认为税款所属期的终止月份。但是，当城镇土地使用税税源明细表中变更类型选择"纳税义务终止"的，变更时间早于税款所属期终止月份的，所属期止为"变更时间"；城镇土地使用税税源明细表中"经核准的困难减免的终止月份"早于税款所属期终止月份的，所属期止为"经核准的困难减免的终止月份"。

18. 本期应纳税额：根据城镇土地使用税税源明细表有关数据项自动计算生成。本期应纳税额＝∑占用土地面积×税额标准÷12×（所属期止月份-所属期起月份+1）。

19. 本期减免税额：本项根据城镇土地使用税税源明细表月减免税额与税款所属期实际包含的月份数自动计算生成。本期减免税额＝∑城镇土地使用税税源明细表月减免税额×（所属期止月份-所属期起月份+1）。

20. 逻辑关系：本期应补（退）税额＝本期应纳税额-本期减免税额-本期已缴税额。

21. 带星号（＊）的项目不需要纳税人填写。

第三节　车船税

车船税是指对在我国境内应依法到公安、交通、农业、渔业、军事等管理部门办理登记的车辆、船舶，根据其种类，按照规定的计税依据和年税额标准计算征收的一种财产税。从 2007 年 7 月 1 日开始，车船税纳税人需要在投保交强险时缴纳车船税。

开征车船税，能够为地方政府筹集财政资金，能够将分散在车船人手中的部分资金集中起来，增加地方财源，增加地方政府的财政收入；同时，有利于车船的管理与合理配置。随着经济发展，社会拥有车船的数量急剧增加，开征车船税后，购置、使用车船越多，应缴纳的车船税越多，促使纳税人加强对自己拥有的车船管理和核算，改善资源配置，合理使用车船。开征车船税，还有利于调节财富差异。在国外，车船税除了筹集地方财政收入外，另一重要功能是对个人拥有的财富（如轿车、游艇等）进行调节，缓解财富分配不公的问题。随着我国经济的增长，部分先富起来的个人拥有私人轿车、游艇及其他车船的情况将会日益增加，我国征收车船税的财富再分配作用亦会更加重要。

一、车船税的纳税人及纳税范围

（一）纳税人

车船税是以车船为课征对象，向车辆、船舶（以下简称车船）的所有人或者管理人征收的一种税，因此，车船税的纳税人是车船的所有人及管理人。此处所称车船，是指依法应当在车船管理部门登记的车船。

（二）车船税的纳税范围

车船税的征收范围，是指依法应当在我国车船管理部门登记的车船（除规定减免的车船外）。

1. 车辆

它包括机动车辆和非机动车辆。机动车辆，指依靠燃油、电力等能源作为动力运行的车辆，如汽车、拖拉机、无轨电车等；非机动车辆，指依靠人力、畜力运行的车辆，如三轮车、自行车、畜力驾驶车等。

2. 船舶

它包括机动船舶和非机动船舶。机动船舶，指依靠燃料等能源作为动力运行的船舶，如客轮、货船、气垫船等；非机动船舶，指依靠人力或者其他力量运行的船舶，如木船、帆船、舢板等。

二、车船税的税目与税率

车船税在中国的适用税额，依照《车船税税目税额表》执行。中国国务院财政部门、税务主管部门可以根据实际情况，在规定的税目范围和税额幅度内，划分子税目，并明确车辆的子税目税额幅度和船舶的具体适用税额。车辆的具体适用税额由省、自治区、直辖市人民政府在规定的子税目税额幅度内确定。

（一）车船税的税目

《车船税税目税额表》中的载客汽车，划分为大型客车、中型客车、小型客车和微型客车 4 个子税目。其中，大型客车是指核定载客人数大于或者等于 20 人的载客汽车，中型客车是指核定载客人数大于 9 人且小于 20 人的载客汽车，小型客车是指核定载客人数小于或者等于 9 人的载客汽车，微型客车是指发动机气缸总排气量小于或者等于 1 升的载客汽车。三轮汽车是指在车辆管理部门登记为三轮汽车或者三轮家用运输车的机动车。低速货车是指在车辆管理部门登记为低速货车或者四轮农用运输车的机动车。

（二）车船税的税率

车船税一直采用的是定额税率，是税率的一种特殊形式。即对征收的车船规定单位固定税额。车船税确定定额税的原则是：排气量小的车辆税负轻于排气量大的车辆，载人少的车辆税负轻于载人多的车辆，自重小的车辆税负轻于自重大的车辆，小吨位船舶的税负轻于大吨位船舶。由于车辆与船舶的情况不同，车船税的税额也有所不同，具体如表 11-3 所示。

表 11-3　　　　　　　　　　　　车船税税率目录表

车船税的税目	车船税的计税单位	年基准税	备注
乘用车［按发动机汽缸容量（排气量）分档］1.0 升（含）以下的	每辆	60 元至 360 元	核定载客人数 9 人（含）以下
乘用车［按发动机汽缸容量（排气量）分档］1.0 升以上至 1.6 升（含）的	每辆	300 元至 540 元	核定载客人数 9 人（含）以下
乘用车［按发动机汽缸容量（排气量）分档］1.6 升以上至 2.0 升（含）的	每辆	360 元至 660 元	核定载客人数 9 人（含）以下
乘用车［按发动机汽缸容量（排气量）分档］2.0 升以上至 2.5 升（含）的	每辆	660 元至 1 200 元	核定载客人数 9 人（含）以下
乘用车［按发动机汽缸容量（排气量）分档］2.5 升以上至 3.0 升（含）的	每辆	1 200 元至 2 400 元	核定载客人数 9 人（含）以下

表11-3(续)

车船税的税目	车船税的计税单位	年基准税	备注
乘用车［按发动机汽缸容量（排气量）分档］3.0升以上至4.0升（含）的	每辆	2 400元至3 600元	核定载客人数9人（含）以下
乘用车［按发动机汽缸容量（排气量）分档］4.0升以上的	每辆	3 600元至5 400元	核定载客人数9人（含）以下
商用车客车	每辆	480元至1 440元	核定载客人数9人以上，包括电车
商用车货车	整备质量每吨	16元至120元	包括半挂牵引车、三轮汽车和低速载货汽车等
挂车	整备质量每吨	按照货车税额的50%计算	
其他车辆专用作业车	整备质量每吨	16元至120元	不包括拖拉机
其他车辆轮式专用机械车	整备质量每吨	16元至120元	不包括拖拉机
摩托车	每辆	36元至180元	
机动船舶	净吨位每吨	3元至6元	拖船、非机动驳船分别按照机动船舶税额的50%计算
游艇	艇身长度每米	600元至2 000元	无

三、车船税的应纳税额

车船税的纳税人按照纳税地点所在的省、自治区、直辖市人民政府确定的具体适用税额缴纳车船税。车船税由地方税务机关负责征收。

（一）计税依据

（1）载客汽车和摩托车的计税依据是辆数。

（2）载货汽车和其他汽车的计税依据是自重吨数。

（3）机动船舶按照净吨数作为计税依据。

（二）应纳税额

车船税的应纳税额，是根据不同类型的车船及其适用的计税标准去计算的。

应纳税额计算公式如下：

（1）船舶：船舶的净吨位数量×单位税额。

（2）载客汽车、摩托车：车辆数量×单位税额。

（3）载货汽车、三轮汽车、低速货车：车辆的自重吨位数量×单位税额。

（4）购置的新车船，购置当年的应纳税额至纳税义务发生的当月按月计算。

【例11-6】某小型运输公司2016年7月底购入客货两用车3辆，可乘4人，自重吨位为每辆1.3吨，8月份取得车船管理部门核发的车船登记证书。当地政府规定，载货汽车的车辆税额为80元/吨，4人座客车每年税额为200元。则2016年应纳的车船税是多少？

解析：车辆自重吨位尾数在0.5吨以下者，按0.5吨计算。

应纳车船税＝3×1.5×80×5/12＝150（元）

购置的新车船，购置当年的应纳税额自纳税义务发生的当月按月计算。

在一个纳税年度内，已完税的车船被盗抢、报废、灭失的，纳税人可以凭有关管理机关出具的证明和完税证明，向纳税所在地的主管税务机关申请退还自被盗抢、报废、灭失月份至该纳税年度终了期间的税款。

已办理退税的被盗抢车船，失而复得的，纳税人应当从公安机关出具相关证明的当月起计算缴纳车船税。

在一个纳税年度内，纳税人在非车辆登记地由保险机构代收代缴机动车车船税，且能够提供合法有效完税证明的，纳税人不再向车辆登记地的地方税务机关缴纳车船税。

已缴纳车船税的车船在同一纳税年度内办理转让过户的，不另纳税，也不退税。

四、车船税的会计处理

（一）账户设置

企业缴纳的车船税，应通过"应交税费——应交车船税"科目进行核算。该科目贷方反映企业应缴纳车船税税额，借方反映企业已经缴纳的车船税税额，余额在贷方，表示企业应缴而未缴的车船税。

（二）会计处理

（1）月末，企业计算出应缴纳的车船使用税税额：

借：管理费用

　贷：应交税费——应交车船税

（2）按规定，车船税按年征收，分期缴纳。具体纳税期限由省、自治区、直辖市人民政府规定。

企业在缴纳税款时：

借：应交税费——应交车船税

　贷：银行存款

【例11-7】某运输公司现有质量为20吨的商业用途车辆5辆，商用客车10辆，乘用车10辆。假设商用货车每吨车船税为50元，商用客车每辆车船税为1 000元，乘用车每辆车船税为500元，计算该公司应纳车船税并做会计分录。

解析：

该公司应纳车船税：

商用货车车船税 = 5×20×50 = 5 000（元）

商用客车车船税 = 10×1 000 = 10 000（元）

乘用车车船税 = 5×500 = 2 500（元）

应纳车船税合计 = 5 000+10 000+2 500 = 17 500（元）

企业按规定缴纳的车船税的会计分录如下：

借：管理费用　　　　　　　　　　　　　　　　　　17 500

　　贷：应交税费——应交车船税　　　　　　　　　　17 500

在实际缴纳时：

借：应交税费——应交车船税　　　　　　　　　　　17 500

　　贷：银行存款　　　　　　　　　　　　　　　　　17 500

五、车船税的减免税规定

下列车船免征车船税：

（1）非机动车船（不包括非机动驳船）。它是指以人力或者畜力驱动的车辆，以及符合国家有关标准的残疾人机动轮椅车、电动自行车等车辆；非机动船是指自身没有动力装置，依靠外力驱动的船舶；非机动驳船是指在船舶管理部门登记为驳船的非机动船。

（2）拖拉机。它是指在农业（农业机械）部门登记为拖拉机的车辆。

（3）捕捞、养殖渔船。它是指在渔业船舶管理部门登记为捕捞船或者养殖船的渔业船舶，不包括在渔业船舶管理部门登记为捕捞船或者养殖船以外类型的渔业船舶。

（4）军队、武警专用的车船。它是指按照规定在军队、武警车船管理部门登记，并领取军用牌照、武警牌照的车船。

（5）警用车船。它是指公安机关、国家安全机关、监狱、劳动教养管理机关和人民法院、人民检察院领取警用牌照的车辆和执行警务的专用船舶。

（6）按照有关规定已经缴纳船舶吨税的船舶。

（7）依照我国有关法律和我国缔结或者参加的国际条约的规定应当予以免税的外国驻华使馆、领事馆和国际组织驻华机构及其有关人员的车船。

（8）节约能源、使用新能源的车船可以免征或者减征车船税。但免征或者减征车船税的范围，由国务院财政、税务主管部门按国务院有关规定制定，报国务院批准。

六、申报与缴纳

（一）纳税期限

车船税纳税义务发生时间为取得车船所有权或者管理权的当月，以购买车船的发票或其他证明文件所载日期的当月为准。

车船税按年申报缴纳。具体申报纳税期限由省、自治区、直辖市人民政府规定。车船税按年申报，分月计算，一次性缴纳。纳税年度为公历 1 月 1 日至 12 月 31 日。

（二）纳税地点

车船税的纳税地点为车船的登记地或者车船税扣缴义务人所在地。依法不需要办理登记的车船，车船税的纳税地点为车船的所有人或者管理人所在地。

（三）申报要求

纳税人缴纳车船税时，应当提供反映排气量、整备质量、核定载客人数、净吨位、千瓦、艇身长度等与纳税相关信息的相应凭证以及税务机关根据实际需要要求提供的其他资料。

纳税人以前年度已经提供前款所列资料信息的，可以不再提供。

车船税纳税申报表如表 11-4 所示。

表 11-4　　　　　　　　　车船税纳税申报表（申报样本）

税款所属期限：自 2016 年 1 月 1 日至 2016 年 12 月 31 日　填表日期：2016 年 7 月 10 日

纳税人识别号：｜3｜5｜0｜2｜×｜×｜×｜×｜×｜×｜×｜×｜×｜×｜×｜×｜×｜×｜×｜×｜

金额单位：元（列至角分）

纳税人名称	××××有限公司		纳税人身份证照类型		组织机构代码				
纳税人身份证照号码	35020××××××××××		居住（单位）地址		××市××区×××号				
联系人	张三		联系方式		50×××××5				

序号	（车辆）号牌号码／（船舶）登记号码	车船识别代码（车架号/船舶识别号）	征收品目	计税单位	计税单位的数量	单位税额	年应缴税额	本年减免税额	减免性质代码	减免税证明号	当年应缴税额	本年已缴税额	本期应补（退）税额
	XD123	LVSFDFAB4AN××××248	1.0 升以上至 1.6 升（含）的乘用车	辆	1	300	300	0			300	0	300
	180013××××××057	CN××××××××432897	净吨位超过200 吨但不超过2 000 吨的机动船舶	艘	279	4	1 116	0			1 116	0	1 116
合计	—	—	—	—	—	—	1 416	—	—	—	1 416		1 416
申报车辆总数（辆）		1			申报船舶总数（艘）		1						

表11-4(续)

以下由申报人填写：				
纳税人声明	此纳税申报表是根据《中华人民共和国车船税法》和国家有关税收规定填报的，是真实的、可靠的、完整的。			
纳税人签章		代理人签章		代理人身份证号
以下由税务机关填写：				
受理人		受理日期		受理税务机关（签章）

本表一式两份，一份纳税人留存，一份税务机关留存。

填表说明：

1. 车船税纳税申报表适用于中华人民共和国境内自行申报车船税的纳税人填报。本表分为一主表两附表，车辆车船税纳税人填报纳税申报表和税源明细表（车辆），船舶车船税纳税人填报纳税申报表和税源明细表（船舶）。

2. 对首次进行车船税纳税申报的纳税人，需要申报其全部车船的主附表信息。此后办理纳税申报时，如果纳税人的车船及相关信息未发生变化的，可不再填报信息，仅提供相关证件，由税务机关按上次申报信息生成申报表后，纳税人进行签章确认即可。对车船或纳税人有关信息发生变化的，纳税人仅就变化的内容进行填报。

3. 税款所属期限：填报纳税年度的1月1日至12月31日。

4. 纳税人识别号：单位纳税人填报，自然人纳税人不必填报。

5. 纳税人身份证照类型：

（1）组织机构代码；

（2）居民身份证或临时居民身份证；

（3）有效军人身份证件；

（4）中国香港、澳门特别行政区居民身份证明；

（5）中国台湾地区居民身份证明；

（6）外国人护照或居留许可；

（7）外交部核发的外国驻华使馆、领馆、国际组织驻华代表机构人员的有效身份证；

（8）其他。

6. 纳税人身份证照号码：是单位的，填报含所属行政区域代码的组织机构代码。是个人的，填报身份证照号码。

7. 征收品目：

（1）1.0升（含）以下的乘用车；

（2）1.0升以上至1.6升（含）的乘用车；

（3）1.6升以上至2.0升（含）的乘用车；

（4）2.0升以上至2.5升（含）的乘用车；

（5）2.5升以上至3.0升（含）的乘用车；

（6）3.0升以上至4.0升（含）的乘用车；

（7）4.0升以上的乘用车；

（8）核定载客人数9人以上20人以下的中型客车；

（9）核定载客人数20人（含）以上的大型客车；

（10）货车；

（11）挂车；

（12）专用作业车；

（13）轮式专用机械车；

（14）摩托车；

（15）净吨位不超过 200 吨的机动船舶；

（16）净吨位超过 200 吨但不超过 2 000 吨的机动船舶；

（17）净吨位超过 2 000 吨但不超过 10 000 吨的机动船舶；

（18）净吨位超过 10 000 吨的机动船舶；

（19）艇身长度不超过 10 米的游艇；

（20）艇身长度超过 10 米但不超过 18 米的游艇；

（21）艇身长度超过 18 米但不超过 30 米的游艇；

（22）艇身长度超过 30 米的游艇。

8. 计税单位：

（1）乘用车、客车、摩托车子税目，填报辆；

（2）货车、挂车、专用作业车、轮式专用机械车、机动船舶子税目，填报吨（保留两位小数）；

（3）游艇子税目，填报米。

9. 计税单位的数量：车辆按辆征收的，填报 1；车辆按整备质量以及船舶按净吨位征收的，填报吨数；游艇按米征收的，填报总长的米数。

10. 单位税额：根据纳税地点所在省、自治区、直辖市车船税实施办法所附税目税额表相应的单位税额填报。

11. 减免性质代码：按照国家税务总局制定下发的最新《减免性质及分类表》中的最细项减免性质代码填报。

● 第四节　印花税

印花税是对经济活动和经济交往中书立、领受具有法律效力凭证的行为所征收的一种税，因采用在应税凭证上粘贴印花税票作为完税的标志而得名。印花税由纳税人按规定的应税比例和定额自行购买并粘贴印花税票，完成纳税义务。

印花税是一种具有行为税性质的凭证税，凡发生书立、使用、领受应税凭证的行为，就必须依照印花税法的有关规定履行纳税义务。征收印花税有利于增加财政收入，有利于配合和加强经济合同的监督管理，有利于培养纳税意识，也有利于配合对其他应纳税种的监督管理。

一、印花税的纳税人与纳税范围

（一）印花税的纳税人

印花税的纳税人，是在中国境内书立、领受、使用税法所列举凭证的单位和个人。它具体包括立合同人、立账簿人、立据人、领受人、使用人、各类电子应税凭证的签订人。

1. 立合同人

立合同人是指合同的（双方）当事人，即对凭证有直接权利义务关系的单位和个人，但不包括合同的担保人、证人和鉴定人。签订合同、书立产权转移书据的各方当事人都是印花税的纳税人。

合同必须是合法的合同。具有合同性质的凭证，是指具有合同效力的协议、契约、合约、单据、确认书及各种名称的凭证。

当事人的代理人有代理纳税的义务，他与纳税人负有同等的税收法律义务和责任。

2. 立据人

商品房销售合同按产权转移书据计税贴花。（土地增值税）

3. 立账簿人

营业账簿的纳税人是立账簿人。

4. 领受人

权利、许可证照的纳税人是领受人。

权利、许可证照包括房屋产权证、工商营业执照、商标注册证、专利证、土地使用证。

5. 使用人

在国外书立、领受，但在国内使用的应税凭证，其纳税人是使用人。

6. 各类电子应税凭证的签订人

需要注意的是，对应税凭证，凡由两方或两方以上当事人共同书立应税凭证的，其当事人各方都是印花税纳税人，应各就其所持凭证的计税金额履行纳税义务。

（二）印花税的纳税范围

征收印花税的范围分为五类，即经济合同，产权转移书据，营业账簿，权利、许可证照和经财政部门确认的其他凭证。

（1）经济合同类（10类）：购销合同、加工承揽合同、建设工程勘察设计合同、建筑安装工程承包合同、财产租赁合同、货物运输合同、仓储保管合同、借款合同、财产保险合同、技术合同。

（2）产权转移书据：财产所有权和版权、商标专用权、专利权、专有技术使用权的转移书据。

（3）营业账簿：按账簿的经济用途来确定征免界限，不反映生产经营活动的，不缴印花税。已贴花的不再贴花。

（4）权利、许可证照：房屋产权证、工商营业执照、商标注册证、专利证、土地使用证，不包括税务登记证、卫生证。

（5）经财政部门确定征税的其他凭证。

三、印花税的税目与税率

（一）税目

印花税的税目，指印花税法明确规定的应纳税的项目，它具体划定了印花税的征税范围。印花税共有 13 个税目，具体包括：购销合同，加工承揽合同，建设工程勘察设计合同，建筑安装工程承包合同，财产租赁合同，货物运输合同，仓储保管合同，借款合同，财产保险合同，技术合同，产权转移书据，营业账簿，权利、许可证照。

（二）税率

印花税的税率设计，遵循税负从轻、共同负担的原则，所以税率较低。凭证的当事人，即对凭证有直接权利与义务关系的单位和个人均应就其所持凭证依法纳税。

印花税的税率有两种形式，即比例税率和定额税率。

1. 比例税率

印花税的比例税率有四档：

（1）财产租赁合同、仓储保管合同、财产保险合同的规定税率为千分之一；

（2）加工承揽合同、建设工程勘察设计合同、货物运输合同、产权转移书据的规定税率为万分之五；

（3）购销合同、建筑安装工程承包合同、技术合同的规定税率为万分之三；

（4）借款合同为万分之零点五。

2. 定额税率

印花税的定额税率是按照件数定额贴花，每件 5 元，主要适用于其他账簿、权利许可证照等。

印花税税目税率表如表 11-5 所示。

表 11-5　　　　　　　　　　印花税税目税率表

税目	范围	税率	纳税人	说明
1. 购销合同	包括供应、预购、采购、购销、结合及协作、调剂、补偿、易货等合同	按购销金额的 0.3‰ 贴花	立合同人	
2. 加工承揽合同	包括加工、定做、修缮、修理、印刷广告、测绘、测试等合同	按加工或承揽收入的 0.5‰ 贴花	立合同人	

表11-5(续)

税目	范围	税率	纳税人	说明
3. 建设工程勘察设计合同	包括勘察、设计合同	按收取费用的0.5‰贴花	立合同人	
4. 建筑安装工程承包合同	包括建筑、安装工程承包合同	按承包金额的0.3‰贴花	立合同人	
5. 财产租赁合同	包括租赁房屋、船舶、飞机、机动车辆、机械、器具、设备等合同	按租赁金额的1‰贴花。税额不足1元的，按1元贴花	立合同人	
6. 货物运输合同	包括民用航空运输、铁路运输、海上运输、内河运输、公路运输和联运合同	按运输费用的0.5‰贴花	立合同人	单据作为合同使用的，按合同贴花
7. 仓储保管合同	包括仓储、保管合同	按仓储保管费用的1‰贴花	立合同人	仓单或栈单作为合同使用的，按合同贴花
8. 借款合同	银行及其他金融组织和借款人（不包括银行同业拆借）所签订的借款合同	按借款金额的0.05‰贴花	立合同人	单据作为合同使用的，按合同贴花
9. 财产保险合同	包括财产、责任、保证、信用等保险合同	按保险费收入的1‰贴花	立合同人	单据作为合同使用的，按合同贴花
10. 技术合同	包括技术开发、转让、咨询、服务等合同	按所载金额的0.3‰贴花	立合同人	
11. 产权转移书据	包括财产所有权和版权、商标专用权、专利权、专有技术使用权等转移书据，土地使用权出让合同、土地使用权转让合同、商品房销售合同	按所载金额的0.5‰贴花	立据人	
12. 营业账簿	生产、经营用账册	记载资金的账簿，按实收资本和资本公积的合计金额的0.5‰贴花。其他账簿按件贴花5元	立账簿人	
13. 权利、许可证照	包括政府部门发给的房屋产权证、工商营业执照、商标注册证、专利证、土地使用证	按件贴花5元	领受人	

四、应纳税额的计算

（一）计税依据的一般规定

（1）购销合同的计税依据为合同记载的购销金额。

（2）加工承揽合同的计税依据是加工或承揽收入的金额。

（3）建设工程勘察设计合同的计税依据为收取的费用。

（4）建筑安装工程承包合同的计税依据为申报金额。

（5）财产租赁合同的计税依据为租赁金额。经计算，税额不足1元的，按1元贴花。

（6）货物运输合同的计税依据为取得的运输费金额（即运费收入），不包括所运货物的金额、装卸费和保险费等。

（7）仓储保管合同的计税依据为收取的仓储保管费用。

（8）借款合同的计税依据为借款金额。

（9）财产保险合同的计税依据为支付（收取）的保险费，不包括所保财产的金额。

（10）技术合同的计税依据为合同所载的价款、报酬或使用费。

（11）产权转移书据的计税依据为所载金额。

（12）营业账簿税目中记载资金的账簿的计税依据为"实收资本"与"资本公积"两项的合计金额；实收资本包括现金、实物、无形资产和材料物资。

其他账簿的计税依据为应税凭证的件数。

（13）权利、许可证照的计税依据为应税凭证的件数。

（二）计税依据的特殊规定

（1）同一凭证，载有两个或两个以上经济事项而适用不同税目税率，如分别记载金额的，应分别计算应纳税额，相加后按合计税额贴花；如未分别记载金额的，按税率高的计税贴花。

（2）按金额比例贴花的应税凭证，未标明金额的，应按照凭证所载数量及国家牌价计算金额；没有国家牌价的，按市场价格计算金额，然后按规定税率计算应纳税额。

（3）应税凭证所载金额为外国货币的，应按照凭证书立当日国家外汇管理局公布的外汇牌价折合成人民币，然后计算应纳税额。

（4）应纳税额不足1角的，免纳印花税；1角以上的，其税额尾数不满5分的不计，满5分的按1角计算。

（5）有些合同，在签订时无法确定计税金额，如技术转让合同中的转让收入，是按销售收入的一定比例收取或是按实现利润分成的；财产租赁合同，只是规定了月（天）租金标准而无租赁期限的。对这类合同，可在签订时先按定额5元贴花，以后结算时再按实际金额计税，补贴印花。

（6）应税合同在签订时纳税义务既已产生，应计算应纳税额并贴花。所以，不论合同是否兑现或是否按期兑现，均应贴花。

对已履行并贴花的合同，所载金额与合同履行后实际结算金额不一致的，只要双方未修改合同金额，一般不再办理完税手续。

（三）应纳税额的计算

1. 按比例税率计算应纳税额的方法

$$应纳税额＝计税金额×适用税率$$

2. 按件定额计算应纳税额的方法

$$应纳税额＝凭证数量×单位税额$$

【例 11-8】某企业 2016 年度有关资料如下：

（1）与银行签订一年期借款合同，借款金额为 300 万元，年利率为 5%；

（2）与另一家公司签订以货换货合同，本企业的货物价格为 400 万元，另一家公司的货物价格为 450 万元；

（3）与乙公司签订受托加工合同，乙公司提供价值 80 万元的原材料，本企业提供价值 15 万元的辅助材料并收加工费 20 万元；

（4）与货运公司签订运输合同，载明运输费用 8 万元（其中含装卸费 0.5 万元）。

要求：计算该企业 2016 年应缴纳的印花税。

解析：

（1）借款合同应纳印花税 $= 3\ 000\ 000 × 0.05‰ = 150$（元）

（2）以物易物购销合同，应以购销金额合计为计税依据：

应纳印花税 $=（4\ 000\ 000 + 4\ 500\ 000）× 0.3‰ = 2\ 550$（元）

（3）委托加工合同以加工费和辅助材料金额之和为计税依据：

加工合同应纳印花税 $=（150\ 000 + 200\ 000）× 0.5‰ = 175$（元）

（4）运输合同计税依据不包括装卸费：

应纳印花税 $=（80\ 000 - 5\ 000）× 0.5‰ = 37.5$（元）

该企业 2016 年应纳印花税 $= 150 + 2\ 550 + 175 + 37.5 = 2\ 912.5$（元）

五、印花税的会计处理

（一）不通过应交税费科目核算

企业缴纳的印花税如果金额比较小，比如定额贴花的营业账簿和产权许可证照等，不需要预计应交数的税金，不通过"应交税费"科目核算，如果金额小，购买时直接减少银行存款或库存现金即可。

实际缴纳的印花税：

借：管理费用（印花税）

贷：银行存款

【例11-9】某企业开业时领受房产证、工商营业执照、土地使用证各一件，订立产品购销合同两份，已知该企业当月应纳印花税税额为1 956元，则其会计处理为：

借：管理费用   1 956

 贷：银行存款   1 956

（二）通过应交税费科目核算

在实际工作中，采购合同和销售合同印花税是根据实际采购、销售或购销总额的一定百分比乘以税率直接计算缴纳的，这时很多企业就会先通过"应交税费"计提本月的印花税，次月实际缴纳时再冲减应交税费科目。

（1）计提本月印花税的会计分录：

借：管理费用

 贷：应交税费——应交印花税

（2）实际缴纳印花税的会计分录：

借：应交税费——应交印花税

 贷：银行存款

六、税收优惠

（一）法定凭证免税

下列凭证，免征印花税：

（1）已缴纳印花税的凭证的副本或者抄本。

（2）财产所有人将财产赠给政府、社会福利单位、学校所立的书据（公益性赠与）。

（3）经财政部批准免税的其他凭证。

（二）免税额

应纳税额不足一角的，免征印花税。

（三）特定凭证免税

下列凭证，免征印花税：

（1）国家指定的收购部门与村委会、农民个人书立的农副产品收购合同。

（2）无息、贴息贷款合同。

（3）外国政府或者国际金融组织向中国政府及国家金融机构提供优惠贷款所书立的合同。

（4）特定情形免税。

（5）单据免税：对货物运输、仓储保管、财产保险、银行借款等，办理一项业务，既书立合同，又开立单据的，只就合同贴花；所开立的各类单据，不再贴花。

（6）企业兼并并入资金免税。

（7）租赁承包经营合同免税（企业与主管部门等签订的租赁承包经营合同，不属于财产租赁合同，不征收印花税）。

（8）特殊情形免税：纳税人已履行并贴花的合同，发现实际结算金额与合同所载金额不一致的，一般不再补贴印花。

（9）保险合同免税：农林作物、牧业畜类保险合同，免征印花税。

（10）书、报、刊合同免税。书、报、刊发行单位之间，发行单位与订阅单位或个人之间而书立的凭证，免征印花税。

（11）外国运输企业免税。进口货物的，外国运输企业所持有的一份结算凭证，免征印花税。

（12）特殊货运凭证免税：军事物资、抢险救灾物资、为新建铁路运输施工所需物料，使用工程临管线专用运费结算凭证，免税。

（13）物资调拨单免税。

（14）同业拆借合同免税，银行、非银行金融机构之间相互融通短期资金，免税。

（15）借款展期合同免税，按规定仅载明延期还款事项的，可暂不贴花。

（16）拨改贷合同免税，对财政部门的拨款改贷款签订的借款合同，凡直接与使用单位签订的，暂不贴花。

（17）合同、书据免税，土地使用权出让、转让书据（合同），出版合同，不属于印花税列举征税的凭证。

（18）国库业务账簿免税，人民银行各级机构经理国库业务及委托各专业银行各级机构代理国库业务设置的账簿，免税。

（19）委托代理合同免税，代理单位与委托单位之间签订的委托代理合同，不征印花税。

（20）日拆性贷款合同免税，对人民银行向各商业银行提供的日拆性贷款（20天以内的贷款）所签订的合同或借据，暂免印花税。

（21）铁道企业特定凭证免税。

（22）电话和联网购货免税。

（23）股权转让免税。

七、印花税的申报与缴纳

（一）纳税办法

根据税额、贴花次数以及税收征收的需要，分别采用以下三种印花税纳税办法：

1. 自行贴花

这种方法，一般适用于应税凭证较少或者贴花次数较少的纳税人。在凭证书立或领受的同时，由纳税人根据凭证上所载的计税金额自行计算应纳税额，购买相当金额的印花税票，粘贴在凭证的适当位置，然后自行注销。注销的方法是：可以用钢笔、毛笔等书写工具，在印花税票与凭证的交接处画几条横线注销。不论贴多少枚印花税票，都要将税票予以注销，印花税票注销后就完成了纳税手续，纳税人对纳税凭证应按规定的期限妥善保存一个时期，以便税务人员进行纳税检查。

对国家政策性银行记载资金的账簿，一次贴花数额较大的，经当地税务机关核准，可在 3 年内分次贴足印花。

2. 汇贴或汇缴

这种方法，一般适用于应纳税额较大或者贴花次数频繁的纳税人。对有些凭证应纳税额较大，不便于在凭证上粘贴印花税票完税的，纳税人可持证到税务机关，采取开缴款书或完税证缴纳印花税的办法，由税务机关在凭证上加盖印花税收讫专用章。

3. 委托代征

这一办法主要是通过税务机关的委托，经由发放或者办理应纳税凭证的单位代为征收印花税税款。

印花税法规定，发放或者办理应纳税凭证的单位，负有监督纳税人依法纳税的义务，具体是指对以下纳税事项进行监督：①应纳税额凭证是否已粘贴印花；②粘贴的印花是否足额；③粘贴的印花是否按规定注销。

对未完成以上纳税手续的，应督促纳税人当场完成。

纳税人不论采用哪一种纳税办法，均应对纳税凭证妥善保存。凭证的保存期限，凡国家已有明确规定的，按规定办理；其余凭证均应在履行完毕后保存 1 年。

（二）纳税环节

印花税应当在书立或领受时贴花，具体是指在合同签订、账簿启用和证照领受环节贴花。如果合同是在国外签订，并且不便在国外贴花的，应在合同入境时办理贴花手续。

（三）纳税地点

印花税一般实行就地纳税。

全国性商品订货会（包括展销会、交易会等）上所签订的合同应纳的印花税，由纳税人回其所在地后及时办理贴花完税手续；对地方主办、不涉及省级关系的订货会、展销会上所签订合同的印花税，其纳税地点由各省、自治区、直辖市人民政府自行确定。

（四）申报要求

印花税实行由纳税人根据规定自行计算应纳税额，购买并一并贴足印花税票的缴纳办法；应纳税额较大或者贴花次数频繁的，纳税人可向主管税务机关提出申请，采取以缴款书代替贴花或者按期汇总缴纳的办法进行，并填报申报表。代扣代缴纳税期限为次月 10 日前。印花税纳税申报表如表 11-6 所示。

表 11-6   印花税纳税申报表（填写样本）

税款所属期限：自 20××年××月××日至 20××年××月××日

填表日期：20××年××月××日   金额单位：元（列至角分）

纳税人识别号									
纳税人信息	名称		××公司			□单位		□个人	
	登记注册类型			所属行业					
	身份证件号码			联系方式					
应税凭证	计税金额或件数	核定征收		适用税率	本期应纳税额	本期已缴税额	本期减免税额		本期应补（退）税额
		核定依据	核定比例				减免性质代码	减免额	
	1	2	4	5	6=1×5+2×4×5	7	8	9	10=6−7−9
购销合同				0.3‰					
加工承揽合同				0.5‰					
建设工程勘察设计合同				0.5‰					
建筑安装工程承包合同				0.3‰					
财产租赁合同				1‰					
货物运输合同				0.5‰					
仓储保管合同				1‰					
借款合同				0.05‰					
财产保险合同				1‰					
技术合同				0.3‰					
产权转移书据				0.5‰					
营业账簿（记载资金的账簿）	—			0.5‰					

表11-6(续)

营业账簿（其他账簿）	—	5元			
权利、许可证照	—	5元			
合计	—	—	—			

以下由纳税人填写：			
纳税人声明	此纳税申报表是根据《中华人民共和国印花税暂行条例》和国家有关税收规定填报的，是真实的、可靠的、完整的。		
纳税人签章	代理人签章	代理人身份证号	

以下由税务机关填写：			
受理人	受理日期 年 月 日	受理税务机关签章	

填写说明：

1. 纳税人识别号：按税务登记证号如实填写。

2. 纳税人名称：按纳税人名称的全称如实填写。

3. 本表一式两份，一份纳税人留存，一份税务机关留存。

4. 减免性质代码：减免性质代码按照国家税务总局制定下发的最新《减免性质及分类表》中的最细项减免性质代码填报。

第十二章 资本性税种

● 第一节 契税

契税，是指对契约征收的税，属于财产转移税，由财产承受人缴纳。改革开放后，国家重新调整了土地、房屋管理方面的有关政策，房地产市场逐步得到了恢复和发展。为适应形势的要求，从 1990 年开始，为了适应建立和发展社会主义市场经济形势的需要，充分发挥契税筹集财政收入和调控房地产市场的功能，全国契税征管工作全面恢复。现行的《中华人民共和国契税暂行条例》于 1997 年 10 月 1 日起施行。

目前，我国推进结构性减税的重要策略之一就是增强税制结构的协调性：一是各个税类之间的协调，二是各个税类内部各税种之间的协调。近年来实施的一系列结构性减税政策，货劳税和所得税都在减收，因此，从三个税类平衡的角度，有必要增加的是财产税。契税是我国财产税体系中的重要税种，已经成为地方财政收入某种意义上的生命线。契税改革及其与其他税种的协调配合，都是建设和完善财产税体系，以至构建稳定的地方税体系所必须深入研究的问题。

一、契税的纳税人及征税对象

（一）纳税人

契税的纳税人是境内转移土地、房屋权属，承受的单位和个人。境内是指中华人民共和国实际税收行政管辖范围内。土地、房屋权属是指土地使用权和房屋所有权。单位是指企业单位、事业单位、国家机关、军事单位和社会团体以及其他组织。

个人是指个体经营者及其他个人，包括中国公民和外籍人员。

（二）征税对象

契税是以在中华人民共和国境内转移土地、房屋权属为征税对象，向产权承受人征收的一种财产税。契税的纳税对象是境内转移的土地、房屋权属。具体包括以下五项内容：

1. 国有土地使用权的出让

国有土地使用权的出让是指土地使用者向国家交付土地使用权出让费用，国家将国有土地使用权在一定年限内让与土地使用者的行为。

国有土地使用权的出让，受让者应向国家缴纳出让金，以出让金为依据计算缴纳契税，不得减免土地出让金而减免契税。

2. 土地使用权的转让

土地使用权的转让，是指土地使用者以出售、赠与、交换或者其他方式将土地使用权转移给其他单位和个人的行为。土地使用权的转让不包括农村集体土地承包经营权的转移。

3. 房屋买卖

房屋买卖，即以货币为媒介，出卖者向购买者过渡房产所有权的交易行为。以下几种特殊情况，视同买卖房屋：

（1）以房产抵债或实物交换房屋，应由产权承受人，按房屋现值缴纳契税。

（2）以房产作投资或股权转让，以自有房产作股投入本人独资经营的企业，免纳契税。

（3）买房拆料或翻建新房，应照章纳税。

4. 房屋赠与

房屋赠与是指房屋产权所有人将房屋无偿转让给他人所有。其中，将自己的房屋转交给他人的法人和自然人，称作房屋赠与人；接受他人房屋的法人和自然人，称为受赠人。房屋赠与的前提必须是产权无纠纷，赠与人和受赠人都自愿。

由于房屋是价值较大的不动产，法律要求赠与房屋应有书面合同，并到房地产管理机关或农村基层政权机关办理登记过户手续，才能生效。如果房屋赠与行为涉及涉外关系，还需公证处证明和外事部门认证，才能有效。房屋的受赠人要按规定缴纳契税。

5. 房屋交换

房屋交换是指房屋所有者之间相互交换房屋的行为。

随着经济形势的发展，有些特殊方式转移土地、房屋权属的，也将视同土地使用权转让、房屋买卖或者房屋赠与。一是土地、房屋权属作价投资、入股，二是以土地、房屋权属抵债，三是以获奖方式承受土地、房屋权属，四是以预购方式或者预付集资建房款方式承受土地、房屋权属。

二、税率、计税依据及计算

(一) 税率

契税实行3%~5%的幅度税率。实行幅度税率是考虑到中国经济发展的不平衡，各地经济差别较大的实际情况。因此，各省、自治区、直辖市人民政府可以在3%~5%的幅度税率规定范围内，按照该地区的实际情况决定。

(二) 计税依据

契税的计税依据为不动产的价格。由于土地、房屋权属转移方式不同，定价方法不同，因而具体计税依据视不同情况而决定。

(1) 国有土地使用权出让、土地使用权出售、房屋买卖，以成交价格为计税依据。成交价格是指土地、房屋权属转移合同确定的价格，包括承受者应交付的货币、实物、无形资产或者其他经济利益。

(2) 土地使用权赠与、房屋赠与，由征收机关参照土地使用权出售、房屋买卖的市场价格核定。

(3) 土地使用权交换、房屋交换，为所交换的土地使用权、房屋的价格差额。也就是说，交换价格相等时，免征契税；交换价格不等时，由多交付的货币、实物、无形资产或者其他经济利益的一方缴纳契税。

(4) 以划拨方式取得土地使用权，经批准转让房地产时，由房地产转让者补交契税。计税依据为补交的土地使用权出让费用或者土地收益。

为了避免偷、逃税款，税法规定，成交价格明显低于市场价格并且无正当理由的，或者所交换土地使用权、房屋的价格的差额明显不合理并且无正当理由的，征收机关可以参照市场价格核定计税依据。

(5) 房屋附属设施征收契税的依据

①不涉及土地使用权和房屋所有权转移变动的，不征收契税。

②采取分期付款方式购买房屋附属设施土地使用权、房屋所有权的，应按合同规定的总价款计征契税。

③承受的房屋附属设施权属如为单独计价的，按照当地确定的适用税率征收契税；如与房屋统一计价的，适用与房屋相同的契税税率。

(6) 个人无偿赠与不动产行为（法定继承人除外），应对受赠人全额征收契税。在缴纳契税时，纳税人须提交经税务机关审核并签字盖章的个人无偿赠与不动产登记表，税务机关（或其他征收机关）应在纳税人的契税完税凭证上加盖"个人无偿赠与"印章，在个人无偿赠与不动产登记表中签字并将该表格留存。

(7) 出让国有土地使用权，契税计税价格为承受人为取得该土地使用权而支付的全部经济利益。对通过"招、拍、挂"程序承受国有土地使用权的，应按照土地成交总价款计征契税，其中的土地前期开发成本不得扣除。

（三）契税应纳税额的计算

契税采用比例税率。当计税依据确定以后，应纳税额的计算比较简单。应纳税额的计算公式为：

$$应纳税额 = 计税依据 × 税率$$

【例12-1】居民张某有两套住房，将其中一套以成交价格160万元出售给李某；另一套房子与王某交换，并支付给王某房屋差价款30万元。试计算三人应当缴纳的契税（假定契税税率为4%）。

解析：

张某契税应纳税额 = 300 000×4% = 12 000（元）

李某契税应纳税额 = 1 600 000×4% = 64 000（元）

王某不缴纳契税。

三、契税的会计处理

对于企业取得的土地使用权，若是有偿取得的，一般应作为无形资产入账，相应地，为取得该项土地使用权而缴纳的契税，也应当计入无形资产价值。

（1）企业取得房屋、土地使用权后，计算应交契税时：

借：固定资产、无形资产

　　贷：应交税费——应交契税

（2）企业缴纳税金时：

借：应交税费——应交契税

　　贷：银行存款

企业也可以不通过"应交税费——应交契税"账户核算。当实际缴纳契税时，借记"固定资产""无形资产"账户，贷记"银行存款"账户。

【例12-2】某企业从当地政府手中取得某块土地使用权，支付土地使用权出让费4 000 000元，省政府规定契税的税率为3%。计算该企业应纳契税并做会计分录。

解析：

按规定企业应当缴纳的契税为：

应纳税额 = 4 000 000×3% = 120 000（元）

则企业在实际缴纳契税时应作如下会计分录：

借：无形资产——土地使用权　　　　　　　　　　　　　　120 000

　　贷：银行存款　　　　　　　　　　　　　　　　　　　　　120 000

【例12-3】某企业当年购入办公房一幢，价值8 000 000元，当地政府规定契税税率为3%，企业按规定申报缴纳契税。计算其契税应纳税额并做会计分录。

解析：

应纳税额 = 8 000 000×3% = 240 000（元）

则企业在实际缴纳契税时作如下会计分录：

借：固定资产 240 000

　　贷：银行存款 240 000

四、税收优惠

（一）条例规定的征免情况

（1）国家机关、事业单位、社会团体、军事单位承受土地、房屋用于办公、教学、医疗、科研和军事设施的，免征。

（2）城镇职工按规定第一次购买公有住房的，免征。

（3）因不可抗力灭失住房而重新购买住房的，酌情准予减征或者免征。

（4）土地、房屋被县级以上人民政府征用、占用后，重新承受土地、房屋权属的，是否减征或者免征契税，由省、自治区、直辖市人民政府确定。

（5）纳税人承受荒山、荒沟、荒丘、荒滩土地使用权，用于农、林、牧、渔业生产的，免征契税。

（6）依照我国有关法律规定以及我国缔结或参加的双边和多边条约或协定的规定应当予以免税的外国驻华使馆、领事馆、联合国驻华机构及其外交代表、领事官员和其他外交人员承受土地、房屋权属的，经外交部确认，可以免征契税。

（二）其他征免规定

（1）企事业单位改制重组有关契税政策。

①企业公司制改造。

非公司制企业，按照《中华人民共和国公司法》的规定，整体改建为有限责任公司（含国有独资公司）或股份有限公司，有限责任公司整体改建为股份有限公司，股份有限公司整体改建为有限责任公司的，对改建后的公司承受原企业土地、房屋权属，免征契税。上述所称整体改建是指不改变原企业的投资主体，并承继原企业权利、义务的行为。

非公司制国有独资企业或国有独资有限责任公司，以其部分资产与他人组建新公司，且该国有独资企业（公司）在新设公司中所占股份超过50%的，对新设公司承受该国有独资企业（公司）的土地、房屋权属，免征契税。

国有控股公司以部分资产投资组建新公司，且该国有控股公司占新公司股份超过85%的，对新公司承受该国有控股公司土地、房屋权属，免征契税。上述所称国有控股公司，是指国家出资额占有限责任公司资本总额超过50%，或国有股份占股份有限公司股本总额超过50%的公司。

②公司股权（股份）转让。

在股权（股份）转让中，对单位、个人承受公司股权（股份），公司土地、房屋权属不发生转移，不征收契税。

③公司合并。

两个或两个以上的公司，依据法律规定、合同约定，合并为一个公司，且原投资主体存续的，对其合并后的公司承受原合并各方的土地、房屋权属，免征契税。

④公司分立。

公司依照法律规定、合同约定分设为两个或两个以上与原公司投资主体相同的公司，对派生方、新设方承受原企业土地、房屋权属，免征契税。

⑤企业出售。

国有、集体企业整体出售，被出售企业法人予以注销，并且买受人按照《中华人民共和国劳动法》等国家有关法律、法规政策妥善安置原企业全部职工，与原企业全部职工签订服务年限不少于三年的劳动用工合同的，对其承受所购企业的土地、房屋权属，免征契税；与原企业超过30%的职工签订服务年限不少于三年的劳动用工合同的，减半征收契税。

⑥企业破产。

企业依照有关法律、法规规定实施破产，对债权人（包括破产企业职工）承受破产企业抵偿债务的土地、房屋权属，免征契税。对非债权人承受破产企业土地、房屋权属，凡按照《中华人民共和国劳动法》等国家有关法律、法规政策妥善安置原企业全部职工，与原企业全部职工签订服务年限不少于三年的劳动用工合同的，对其承受所购企业的土地、房屋权属，免征契税；与原企业超过30%的职工签订服务年限不少于三年的劳动用工合同的，减半征收契税。

⑦债权转股权。

经国务院批准实施债权转股权的企业，对债权转股权后新设立的公司承受原企业的土地、房屋权属，免征契税。

⑧资产划转。

对承受县级以上人民政府或国有资产管理部门按规定进行行政性调整、划转国有土地、房屋权属的单位，免征契税。

同一投资主体内部所属企业之间土地、房屋权属的划转，包括母公司与其全资子公司之间，同一公司所属全资子公司之间，同一自然人与其设立的个人独资企业、一人有限公司之间土地、房屋权属的划转，免征契税。

⑨事业单位改制。

事业单位按照国家有关规定改制为企业的过程中，投资主体没有发生变化的，对改制后的企业承受原事业单位土地、房屋权属，免征契税。投资主体发生变化的，改制后的企业按照《中华人民共和国劳动法》等有关法律、法规妥善安置原事业单位全部职工，与原事业单位全部职工签订服务年限不少于三年劳动用工合同的，对其承受原事业单位的土地、房屋权属，免征契税；与原事业单位超过30%的职工签订服务年限不少于三年劳动用工合同的，减半征收契税。

⑩其他。

以出让方式或国家作价出资（入股）方式承受原改制重组企事业单位划拨用地的，不属上述规定的免税范围，对承受方应按规定征收契税。

以上所称企业、公司是指依照中华人民共和国有关法律、法规设立并在中国境内注册的企业、公司。

（2）对拆迁居民因拆迁重新购置住房的，对购房成交价格中相当于拆迁补偿款的部分免征契税，成交价格超过拆迁补偿款的，对超过部分征收契税。

（3）对廉租住房经营管理单位购买住房作为廉租住房、经济适用住房经营管理单位回购经济适用住房继续作为经济适用住房房源的，免征契税。对个人购买经济适用住房，在法定税率基础上减半征收契税。

（4）已购公有住房经补缴土地出让金和其他出让费用成为完全产权住房的，免征土地权属转移的契税。

（5）根据我国婚姻法的规定，夫妻共有房屋属共同共有财产。因夫妻财产分割而将原共有房屋产权归属一方，是房产共有权的变动而不是现行契税政策规定征税的房屋产权转移行为。因此，对离婚后原共有房屋产权的归属人不征收契税。

（6）对于《中华人民共和国继承法》规定的法定继承人（包括配偶、子女、父母、兄弟姐妹、祖父母、外祖父母）继承土地、房屋权属，不征契税。

按照《中华人民共和国继承法》规定，非法定继承人根据遗嘱承受死者生前的土地、房屋权属，属于赠与行为，应征收契税。

五、契税的申报缴纳

（一）纳税义务发生时间

契税的纳税义务发生时间是纳税人签订土地、房屋权属转移合同的当天，或者纳税人取得其他具有土地、房屋权属转移合同性质凭证的当天。

（二）纳税期限

纳税人应当自纳税义务发生之日起 10 日内，向土地、房屋所在地的契税征收机关办理纳税申报，并在契税征收机关核定的期限内缴纳税款。

（三）纳税地点

契税在土地、房屋所在地的征收机关缴纳。

（四）契税申报

（1）根据人民法院、仲裁委员会的生效法律文书发生土地、房屋权属转移，纳税人不能取得销售不动产发票的，可持人民法院执行裁定书原件及相关材料办理契税纳税申报，税务机关应予以受理。

（2）购买新建商品房的纳税人在办理契税纳税申报时，销售新建商品房的房地产开发企业已办理注销税务登记或者被税务机关列为非正常户等，致使纳税人不能取得销售不动产发票的，税务机关在核实有关情况后应予以受理。

契税纳税申报表如表12-1所示。

表 12-1 契税纳税申报表（填写样本）

填表日期： 年 月 日（据实填写）

面积单位：平方米

纳税人识别号： □□□□□□□□□□□□□□□□□□□□

金额单位：元（列至角分）

<table>
<tr><td rowspan="2">承受方信息</td><td>名称</td><td colspan="2">据实</td><td colspan="2">□单位 □个人（据实）</td></tr>
<tr><td></td><td></td><td></td><td></td><td></td></tr>
</table>

	名称	据实		□单位	□个人（据实）
承受方信息	登记注册类型	单位纳税人填写工商执照等级类型		所属行业	工商执照第一项经营事项所属行业
	身份证照类型	个人填写居民身份证，单位填写工商执照	联系人	据实填写 / 联系方式	电话号码

	名称	公司名称		□单位	□个人（勾选单位）
转让方信息	纳税人识别号	见税务登记证	登记注册类型	见工商执照	所属行业 / 房地产
	身份证照类型	不填	身份证照号码	不填	联系方式 / 经办人电话

	合同签订日期	见合同	土地房屋坐落地址	见合同	权属转移对象	房屋
土地房屋权属转移信息	权属转移方式	买卖	用途	住宅或商业	家庭唯一普通住房	□90平方米以上 □90平方米及以下（据实勾选，不符合不勾选）
	权属转移面积	见合同	成交价格	见合同	成交单价	见合同

	评估价格	不填	计税价格	=成交价格	税率	3%、1.5%或1%
税款征收信息	计征税额	=计税价格×税率	减免性质代码	不填 / 减免税额	不填 / 应纳税额	=计征税额

以下由纳税人填写：

表12-1（续）

纳税人声明	此纳税申报表是根据《中华人民共和国契税暂行条例》和国家有关税收规定填报的，是真实的、可靠的、完整的。				
纳税人签章	签字按指印	代理人签章	如有代理人签字按指印	代理人身份证号	据实填写
以下由税务机关填写：					
受理人		受理日期	年 月 日	受理税务机关签章	

本表一式两份，一份纳税人留存，一份税务机关留存。

（五）契税的征收管理

纳税人办理纳税事宜后，征收机关应向纳税人开具契税完税凭证。纳税人持契税完税凭证和其他规定的文件材料，依法向土地管理部门、房产管理部门办理有关土地、房屋的权属变更登记手续。土地管理部门和房产管理部门应向契税征收机关提供有关资料，并协助契税征收机关依法征收契税。

第二节　耕地占用税

耕地占用税是国家对占用耕地建房或者从事其他非农业建设的单位和个人，依据实际占用耕地面积，按照规定税额一次性征收的一种税。耕地占用税属行为税范畴。耕地占用税是我国对占用耕地建房或从事非农业建设的单位或个人所征收的一种税收。现行耕地占用税的基本规范，是2007年12月1日国务院发布的《中华人民共和国耕地占用税暂行条例》，于2008年1月1日起施行。

耕地占用税作为一个出于特定目的、对特定的土地资源课征的税种，与其他税种相比，具有比较鲜明的特点。主要表现在：

第一，兼具资源税与特定行为税的性质。耕地占用税以占用农用耕地建房或从事其他非农用建设的行为为征税对象，以约束纳税人占用耕地的行为、促进土地资源的合理运用为课征目的，除具有资源占用税的属性外，还具有明显的特定行为税的特点。

第二，采用地区差别税率。耕地占用税采用地区差别税率，根据不同地区的具体情况，分别制定差别税额，以适应中国地域辽阔、各地区之间耕地质量差别较大、人均占有耕地面积相差悬殊的具体情况，具有因地制宜的特点。

第三，在占用耕地环节一次性课征。耕地占用税在纳税人获准占用耕地的环节征收，除对获准占用耕地后超过两年未使用者须加征耕地占用税外，此后不再征收耕地占用税。因而，耕地占用税具有一次性征收的特点。

第四，税收收入专用于耕地开发与改良。耕地占用税收入按规定应用于建立发展农业专项基金，主要用于开展宜耕土地开发和改良现有耕地，因此，它具有"取之于地、用之于地"的补偿性特点。

一、纳税人与征税对象

（一）纳税人

耕地占用税的纳税人是负有缴纳耕地占用税义务的单位和个人，包括在境内占用耕地建房或者从事其他非农业建设的单位和个人。具体可分为三类：

（1）企业、行政单位、事业单位；

（2）乡镇集体企事业单位；

（3）农村居民和其他公民。

（二）征税对象

耕地占用税的征税对象是耕地，征税范围包括纳税人为建房或从事其他非农业建设而占用的国家所有和集体所有的耕地。

所谓"耕地"，是指种植农业作物的土地，包括菜地、园地。其中，园地包括花圃、苗圃、茶园、果园、桑园和其他种植经济林木的土地。

占用鱼塘及其他农用土地建房或从事其他非农业建设，也视同占用耕地，必须依法征收耕地占用税。占用已开发从事种植、养殖的滩涂、草场、水面和林地等从事非农业建设，由省、自治区、直辖市本着有利于保护土地资源和生态平衡的原则，结合具体情况确定是否征收耕地占用税。

此外，在占用之前三年内属于上述范围的耕地或农用土地，也视为耕地。

二、税率及应纳税额的计算

（一）税率

由于在中国的不同地区之间人口和耕地资源的分布极不均衡，有些地区人口稠密，耕地资源相对匮乏；而有些地区则人口稀少，耕地资源比较丰富。各地区之间的经济发展水平也有很大差异。考虑到不同地区之间客观条件的差别以及与此相关的税收调节力度和纳税人负担能力方面的差别，耕地占用税在税率设计上采用了地区差别定额税率。税率规定如下：

（1）人均耕地不超过667平方米的地区（以县级行政区域为单位，下同），每平方米为10~50元；

（2）人均耕地超过667平方米但不超过1 334平方米的地区，每平方米为8~40元；

（3）人均耕地超过1 334平方米但不超过2 001平方米的地区，每平方米6~30元；

（4）人均耕地超过2 001平方米以上的地区，每平方米5~25元。

经济特区，经济技术开发区和经济发达、人均耕地特别少的地区，适用税额可以适当提高，但最多不得超过上述规定税额的50%。

各省、自治区、直辖市耕地占用税平均税额如表12-2所示。

表12-2　　　　　各省、自治区、直辖市耕地占用税平均税额　　　　　单位：元

地区	每平方米平均税额
上海	45
北京	40
天津	35
江苏、浙江、福建、广东	30
辽宁、湖北、湖南	25
河北、安徽、江西、山东、河南、重庆、四川	22.5
广西、海南、贵州、云南、山西	20
山西、吉林、黑龙江	17.5
内蒙古、西藏、甘肃、青海、宁夏、新疆	12.5

占用基本农田的，适用税额还应当在当地使用税额的基础上再提高50%。

（二）应纳税额的计算

耕地占用税以纳税人实际占用的耕地面积为计税依据，以每平方米土地为计税单位，按适用的定额税率计税。其计算公式为：

应纳税额＝实际占用耕地面积（平方米）×适用定额税率

【例12-4】某房地产开发公司占用郊区土地60 030平方米，用于建造商品房。其中占用耕地20 010平方米、果园13 340平方米，林地16 675平方米，荒地10 005平方米。请计算该企业应纳的耕地占用税。（适用税率为8元每平方米）

解析：应纳税额＝（20 010+13 340+16 675+10 005）×8＝480 240（元）

三、耕地占用税的会计处理

企业缴纳的耕地占用税，是在批准占用之后，实际占用之前一次性缴纳的，不存在与税务机关清算或结算的问题，因此，企业按规定缴纳耕地占用税，可以通过"应交税费"核算。企业所缴纳的耕地占用税按是否形成固定资产价值，分别计入

"在建工程"或"管理费用"科目。

（1）企业购建固定资产缴纳的耕地占用税，计入固定资产价值的，企业应做如下会计分录：

①计提工程项目应缴纳的耕地税时：

借：在建工程

　　贷：应交税费——应交耕地占用税

②缴纳耕地占用税时：

借：应交税费——应交耕地占用税

　　贷：银行存款

（2）企业缴纳的耕地占用税，不形成固定资产价值的部分，计入管理费用。企业应做如下会计分录：

①计提工程项目应缴纳的耕地占用税时：

借：管理费用

　　贷：应交税费——应交耕地占用税

②缴纳耕地占用税时：

借：应交税费——应交耕地占用税

　　贷：银行存款

四、税收优惠

（一）免征耕地占用税

（1）军事设施占用耕地，免征耕地占用税。

（2）学校、幼儿园、养老院、医院占用耕地，免征耕地占用税

（二）减征耕地占用税

（1）铁路线路、公路线路、飞机场跑道、停机坪、港口、航道占用耕地，减按每平方米 2 元的税额征收耕地占用税。

根据实际需要，国务院财政、税务主管部门商国务院有关部门制定，并报国务院批准后，可以对前款规定的情形免征或者减征耕地占用税。

（2）农村居民占用耕地新建住宅，按照当地适用税额减半征收耕地占用税。

对农村烈士家属、残疾军人、鳏寡孤独以及革命老根据地、少数民族聚居区和边远贫困山区生活困难的农村居民免征或者减征耕地占用税。

五、申报与缴纳

（一）纳税义务发生时间

根据《财政部国家税务总局关于耕地占用税平均税额和纳税义务发生时间问题的通知》（财税〔2007〕176 号）的规定，经批准占用耕地的，耕地占用税纳税义

务发生时间为纳税人收到土地管理部门办理占用农用地手续通知的当天。未经批准占用耕地的,耕地占用税纳税义务发生时间为实际占用耕地的当天。

(二)纳税期限

耕地占用税纳税人依照税收法律、法规及相关规定,应在获准占用应税土地收到土地管理部门的通知之日起 30 日内向主管地税机关申报缴纳耕地占用税;未经批准占用应税土地的纳税人,应在实际占地之日起 30 日内申报缴纳耕地占用税。

(三)纳税申报

1. 必须报送的资料

(1)耕地占用税纳税申报表 2 份。

(2)纳税人身份证明原件及复印件。

内地居民,应报送内地居民身份证明,含居民身份证、居民户口簿、居住证、暂住证、军人证、武警证或其他内地居民身份证明,只需要提供其中任意一种。

我国香港、澳门特别行政区,我国台湾地区居民,应报送入境的身份证明和居留证明。

外国人,应报送入境的身份证明(护照)和居留证明。

组织机构,应报送组织机构代码证书或者税务登记证件或者其他有效机构证明。

驻外使领馆工作人员,应报送中华人民共和国驻外使领馆出具的《驻外使领馆人员身份证明》第三联以及本人有效护照的原件及复印件。

2. 其他报送资料

(1)经批准占用应税土地的纳税人,还应报送农用地转用审批文件原件及复印件。

(2)未经批准占用应税土地的纳税人,还应报送实际占地的相关证明材料原件及复印件。

(3)享受耕地占用税优惠的纳税人,还应报送减免耕地占用税证明材料原件及复印件。

耕地占用税纳税申报表如表 12-3 所示。

表 12-3　　　　　　　　　　　**耕地占用税纳税申报表**

填表日期:　　　年　月　日

面积单位:平方米

纳税人识别号:□□□□□□□□□□□□□□□　　　　金额单位:元(列至角分)

	名称			□单位　□个人	
纳税人信息	登记注册类型		所属行业		
	身份证照类型		联系人		联系方式

表12-3(续)

耕地占用信息	项目（批次）名称			批准占地部门		批准占地文号		占地日期/批准日期	
	占地位置			占地用途		占地方式			
	批准占地面积			实际占地面积					
		计税面积	其中：减免税面积	适用税率	计征税额	减免性质代码	减免税额	应缴税额	
	总计								
	耕地								
	其中：1. 经济开发区								
	2. 基本农田								
	其他农用地								
	其他类型土地								

以下由纳税人填写：			
纳税人声明	此纳税申报表是根据《中华人民共和国耕地占用税暂行条例》和国家有关税收规定填报的，是真实的、可靠的、完整的。		
纳税人签章		代理人签章	代理人身份证号

以下由税务机关填写：			
受理人		受理日期 年 月 日	受理税务机关签章

本表一式两份，一份纳税人留存，一份税务机关留存。

耕地占用税纳税申报表填写说明：

1. 本表依据《中华人民共和国税收征收管理法》《中华人民共和国耕地占用税暂行条例》及其实施细则制定。纳税申报必须填写本表。

2. 本申报表适用于在中华人民共和国境内占用耕地建房或者从事非农业建设的单位和个人填写。纳税人应当在收到领取农用地转用审批文件通知之日起或占用耕地之日起30日内，填报耕地占用税纳税申报表，向土地所在地地方税务机关申报纳税。

3. 填报日期：填写纳税人办理纳税申报的实际日期。

4. 本表各栏填写说明如下：

（1）纳税人信息栏：

纳税人识别号：纳税人办理税务登记时，税务机关赋予的编码。纳税人为自然人的，应按照本人有效身份证件上标注的号码填写。

纳税人名称：纳税人是党政机关、企事业单位、社会团体的，应按照国家人事、民政部门批准设立或者工商部门注册登记的全称填写；纳税人是自然人的，应按照本人有效身份证件上标注的姓名填写。

登记注册类型：纳税人是单位的，根据税务登记证或组织机构代码证中登记的注册类型填写；纳税人是企业的，根据国家统计局《关于划分企业登记注册类型的规定》填写。

所属行业：根据《国民经济行业分类》（GB/T 4754-2011）填写。

联系人：填写单位法定代表人或纳税人本人姓名

联系方式：填写常用联系电话及通信地址。

（2）耕地占用信息栏：

项目（批次）名称：按照政府农用地转用审批文件中标明的项目或批次名称填写。

批准占地部门、批准占地文号：属于批准占地的，填写有权审批农用地转用的政府名称及批准农用地转用文件的文号。

占地用途：经批准占地的，按照政府农用地转用审批文件中明确的土地储备、交通基础设施建设（其中铁路线路、公路线路、飞机场跑道、停机坪、港口、航道等适用 2 元/平方米税额占地项目必须在栏目中详细列明）、工业建设、商业建设、住宅建设、农村居民建房、军事设施、学校、幼儿园、医院、养老院和其他等项目分类填写；未经批准占地的，按照实际占地情况，区分交通基础设施建设、工业建设、商业建设、住宅建设、农村居民建房、军事设施、学校、幼儿园、医院、养老院和其他等项目分类填写。

占地日期：属于经批准占地的，填写政府农用地转用审批文件的批准日期；属于未经批准占地的，填写实际占地的日期。

占地位置：占用耕地所属的县、镇（乡）、村名称。位于经济特区、经济开发区和经济发达人均耕地特别少适用税额提高的地区，应作标注。

占地方式：按照按批次转用、单独选址转用、批准临时占地、批少占多、批非占耕、未批先占填写。

批准占地面积：指政府农用地转用审批文件中批准的农用地转用面积。

实际占地面积：包括经批准占用的耕地面积和未经批准占用的耕地面积。

（3）申报纳税信息栏：

按照占用耕地类别分别填写、分别计算。应缴税额＝计征税额－减免税额。对应不同占地类别、不同适用税额分别填写。总计＝耕地+其他农用地+其他类型土地（面积、应纳税额）。

减免性质代码：该项按照国家税务总局制定下发的最新减免性质及分类表中的最细项减免性质代码填写。有减免税情况的必填。不同减免性质代码的房产应当分别填表。

第三节　车辆购置税

车辆购置税是对在境内购置规定车辆的单位和个人征收的一种税，它由车辆购置附加费演变而来。现行车辆购置税法的基本规范，是从 2001 年 1 月 1 日起实施的《中华人民共和国车辆购置税暂行条例》。征收车辆购置税有利于合理筹集财政资金，规范政府行为，调节收入差距，也有利于配合打击车辆走私和维护国家权益。

车辆购置税具备如下特点：①征收范围单一。作为财产税的车辆购置税，是以购置的特定车辆为课税对象，而不是对所有的财产或消费财产征税，范围窄，是一种特种财产税。②征收环节单一。车辆购置税实行一次课征制，它不是在生产、经营和消费的每一环节实行道道征收，而只是在退出流通进入消费领域的特定环节征收。③税率单一。车辆购置税只确定一个统一比例税率征收，税率具有不随课税对象数额变动的特点，计征简便，负担稳定，有利于依法治税。④征收方法单一。车辆购置税根据纳税人购置应税车辆的计税价格实行从价计征，以价格为计税标准，课税与价值直接发生关系，价值高者多征税，价值低者少征税。⑤征税具有特定目的。车辆购置税具有专门用途，由中央财政根据国家交通建设投资计划，统筹安排。这种特定目的的税收，可以保证国家财政支出的需要，既有利于统筹合理地安排资金，又有利于保证特定事业和建设支出的需要。⑥价外征收，税负不发生转嫁。车辆购置税的计税依据中不包含车辆购置税税额，车辆购置税税额是附加在价格之外的，且纳税人即为负税人，税负不发生转嫁。

一、纳税义务人与征税范围

（一）纳税义务人

车辆购置税的纳税人指在我国境内购置应税车辆（包括购买、进口、自产、受赠、获奖或以其他方式取得并自用）的单位和个人。其中购置是指购买使用行为，进口使用行为，受赠使用行为，自产自用行为，获奖使用行为以及以拍卖、抵债、走私、罚没等方式取得并使用的行为。这些行为都属于车辆购置税的应税行为。

单位，包括国有企业、集体企业、私营企业、股份制企业、外商投资企业、外国企业以及其他企业，事业单位、社会团体、国家机关、部队以及其他单位。个人，包括个体工商户及其他个人，既包括中国公民，又包括外国公民。

（二）征税范围

车辆购置税的征税范围为汽车、摩托车、电车、挂车、农用运输车。就其性质而言，属于直接税范畴。具体规定如下：

1. 汽车

各类汽车。

2. 摩托车

（1）轻便摩托车：最高设计时速不大于 50km/h，发动机汽缸总排量不大于 50cm³ 的两个或者三个车轮的机动车。

（2）二轮摩托车：最高设计车速大于 50km/h，或者发动机汽缸总排量大于 50cm³ 的两个车轮的机动车。

（3）三轮摩托车：最高设计车速大于 50km/h，或者发动机汽缸总排量大于 50cm³，空车重量不大于 400kg 的三个车轮的机动车。

3. 电车

（1）无轨电车：以电能为动力，由专用输电电缆线供电的轮式公共车辆。

（2）有轨电车：以电能为动力，在轨道上行驶的公共车辆。

4. 挂车

（1）全挂车：无动力设备，独立承载，由牵引车辆牵引行驶的车辆。

（2）半挂车：无动力设备，与牵引车辆共同承载，由牵引车辆牵引行驶的车辆。

5. 农用运输车

（1）三轮农用运输车：柴油发动机，功率不大于 7.4kw，载重量不大于 500kg，最高车速不大于 400km/h 的三个车轮的机动车。

（2）四轮农用运输车：柴油发动机，功率不大于 28kw，载重量不大于 1 500kg，最高车速不大于 50km/h 的四个车轮的机动车。

车辆购置税征收范围的调整，由国务院决定并公布。

二、税率与计税依据

（一）税率

车辆购置税实行统一比例税率，税率为 10%。

（二）计税依据

1. 购买自用应税车辆计税依据的确定——计税价格

计税价格的组成为纳税人购买应税车辆而支付给销售者的全部价款和价外费用（不包括增值税税款）。

$$计税价格 = 含增值税的销售价格 ÷（1 + 增值税税率或征收率）$$

2. 进口自用应税车辆计税依据的确定——组成计税价格

$$组成计税价格 = 关税完税价格 + 关税（+ 消费税）$$

3. 其他自用应税车辆计税依据的确定

纳税人自产、受赠、获奖和以其他方式取得并自用的应税车辆的计税价格，按购置该型号车辆的价格确认，不能取得购置价格的，则由主管税务机关参照国家税务总局规定相同类型应税车辆的最低计税价格核定。

4. 以最低计税价格为计税依据的确定

现行政策规定，纳税人购买自用或者进口自用应税车辆，申报的计税价格低于同类型应税车辆的最低计税价格，又无正当理由的，按照最低计税价格征收车辆购置税。

几种特殊情形应税车辆的最低计税价格规定如下：

（1）对已缴纳车辆购置税并办理了登记注册手续的车辆，底盘（车架）发生更换，其计税依据按最新核发的同类型新车最低计税价格的70%计算。

（2）免税、减税条件消失的车辆，其计税依据的确定方式法为：

计税依据=同类型新车最低计税价格×［1-（已使用年限×10%）］×100%

其中，规定使用年限按10年计算；超过使用年限的车辆，计税依据为零，不再征收车辆购置税。未满一年的应税车辆计税依据为最新核发的同类型车辆最低计税价格。

（3）国家税务总局未核定最低计税价格的车辆，计税依据为已核定同类型车辆的最低计税价格。

（4）进口旧车、不可抗力因素导致受损的车辆、库存超过3年的车辆、行驶8万千米以上的试验车辆、国家税务总局规定的其他车辆，凡纳税人能出具有效证明的，计税依据为纳税人提供的统一发票或有效凭证注明的计税价格。

纳税人以外汇结算应税车辆价款的，按照申报纳税之日中国人民银行公布的人民币基准汇价，折合成人民币计算应纳税额。

三、应纳税额的计算

车辆购置税实行从价定率的办法计算应纳税额。其计算公式为：

应纳税额=计税价格×税率（税率为10%）

由于应税车辆购置来源、应税行为的发生以及计税价格组成的不同，车辆购置税应纳税额的计算方法也不同。

（一）购买自用应税车辆应纳税额的计算

在应纳税额的计算中，应注意以下费用的计税规定：

（1）计税依据包括随购买车辆支付的工具件和零部件价款、支付的车辆装饰费、销售单位开展优质销售活动所开票收取的有关费用。

（2）计税依据不包括支付的控购费、增值税税款。

（3）代收款项：①凡使用代收单位（受托方）票据收取的款项，应视作代收单位价外收费，应并入计税价格中征税；②凡使用委托方票据收取，受托方只履行代收义务和收取代收手续费的款项，应按其他税收政策规定征税。

【例12-5】张某于近日从某汽车有限公司购买一辆小汽车供自己使用，支付了含增值税税款在内的款项26.91万元，另支付购买工具件和零配件5 850元。所支付的款项均由该汽车有限公司开具"机动车销售统一发票"和有关票据。请计算张某应该缴纳的车辆购置税。

解析：

计税依据=（269 100+5 850）÷（1+17%）=274 950（元）

应纳税额=274 950×10%=27 495（元）

（二）进口自用应税车辆应纳税额的计算

纳税人进口自用的应税车辆的计税价格的计算公式为：

$$应纳税额=（关税完税价格+关税+消费税）×税率$$

【例12-6】王某于2016年1月8日进口一辆小轿车，到岸价格为600 000元，已知关税税率为50%，消费税税率为8%，王某应纳车辆购置税是多少？

解析：

应纳关税=关税价格×关税税率=600 000×50%=300 000（元）

计税价格=关税完税价格+关税+消费税=（到岸价格+关税）÷（1-消费税税率）=（600 000+200 000）÷（1-8%）=869 565.22（元）

应纳税额=869 565.22×10%=86 956.52（元）

（三）其他自用应税消费车辆应纳税额的计算

纳税人自产自用、受赠使用、获奖使用和以其他方式取得并自用应税车辆的，凡不能取得该型号车辆的购置价格，或者低于最低计税价格的，以国家税务总局核定的最低计税价格作为计税依据计算征收车辆购置税。

$$应纳税额=最低计税价格×税率$$

【例12-7】某汽车生产厂家将自产的一辆小汽车用于本厂的相关工作。该厂在办理相关手续之前，出具该车发票，注明金额为8万元，并按此金额向主管税务机关申报纳税。经审核，国家税务总局对该型号汽车核定的最低计税价格为12万元。计算该汽车应该缴纳的购置税。

解析：应纳税额=120 000×10%=12 000（元）

四、税收优惠

（一）车辆购置税的减免税

（1）外国驻华使馆、领事馆和国际组织驻华机构及其外交人员自用车辆免税。

（2）中国人民解放军和中国人民武装警察部队列入军队武器装备订货计划的车辆免税。

（3）设有固定装置的非运输车辆免税。

（4）国务院规定的其他免税情形：

①防汛部门和森林消防等部门购置的由指定厂家生产的指定型号的用于指挥、检查、调度、报汛（警）、联络的设有固定装置的车辆；

②回国服务的留学人员用现汇购买 1 辆个人自用国产小汽车；

③长期来华定居专家进口的 1 辆自用小汽车。

（5）对城市公交企业自 2012 年 1 月 1 日至 2015 年 12 月 31 日购置的公共汽电车辆，免征车辆购置税。

（二）车辆购置税的退税

（1）公安机关车辆管理机构不予办理车辆登记注册手续的，凭公安机关车辆管理机构出具的证明办理退税手续。

（2）因质量等原因发生退回所购车辆的，凭经销商的退货证明办理退税手续。

五、车辆购置税的会计处理

企业购置（包括购买、进口、自产、受赠、获奖或者以其他方式取得并自用）应税车辆，按规定缴纳的车辆购置税，应计入所购车辆成本。在取得时，借记"固定资产"等科目，贷记"银行存款"科目（也可通过"应交税费"科目核算）。

减税、免税车辆改制后用途发生改变的，按规定应补交的车辆购置税，借记"固定资产"科目，贷记"银行存款"科目。

六、车辆购置税的申报与缴纳

（一）纳税环节

车辆购置税的纳税环节选择在应税车辆的最终消费环节，即在应税车辆上牌登记注册前纳税。

车辆购置税实行一次课征制。购置已征车辆购置税的车辆不再纳税。减、免税条件消失后的车辆应按规定缴纳车辆购置税。

（二）纳税期限

纳税人购买自用的应税车辆，自购买之日起 60 日内申报纳税；进口自用的应税车辆，自进口之日起 60 日内申报纳税；自产、受赠、获奖和以其他方式取得并自用的应税车辆，应于投入使用前 60 日内申报纳税。

（三）纳税地点

购置应税车辆，应当向车辆登记注册地的主管国税机关申报纳税；购置不需要办理车辆登记注册手续的应税车辆，应当向纳税人所在地的主管国税机关申报纳税。

（四）申报要求

车辆购置税实行一车一申报制度。

纳税人办理纳税申报时应如实填写车辆购置税纳税申报表（见表 12-4），同时提供资料的原件和复印件。原件经车购办审核后退还纳税人，复印件和"机动车销售统一发票"的报税联由车购办留存。

（1）车主身份证明：①内地居民，提供内地居民身份证（含居住、暂住证明）或居民户口簿或军人（含武警）身份证明。②我国香港、澳门特别行政区居民、我国台湾地区居民提供入境的身份证明和居留证明。③外国人，提供入境的身份证明和居留证明。④组织机构，提供组织机构代码证书。

（2）车辆价格证明：①境内购置车辆，提供统一发票（发票联和报税联）或有效凭证。②进口自用车辆，提供海关关税专用缴款书、海关代征消费税专用缴款书或海关征免税证明。

（3）车辆合格证明：①国产车辆，提供整车出厂合格证明。②进口车辆，提供中华人民共和国海关货物进口证明书或中华人民共和国海关监管车辆进（出）境领（销）牌照通知书或没收走私汽车、摩托车证明书。

（4）发动机、车架号（车辆识别码）拓印件。

（5）税务机关要求提供的其他资料。

表 12-4　　　　　　　　　　**车辆购置税纳税申报表**

填表日期：　　年　月　日　　　　行业代码：　　　　　　　　注册类型代码：

纳税人名称：　　　　　　　　　　　　　　　　　金额单位：元（列至角分）

纳税人证件名称			证件号码		
联系电话		邮政编码		地址	
车辆基本情况					
车辆类别	1.汽车□；2.摩托车□；3.电车□；4.挂车□；5.农用运输车□				
生产企业名称			厂牌型号		
车辆识别代号（车架号码）			发动机号码		
车辆购置信息					
机动车销售统一发票（或有效凭证）号码		机动车销售统一发票（或有效凭证）价格		价外费用	
关税完税价格		关税		消费税	
购置日期			免（减）税条件		
申报计税价格	计税价格	税率	应纳税额	免（减）税额	实纳税额
		10%			
申报人声明			授权声明		

表12-4(续)

此纳税申报表是根据《中华人民共和国车辆购置税暂行条例》《车辆购置税征收管理办法》的规定填报的，是真实、可靠、完整的。 声明人（签名或盖章）：	如果您已委托代理人办理申报，请填写以下资料： 　　为代理车辆购置税涉税事宜，现授权（　　　）为本纳税人的代理申报人，任何与本申报表有关的往来文件，都可交与此人。 授权人（签名或盖章）：

纳税人签名或盖章	如委托代理人的，代理人应填写以下各栏		代理人 （签名或盖章）
	代理人名称		
	经办人		
	经办人证件名称		
	经办人证件号码		

接收人： 接收日期：	主管税务机关（章）：
备注：	

填表说明：

1. 本表由车辆购置税纳税人（或代理申报人）在办理纳税申报时填写。本表可由车辆购置税征收管理系统打印，缴税人签章确认。

2. "纳税人名称"：填写纳税人名称。

3. "纳税人证件名称"栏：单位纳税人填写组织机构代码证或税务登记证；个人纳税人填写居民身份证或其他身份证明名称。

4. "证件号码"栏：填写组织机构代码证、税务登记证、居民身份证或其他身份证件的号码。

5. "车辆类别"栏：在表中所列项目后划√。

6. "生产企业名称"栏：国产车辆填写国内生产企业名称，进口车辆填写国外生产企业名称。

7. "厂牌型号""发动机号码""车辆识别代号（车架号码）"栏：分别填写车辆整车出厂合格证或中华人民共和国海关货物进口证明书或中华人民共和国海关监管车辆进（出）境领（销）牌照通知书或没收走私汽车、摩托车证明书中注明的车辆品牌、车辆型号、发动机号码、车辆识别代号（VIN，车架号码）。

8. "机动车销售统一发票（或有效凭证）号码"栏：填写机动车销售统一发票（或有效凭证）上注明的号码。

9. "机动车销售统一发票（或有效凭证）价格"栏：填写机动车销售统一发票（或有效凭证）上注明的含税价金额。

10. "价外费用"：填写销售方价外向购买方收取的基金、集资费、违约金（延期付款利息）和手续费、包装费、储存费、优质费、运输装卸费、保管费以及其他各种性质的价外收费，但不包括销售方代办保险等而向购买方收取的保险费，以及向购买方收取的代购买方缴纳的车辆购置税、车辆牌照费。

11. 下列栏次由进口自用车辆的纳税人填写：

（1）"关税完税价格"栏：通过海关进口关税专用缴款书、海关进口消费税专用缴款书、海关进口增值税专用缴款书或其他资料进行采集。顺序如下：

① 海关进口关税专用缴款书中注明的关税完税价格；

② 在免关税的情况下，通过海关进口消费税专用缴款书中注明的完税价格和消费税税额计算关税完税价格；

③ 在免关税和免或不征消费税的情况下，采用海关进口增值税专用缴款书中注明的完税价格；

④ 在关税、消费税和增值税均免征或不征的情况下，通过其他资料采集关税完税价格。

（2）"关税"栏：填写海关进口关税专用缴款书中注明的关税税额；

（3）"消费税"栏：填写海关进口消费税专用缴款书中注明的消费税税额。

12. "购置日期"栏：购买自用填写机动车销售统一发票（以下简称统一发票）或者其他有效凭证的开具日期；进口自用填写海关进口增值税专用缴款书或者其他有效凭证的开具日期；自产、受赠、获奖或以其他方式取得并自用的，填写合同、法律文书或者其他有效凭证的生效或开具日期。

13. "免（减）税条件"栏，按下列项目选择填写：

（1）外国驻华使馆、领事馆和国际组织驻华机构的车辆；

（2）外交人员自用车辆；

（3）中国人民解放军和中国人民武装警察部队列入军队武器装备订货计划的车辆；

（4）设有固定装置的非运输车辆（列入免税图册车辆）；

（5）防汛车辆；

（6）森林消防车辆；

（7）留学人员购买车辆；

（8）来华专家购置车辆；

（9）农用三轮运输车；

（10）新能源车辆；

（11）"母亲健康快车"项目专用车辆；

（12）芦山地震灾后恢复重建；

（13）计划生育流动服务车；

（14）城市公交企业购置公共汽电车辆；

（15）其他车辆。

14. "申报计税价格"栏，分别按下列要求填写：

（1）境内购置车辆，按"机动车销售统一发票（或有效凭证）价格"与"价外费用"合计填写；

（2）进口自用车辆，按计税价格填写，计税价格＝关税完税价格＋关税＋消费税；

（3）自产、受赠、获奖或者以其他方式取得并自用的车辆，按机动车销售统一发票（不含税价栏）或有效凭证注明的价格填写。

15. "计税价格"栏，填写按规定确定的（核定）计税价格。

16.“应纳税额”栏，计算公式为应纳税额=计税价格×税率。

17.“免（减）税额”栏，填写根据相关的车辆购置税优惠政策计算的免（减）税额。

18.“实纳税额”栏，计算公式为实纳税额=应纳税额-免（减）税额。

19.“申报计税价格”“计税价格”“应纳税额”“免（减）税额”“实纳税额”栏，由税务机关填写。

20.本表一式二份（一车一表），一份由纳税人留存，一份由主管税务机关留存。

参考文献

[1] 中国注册会计师协会. 2016 年度注册会计师全国统一考试辅导教材：税法 [M].北京：经济科学出版社，2016.

[2] 中国注册会计师协会. 2016 年度注册会计师全国统一考试辅导教材：会计 [M].北京：经济科学出版社，2016.

[3] 盖地. 税务会计 [M]. 11 版. 上海：立信会计出版社，2017.

[4] 马海涛. 中国税制 [M]. 8 版. 北京：中国人民大学出版社，2016.

[5] 陈晓红. 税收实务 [M]. 2 版. 北京：中国人民大学出版社，2016.

[6] 顾令慧，王化敏. 税务会计实训丛书——纳税申报表填写实例 [M].北京：北京大学出版社，2012.